古典文獻研究輯刊

十八編

潘美月・杜潔祥 主編

第 13 冊

清代直隸方志研究（下）

方廣嶺 著

國家圖書館出版品預行編目資料

清代直隸方志研究（下）／方廣嶺 著 — 初版 — 新北市：花
木蘭文化出版社，2014〔民 103〕
目 4+210 面；19×26 公分
（古典文獻研究輯刊 十八編；第 13 冊）
ISBN：978-986-322-621-5（精裝）
1. 方志學　2. 研究考訂　3. 清代
011.08　　　　　　　　　　　　　　　　　　103001308

ISBN-978-986-322-621-5

9 789863 226215

古典文獻研究輯刊
十八編　第十三冊　　　　　　ISBN：978-986-322-621-5

清代直隸方志研究（下）

作　　者　方廣嶺
主　　編　潘美月　杜潔祥
總 編 輯　杜潔祥
副總編輯　楊嘉樂
編　　輯　許郁翎
企劃出版　北京大學文化資源研究中心
出　　版　花木蘭文化出版社
社　　長　高小娟
聯絡地址　235 新北市中和區中安街七二號十三樓
　　　　　電話：02-2923-1455 ／傳眞：02-2923-1452
網　　址　http://www.huamulan.tw 信箱 hml810518@gmail.com
印　　刷　普羅文化出版廣告事業
初　　版　2014 年 3 月
定　　價　十八編 22 冊（精裝）新台幣 40,000 元　　　版權所有·請勿翻印

清代直隸方志研究（下）

方廣嶺　著

第五章　清代直隸方志的史料價值

　　除資治、教化功能之外，「存史」也是方志的基本功能之一。清代直隸方志編修過程中，徵引資料豐富，記述內容廣泛，以其反映的地域特色，而具有獨特的史料價值。「方志爲外史所領，義備國史取裁，猶《春秋》之必資百二十國寶書。故方志爲史料記注之書，而國史乃依據方志，及其它史料撰成之書。惟其然也，故史主簡要，而志貴詳備。章氏《永清志》『氏族表序例』曰：『正史既存大體，而部府州縣之志，以漸加詳焉。所謂行遠自邇，登高自卑。州縣博收，乃所以備正史之約取也。』」〔註1〕整體而言，清代直隸地區方志的史料價值，相對集中在經濟史、地方史和社會史三個方面上。「政治、典制、外交、軍事等材料，固頗多補正史之缺略，而社會、學術、經濟等資料見諸方志，而絕不見於正史者，彌足珍異。如賦役、戶口、物產、物價等類記載，最爲可貴。」「考究國計民生遞變，此實唯一無二之良好資料。其雜誌文征諸類，亦爲社會史料之淵藪。」不少清代直隸方志中其實蘊含着許多價值很高的史料，如「於（乾隆）《永清縣志》則記北街賈氏，以女眞部族而漢化之事；於（乾隆）《豐潤縣志》則雜記特產工業，如桃花城、豐腴、麥笠、煤窯、粳酒等事；於（乾隆）《景州志》則附鐫刻工價；於（康熙）《宣化縣志》則記宣府左衛軍官里宅之事；於（光緒）《曲陽縣志》則記石工楊、王二氏同業世婚之事；於（光緒）《寧河縣志》則記禁建回民禮拜寺之事；於（康熙）《新城縣志》則記明中葉風俗及物價之事；……；於（乾隆）《新安縣志》

〔註1〕傅振倫：《中國方志學通論》第 6～7 頁，上海：商務印書館，民國二十四年
　　　　（1935）十二月出版。

風土門則記工匠日價之事」等等。〔註2〕

　　方志的史料價值首先體現在它的資料來源可信度高，因爲其資料主要來源於檔案、家譜、文集、筆記、地方文物、器物、各種社會調查，具有原始性的特點，是歷史研究的可靠資料。其次方志記述的內容，與正史相比，範圍更廣，內容更詳盡，涵蓋了一個區域的各個方面。方志記述的內容涉及社會政治、經濟、文化、宗教及自然狀況等，不僅記載過去，而且記載現狀。史書以時爲經，重記過去，要求詳古略今，隔代修史。方志以記當代現狀爲主，要求略古詳今，以當代人記當代事，其收錄的資料範圍更詳盡一些，內容更眞實一些。另外方志纂修中時空觀念也十分突出，表現爲方志所記內容具有連續性，不僅爲史學研究提供了一個地區，某一空間的自然、政治、經濟、文化等方面的系統資料，而且方志的編修體例和所記述的內容，隨着社會的發展而不斷擴充和增補，更容易看出一個地區的發展變化。同時方志所記載內容的空間要求，大到一省、一府、一州、一縣，小到一村、一鎭，都是非常明確的。清代直隸方志的作用可見一斑，而集中體現在學術研究中發揮着拾遺補缺的獨特作用上，其中包括：一、在清史研究領域中的史料價值，二、在研究前朝歷史中的史料價值，三、方志中的專有資料。其中以前一項的內容爲主，後兩項次之。

　　現將清代直隸方志與本朝，以及前朝的有關的文獻資料作一比較，主要以在歷史事件、歷史人物、典章制度等若干領域爲例，進行深入的探討，以充分體現其所具有獨特的史料價值。

第一節　直隸方志在清史研究中的史料價值

　　當今研究清史可供使用的文獻資源，既包括如《清實錄》、《大清會典》、「清朝三通」、《籌辦夷務始末》等等來自官方的正史文獻，也包括如報紙、清人筆記類等許多非正史的文獻資料。清代直隸方志與諸多的文獻類型相比，在典章制度、歷史事件、歷史人物等若干研究領域中，都具有自己獨特的優勢。

〔註2〕傅振倫：《中國方志學通論》第 14〜15 頁，上海：商務印書館，民國二十四
　　　　年（1935）十二月出版。

一、典章制度

　　《清朝通志》、《清朝通典》和《清朝文獻通考》，通常被稱爲「清三通」。外加歷朝的《大清會典》，《清朝續文獻通考》以及《漕運全書》，都成爲專門研究清代典章制度主要的參考文獻。而清代直隸方志相比前幾種正史文獻，雖然記述的內容十分寬泛，加上區域範圍也很有限，但是在研究清代的典章制度中，仍然可以充分發揮拾遺補缺的作用，爲前幾種正史文獻提供重要的補充。

（一）與「清三通」和五朝《大清會典》的比較研究

　　《清朝通志》、《清朝通典》和《清朝文獻通考》，皆成書於清代乾隆五十一年（1786）和五十二年（1787），統由清三通館纂修，撰稿人多是翰林院編修、庶吉士。「清三通」的編纂處於清代考據學盛行之時，纂修者們勤於搜集資料，因此擁有眾多的史料來源，並經過認眞整理。其敘事均起於清太祖的建國，止於清乾隆五十年（1785），惟在個別地方延至乾隆五十一年（1786）。內容廣泛，涉及到清代經濟、政治、文化、風俗習慣、民族、對外關係等社會生活各個方面，而又特別着重於經濟和政治制度。如在《清朝文獻通考》300 卷中，田賦、貨幣等食貨部分爲 46 卷，占總卷數的 15%，其它內容的典章制度共 205 卷，占總卷數的 68%。總之，「清三通」着重介紹了清朝經濟、政治制度的確立，政策的制定及其演變，其史料價值也正體現於此。

　　對於清入關後出現的圈地、衣冠、投充、剃髮、逃人五大弊政，直隸一帶罷圈地、投充之禍最烈。「順治初圈佔畿輔三百里內田廬爲從龍人坫地，又有投充旗下者」。〔註 3〕關於清代「旗地」問題，則是清初直隸一帶大規模圈地活動的產物，也屬於清代經濟史範疇中的重要問題之一。清初統治者入關後，曾經在畿輔和駐防各地圈佔的土地，按照舊例分給八旗官兵，旗地是對所有權屬於清代八旗土地的通稱，是清朝統治者採用暴力手段，通過圈地、投充的形式，從原來的土地所有者手中掠奪過去的，主要分佈在直隸和關外地區。在八旗內部，「旗地」是按等級分配的，其中分給皇帝、諸王、勳臣等人的土地，很多都以「旗莊」的形式存在。「旗莊」的形式通常包括「皇莊」、「官莊」、「王莊」等，其它還有分給兵丁的土地，一般稱爲「旗地。」「旗地」的組織和經營管理情況，和當時的民地有所不同。而其中由內務府直接管轄的皇莊，主要集中在直隸一帶。清代直隸有關方志、《清朝通志》和（康熙）

〔註 3〕張主敬等修，楊晨纂：（光緒）《定興縣志》卷二十，清光緒十六年（1890）刻本。

《大清會典》中對直隸「旗地」從不同的角度進行了記述。

《清朝通志》記載清「順治元年近畿百姓帶地來投者甚多，上特命設爲納銀莊頭，」共「計立莊百三十有二，不立莊者仍其戶，計二百八十有五。分隸內務府、鑲黃、正黃、正白三旗，坐落順天、保定、河間、永平、天津、正定、宣化等府州縣，其奉天、山海關、古北口、喜峰口亦命次第設立。」〔註 4〕文中記述直隸一帶各類旗莊的設立數量以及坐落方位等情況，任命莊頭進行經營管理，並詳載清代直隸部分州縣旗地中設莊和非設莊的數量。

清代康熙、雍正、乾隆、嘉慶、光緒五朝曾經先後五次編修《大清會典》，因此五朝《大清會典》同樣是記載有清一代典章制度的權威性巨著。《大清會典》包括會典、則例（事例）、圖說等部分，主要記載政府各部門的職掌、百官奉行的法令，以及職官、禮儀等制度，「凡職方、官制、郡縣、營戍、屯堡、覲享、貢賦、錢幣諸大政，於六曹庶司之掌，無所不隸。」〔註 5〕它所記載的政府機構及其職掌、施行法令，是那個時期的現行政策，反映那個時代的行政、司法、經濟政策及其歸宿。而這些內容正是社會生活的主要方面，因此它的史料價值同樣很高。

《大清會典》中同樣記載了直隸一帶「旗地」的有關問題。如（康熙）《大清會典》具體記載清代直隸各類「旗莊」按照其經營內容，可以分爲「糧莊」、「稭莊」、「稻莊」、「菜園」、「瓜園」等若干類，各類旗莊有關的經營管理方法。如「凡設立糧莊，及編審莊丁，於額丁內選堪用者爲莊頭，給田一百三十晌，並莊頭本身共丁十名，牛八頭，量給房屋、田種、器皿，免第一年錢糧，於三年終，本司差官前往，編審莊丁，將餘夫比量，編入壯丁數內，老者開除。」同時將各莊按照等級劃分爲三等，並分別繳納不同數額的糧、草。「凡山海關內每糧莊一所，納糧一百石。凡餵養群馬草料，照擬定各莊等地分派，頭等莊於所納糧內，派豆四十石，穀草四千束，草一萬束。二等莊：豆三十五石，穀草三千五百束，草八千七百五十束。三等莊：豆三十石，穀草三千束，草七千五百束。三等末莊：豆十五石，穀草一千五百束，草三千七百五十束。」並規定視完成情況，對莊頭進行獎懲，「凡收糧畢時，各莊頭

〔註 4〕 嵇璜、劉墉等撰：《清朝通志》卷八十二「食貨略 二‧田制 下，」杭州：浙江古籍出版社，2000 年 1 月第 2 版。

〔註 5〕 傅恒、張廷玉等奉敕撰：（乾隆）《大清會典》卷首「御製序，」參見紀昀等主編：《欽定四庫全書》第 619 冊「史部 377‧政書類，」上海：上海古籍出版社，1987 年 6 月第 1 版。

將所收糧數報明。於定額外，多納一石者，賞銀四錢。缺一石者，責二鞭，其鞭責不過一百，」另外還有稭莊、稻莊、茶園、瓜園，也都有類似的制度規定。〔註6〕文中對於直隸一帶「旗莊」的分類情況，莊頭制度中涉及莊頭的選拔，旗地的撥與，壯丁的配備和選拔標準，房屋、農具、種子和耕牛的配備，各類旗莊糧草的繳納標準及其獎懲制度，都有明確的記載。

但「清三通」和（康熙）《大清會典》中記載「旗莊」的這些材料中，存在一個共同的缺憾，就是對直隸一帶各州縣設置「旗莊」的具體坐落地點和面積，以及莊頭制度中莊頭的姓名、身份和官秩情況，都缺乏明確的記述。

而清代直隸一些方志中的有關記載，則能夠對這些缺憾進行一定的彌補。關於本地「皇莊」和「旗莊」的設置情況，相關方志則有具體的記載。如（乾隆）《延慶州志》記載本州境內設置各類旗莊具體坐落方位：「皇莊撥地在永寧東珍珠泉，鑲紅旗莊親王撥地在東關小營等處，平郡王撥地在南新堡，惠郡王撥地在劉家堡，公撥地在東關、君營等處，鑲紅旗滿洲撥地在米家堡、雙營、大泥河等處，鑲紅旗蒙古撥地在東新莊等處，鑲紅旗漢軍撥地在東關、老人莊、大泥河等處，正白旗蒙古撥地在西河屯等處，鑲白旗蒙古撥地在西關等處，鑲黃旗蒙古撥地在白龍廟、五里營、小橋等處。鑲紅旗漢軍撥地在大營、豐家營、白龍廟等處，雀戶地在呂家場，果撥地在永寧等處。」〔註7〕而（康熙）《順義縣志》里中記述的內容更加翔實。它不僅記載順天府順義縣境內各類旗莊的坐落地點，而且詳細記載它們的面積，莊頭的姓名、身份和官秩。皇莊如「內務府旗莊一處，坐落在治東，距城十八里薛各莊，種官地二十五頃，莊頭孫保柱係鑲黃旗人，特授正八品職銜頂帶。」其它各類旗莊如「渣伏達章京下旗莊一處，坐落治南，距城四十里桃園村，種官地七十五頃，莊頭周丫頭係鑲黃旗人，特授正八品職銜頂帶。 內務府旗莊一處，坐落治東，距城三里河北村，種官地二十頃，莊頭許印係正白旗人，特授正八品職銜頂帶。」「皇子旗莊一處，坐落治東，距城二十里北河村，種官地五十頃，莊頭於大業係正白旗人。」「包衣牛錄下旗莊一處，坐落治東，距城三里大東莊，種官地三十頃有零，康熙七年（1668）暴水沖決過半，餘受補外縣，莊頭許士麒係正白旗人。」「鑲黃旗下屯田一處，坐落蕭家坡，距治北三

〔註6〕伊桑阿、王熙等撰：（康熙）《大清會典》卷一百五十「內務府二·會計司，」北京：線裝書局《大清五朝會典》本，2006年4月第1版。
〔註7〕李鍾偉修，穆元肇、方世熙纂：（乾隆）《延慶州志》卷三「田賦，」清乾隆七年（1742）刻本。

里，種官地一十八頃，莊頭吳徽誥。和碩誠親王旗莊一處，坐落治東，距城二十里李遂店，種官地四十二頃零四畝，莊頭羅士膚係鑲藍旗人。延壽公主旗莊一處，坐落治南，距城十五里，種官地五十頃，莊頭閻國安」等等。〔註8〕

　　通過以上清代直隸方志中的記述，再結合《清朝通志》和（康熙）《大清會典》記載的內容，我們就可以對清代的旗地問題有一個深刻的瞭解。清初統治者入關後，對前明統治者在戰爭中逃亡遺留的無主土地，以及其它民間各類土地，依靠圈佔、投充的方式，分給諸王、勳臣、兵丁等，並在其中一些地方設立莊園，即所謂「旗莊」、「皇莊」。「旗莊」面積很大，並且曾經在清代直隸一帶的不少州縣廣泛設置。「旗莊」的種類按照其經營的內容，可以分為「糧莊」、「稭莊」、「稻莊」、「菜園」、「瓜園」等若干類。同時清代「旗莊」之所以能夠在較長時期內穩定地存在、經營和發展，主要源於其自身具有一套比較完整的經營管理方法——莊頭制度，發揮著十分重要的作用。莊頭的角色一般都為旗人擔任，莊頭的選拔也有相關的規定，並且給與特定的官秩，專門負責各類「旗莊」日常的經營管理工作。莊頭制度中還涉及旗地的撥與，壯丁的配備和選拔標準，房屋、農具、種子和耕牛等生產生活的配備，各類「旗莊」年終糧草的繳納，都有相應的標準，並實行一定的獎懲制度。

　　再比如來自地方的各類稅收，也是清朝各級政府財政收入的重要來源。其中對於清廷制定的牙行征榷政策規定，及其在地方執行的情況，《大清會典》中都有相關的記載。如對於直隸一帶的情況，據（乾隆）《欽定大清會典則例》記載：「牙帖商行當鋪稅，直隸稅銀三萬兩千一百五十八兩八錢有奇。內當稅銀萬四千六百十兩，熱河牙稅銀五千二百七十兩五錢，各行牙帖銀萬二千二百七十八兩三錢各有奇。」清康熙十五年（1676）「覆准京城上等行鋪每年征稅銀五兩，中等行鋪每年征稅銀二兩五錢。」清雍正十一年（1733）「直隸雜稅銀二萬六千九百十九兩六錢有奇，內牛驢稅銀五千九百九十八兩三錢，花布銀一百三十一兩九錢，燒缸銀六百十一兩七錢，海稅銀七千八百三十五兩一錢，河利銀五百三十一兩四錢有奇，蒜麻銀八兩七錢。雜貨稅銀九千二百三十兩五錢有奇。」〔註9〕文中詳載根據清廷制定的牙行征榷政策規定，在直

〔註8〕黃成章修，張大酋纂：（康熙）《順義縣志》卷一「疆域・旗莊，」民國四年（1915）刻本。

〔註9〕清乾隆十二年（1747）奉敕撰：（乾隆）《欽定大清會典則例》卷五十「戶部・雜賦下，」參見紀昀等主編：《欽定四庫全書》第621冊「史部379・政書類，」上海：上海古籍出版社1987年6月第1版。

隸地區省一級機構所開列的稅種及徵收情況等，但對於在各府、州、縣機構
的有關情況，限於篇幅等原因，並沒有明確的反映。

　　考察清廷制定的牙行權稅政策，在直隸各府州縣的執行情況，可以參考
直隸各地方志中記述的內容。如需要瞭解清代天津府所屬部分州縣徵收的各
稅種、標準和數量等收入情況，可以參考（光緒）《重修天津府志》的相關記
述。根據（光緒）《重修天津府志》的記載，當時天津縣集市牙帖稅銀，「典
當四十四座，歲征稅銀二百二十兩。牙帖稅銀一百八十六兩四錢七分，馬、
驢、牛、騾等稅銀二兩五錢四分五。」青縣「牙帖稅銀四錢二分，牛、驢等
稅銀十二兩一錢八分。」靜海縣「典當七座，歲征稅銀三十五兩，牙帖稅銀
十三兩五錢，牛、驢稅銀九兩八錢四分。」滄州「典當二座，歲征稅銀十兩。
牙帖稅銀十九兩六錢二分三釐，牛、驢稅銀九兩八錢四分」。〔註10〕方志中記
述的內容可以很具體地反映出各州縣一級機構牙行征權規定，所開列的各稅
種、徵收的標準和數量。

　　結合《大清會典》和清代直隸各地方志記述的內容，我們就可以對清廷
制定的牙行征權政策規定，在直隸省、府、州、縣各級機構所開列的稅種、
徵收標準和數量，有一個比較深入的認識和瞭解，在這裡，方志的相關記述
可以彌補《大清會典》等正史文獻所記內容之疏略。因此地方志中的這類記
載，對於研究清代直隸地區的財經史，無疑具有重要的史料價值。

　　清代曾經有人指出：「《通典》、《通志》、《通考》之成規，續兼乎補。內
有統志，外有省志，而府志、州志、縣志之纂輯，偏會於全，溯委窮源，義
實備於六十。官之教典，徵文考獻，意誠本於百廿」。〔註11〕意思就是方志和
清朝「三通」雖然定位不同，即前者屬於地方色彩很濃厚，內容寬泛的文獻，
處於輔助的地位；後者屬於全國性政書類的文獻，內容比較專一，處於主導
的地位，但是前者在內容所及的範圍內，完全可以為後者提供一些重要的補
充，彌補後者之缺略。這種認識或者說法無疑是有一定道理的，只是這裡還
需要再補充一點，就是後者應該再加上清代五朝所編修《大清會典》之類的
文獻，就更加完整和準確了。

〔註10〕　沈家本　榮銓修，徐宗亮、蔡啓盛纂：（光緒）《重修天津府志》卷三十三「權
　　　　稅，」清光緒二十五年（1899）刻本。
〔註11〕　李秉鈞、吳欽修，魏邦翰纂：（乾隆）《續永清縣志》「稟帖，」清光緒元年（1875）
　　　　刻本。

（二）與《清朝續文獻通考》的比較研究

《清朝續文獻通考》400 卷，係清末進士劉錦藻所著。他曾經爲官侍讀學士，爲續修《清朝文獻通考》寫成此書。記事起清乾隆五十一年（1786），終清宣統三年（1911）。體例基本從「清通考」，然多增綱目，加外交、郵傳、實業、憲政四門，合前二十六門爲三十門，征榷考增釐金、洋藥，國用考增銀行、海運，選舉考增貲選，學校考增書院、圖書、學堂，王禮考增歸政、訓政、親政、典學，兵考增長江水師、海陸軍、船政，職官考增「因官制全更，難沿舊例」，遂書其始末。〔註12〕其設目 136 個，所添加的綱目，完全是從實際出發，使乾隆以降新的事物得以容納進去，這些也正是它的史料價值所在。其中是書對新開商埠、鐵路交通、郵電實業等，皆重點記敘，但記載內容和《清史稿》一樣仍然相對過於簡略。但部分清代直隸方志如（光緒）《豐潤縣志》等文獻中，對有關開平煤礦、蘆漢鐵路建設的記載，與之相比更爲具體，可以作爲補充。

開平煤礦是按照官督商辦模式經營成功的典型企業，也是洋務派在天津創辦的第一家民用企業。創辦開平煤礦的主要目的，是將唐山的煤炭提供給天津機器局等企業。《清朝續文獻通考》記載直隸開平灤州煤礦「在天津山海關間之京奉線，其著名礦地爲唐山及林西二處。唐山車站距天津約二百二十九公里，距塘沽百公里，距秦皇島九十公里，林西車站距唐山約二十七里，煤之儲量爲四億萬噸，見在採掘只一千五百萬噸。開灤公司煤坑凡四處：即唐山、林西、趙各莊、馬家溝等坑是也。唐山在光緒四年時即用新法採煤，我國新式煤礦業，此爲嚆矢。」〔註 13〕文中具體介紹了晚清洋務運動中直隸灤州煤礦的地理位置，鄰近的鐵路運輸線，煤炭的儲藏量及當時的開採量，礦井的名稱和數量等方面的情況，並強調當時直隸灤州煤礦在清光緒四年（1878）已經引進西方的近代科技，最早開始採用新式的採煤方法，在當時中國的採煤業中居於領先地位。但是這些材料的不足之處是過於簡略。如關於洋務運動中李鴻章籌劃設立灤州煤礦的過程，採用新式採煤方法後的生產效率，礦區煤炭外運的方式，礦區與外界的通訊聯繫等方面的情況，礦區周邊的經濟和社會發展狀況都沒有記載和反映。

〔註12〕 劉錦藻撰：《清朝續文獻通考》卷首「凡例，」上海：商務印書館，民國二十五年（1936）出版。

〔註13〕 劉錦藻撰：《清朝續文獻通考》卷三百九十「實業考十三」「工務」、「礦產，」上海：商務印書館，民國二十五年（1936）出版。

而據（光緒）《豐潤縣志》記載，清光緒二年（1876）「制府李傅相奏派道員唐廷樞察看唐山煤苗甚旺，三年（1877）奏派司丁壽昌、津海關道黎兆棠、道員唐廷樞設立開平礦務局，」對晚清洋務運動中李鴻章創辦開平煤礦的過程有明確記載。該礦「參用西法採煤，出產既富，成色亦高。」採用西方的新式採煤方法後，既增加了煤炭的產量，煤炭的成色也比原來有一定的提高。此外是志還對中西採煤之法進行深入的比較，「蓋土人穿井未深，無論煤之高低厚薄，見煤即鋤，故其材差下。西人採煤之法，先看地勢而尋煤層低穴，然後用五寸徑之鋼鑽入地探其虛實，低穴既得，即開大井二處，徑十五尺，深十餘丈或數十丈，至煤層之底為止，即向煤層先開一路，高闊約一丈，使兩井相連，通持均用大木，其油燈均用厚玻璃密罩，低穴井底旁另開一小井，路旁挖一小溝，使各路之水聚於小井，其閘水機器由大井口面入小井，有水即提，不假人力。路既乾，燈亦明，加以四邊通氣，俾工人易於行動。至採煤之法，先將煤底及兩旁挖深尺許，後用鐵鎚一敲，則煤成塊自落矣。隨將煤用手車運至大井底，仍用機器提出。」生產效率為「每日每人可採煤四噸半，每井每日出煤三百噸至六百噸。」

為了便於灤州礦區煤炭的外運，還在礦區修濬「煤河」，採取水路運輸的方式。「煤河在胥各莊南二里許，光緒七年（1881）開平礦務局挑濬，為運煤計也。東自胥各莊起，西至寧河縣之蘆臺止，長約七十里，寬十數丈，引蘆河之水隨潮汐上下設閘儲蓄，波平浪靜，四時不涸。」詳細介紹灤州煤礦「煤河」的方位，修濬時間，起止位置，長度和寬度等。當時利用「煤河」，中外船舶運輸業務十分繁忙，「商艘客艦檣密如林，來往洋輪疾於奔馬。」「煤河」碼頭運輸業務的日益繁忙，直接拉動周邊經濟的快速發展，而煤河「起濬之處名曰『河頭』，方圓數十畝，波水澄清，兩岸洋樓、花塢目不暇賞，稍西橋旁，列肆麟比，人煙輳集，居然一水陸埠頭也。」伴隨着人口迅速增加，城鎮規模不斷擴大。

為了給開平礦務局提供必要的配套設施，方便礦區與外界的業務聯繫，當時還在礦區和周邊地區之間修建了通訊設施。其中一條電線「在胥各莊南，東北至唐山，西至寧河縣之蘆臺，光緒八年開平礦務局設。」另一條「在宣莊，東南逾縣境至山海關，西逾縣境至天津縣，光緒十年（1884）閣爵李督設。」〔註14〕文中詳細記述了兩條通訊線路的方位、架設時間和起止區間。

〔註14〕郝增祐修，周晉堃續纂修：（光緒）《豐潤縣志》卷九「雜記，」民國十年（1921）鉛印本。

結合《清朝續文獻通考》和（光緒）《豐潤縣志》的記述，我們從中不但可以瞭解到關於開灤煤礦的位置，建立時間，礦井的數量和名稱，儲藏量和開採量，而且可以認識到煤礦的創建過程，礦井的生產效率，煤炭的水路外運，礦區對外的通訊聯絡等情況的記述，以及煤礦的開採直接帶動周邊地區的經濟和社會發展的狀況等等。（光緒）《豐潤縣志》中的很多內容，都是《清朝續文獻通考》沒有記載，或者記載不詳，可以詳其之略，補其之缺。清代直隸方志中的一些資料可以作為《清朝續文獻通考》的重要補充，因而具有鮮明而獨特的史料價值。

（三）與（光緒）《欽定戶部漕運全書》的比較研究

清代漕運是朝廷在地方持續最久、規模最大的活動，清代漕運的政治意義甚至大於經濟意義，這是由於在清代「京師滿漢軍民所仰給者，東南數百萬漕糧也。」〔註15〕漕運「為一代之大政」，〔註16〕清代每年漕糧總額為 400 萬石，各省府州縣承擔的漕糧數額基本固定，並且需要繳納實物。為了完成這一額定的漕糧徵運任務，清廷在繼承和改新的基礎上，制定了完備的漕運制度。清代通過編撰規模龐大的文冊《欽定戶部漕運全書》，全面記載漕運制度。清雍正十三年（1735）經御史夏之芳奏准，清廷纂輯《欽定戶部漕運全書》，並例定每十年纂辦一次。《欽定戶部漕運全書》的內容分為若干大項，每大項下還包括多方面的子項。全書的內容涵蓋漕運的各個方面。

清朝中前期繼承元明兩代的傳統，繼續以內河漕運為主。其間當漕船裝載貨物沿大運河航行，抵達天津附近時，由於河床長期缺乏疏濬，泥砂沉積，河床變高，河水變淺，大船上的貨物只能卸下來分包給許多雇來的小船，再運往北京，這些小船稱為「撥船。」撥船屬於小型淺水船，一般在河水淺阻航行困難處，政府專設「撥船」以備撥運。通州坐落於京杭大運河北端西岸，是北京的東大門，在清代曾經是倉儲漕運的重地，大運河北段的重要碼頭。通州到京師一段的河道，簡稱「裏河」主要是指通惠河，其專撥運這一段河道的船也叫「裏河撥船」。通州以南至江南一段的河道簡稱「外河，」主要是指京杭大運河，撥運這一段河道的船也簡稱為「外河撥船」。因為通州以南段

〔註15〕 載齡等纂修：（光緒）《欽定戶部漕運全書》卷一「兌運額數，」清光緒間刻本。北京：北京圖書館出版社，2004 年 12 月影印出版。

〔註16〕 劉錦藻撰：《清朝續文獻通考》卷七五「國用・漕運，」上海：商務印書館，民國二十五年（1936）出版。

運河淺滯，地勢傾斜大，漕船逆水上駛非常困難，必須用小船分撥，將漕船載重減輕，才能航行，故撥船設置獨早。根據（光緒）《漕運全書》記載清康熙三十九年（1700）前，僅有津通之間的撥船 600 隻，政府給與每隻船土地十頃，免其徵科，這部分土地被稱為「剝船地」等等。〔註17〕

　　雖然以上的內容同樣見諸於有關直隸方志的記載中。但是對於這一帶運河沿岸有關各州縣僉派剝船的具體情況，在（光緒）《漕運全書》中則缺乏明確的記載，而根據（乾隆）《武清縣志》記載：清代「順治四年（1657）因漕運淺阻，於順天府屬之永（清）、東（安）、香（河）、通（州）、武（清）、寶（坻）六州縣僉派剝船六百隻，每船一隻給小地十頃，免其地糧以供剝運之用，」稱為「剝船地」。其中順天府武清縣在順治四年（1647）共計派船一百七十一隻，「內民地七十隻，宮邊地四十二隻，馬房地五十七隻，御馬監地二隻。」順治十二年（1655）加派剝船五十一隻，「內民地十九隻，宮邊地十三隻，馬房地十七隻八分，御馬監地一隻二分。」順治十四年（1657）加派剝船十二隻，「民地、宮邊、馬房各四隻。」總計武清縣僉派剝船二百三十四隻。〔註18〕可以看出直隸方志中的有關內容，遠比《漕運全書》明確和具體。

　　由於剝船制度實施過程中出現的種種弊端，導致「所（剝船地）免之糧額有限，剝運之賠累無窮。」究其原因，就在於「其間雇覓船戶盜糧、虧船，一惟地主是問，因而追提敲撲，」造成「中人之產，半耗於賠償，詩禮之家盡陷於縲絏，」剝船戶的負擔十分沉重。清康熙三十九年（1700），將紅撥船地畝按畝徵銀名曰「紅撥銀兩」，分派給有糧各省糧道庫，給發運丁，由運丁自雇撥船。「而剝船始廢，地畝還給民間徵科，」剝船地戶的負擔暫時有所緩解。清康熙四十六年（1707）清廷內部又有將「底船變價，地畝增科，設立屯莊之議，」於是順天府武清知縣胡紹安痛陳剝船地戶之苦，「此項船地向係民產，自應歸還原業，若又撥給莊頭，小民有失業之苦。」「民等素有之地，因剝船免糧，苦累五十餘載，今反因此加科，又追船價，且將割去原業，何處安身，是受苦於承應剝船之時既久，而受苦於停廢剝船之後更慘矣。」〔註19〕

〔註17〕 載齡等纂修：（光緒）《欽定戶部漕運全書》卷七十二「撥船事例‧外河撥船，」清光緒間刻本。北京：北京圖書館出版社，2004 年 12 月影印出版。

〔註18〕 吳翀修，曹涵、趙晃纂：（乾隆）《武清縣志》卷二「剝船，」清乾隆七年（1742）刻本。

〔註19〕 吳翀修，曹涵、趙晃纂：（乾隆）《武清縣志》卷十「藝文，」清乾隆七年（1742）刻本。

胡紹安的這些見解,得到朝廷的認可,於是「遺累始清矣。」〔註20〕對於此類剝船制度反映的種種弊端,有關直隸方志中的反映得也十分具體。而在(光緒)《漕運全書》中卻同樣缺乏明確記載,方志之內容正可補(光緒)《漕運全書》之缺,因而對於研究清代漕運制度有重要的參考價值。

另外撥船管理規定在具體實施過程中,根據出現的問題,也在不斷進行調整之中。例如夏秋之交各省糧船齊集天津,一時所到米石過多,民船應雇者少,不夠分配,運丁和民船夫為運費問題曾經屢次發生爭執,於是改行由政府封雇的制度。根據(光緒)《漕運全書》的記載,清乾隆二年(1737)「照米數多寡計程遠近,官為定價,船戶不許額外勒索,運(旗)丁亦不得橫奪裝載。」到時官為封雇,定為 2000 隻,乾隆四十八年(1783)改為 1500 隻。但政府官吏仍然每藉封船事向商民勒索,鹽商受害尤甚。清乾隆五十年(1785),長蘆鹽商請求捐造官撥 1500 隻,停止封雇。乾隆五十年和五十一年,長蘆鹽商偶議捐款造船,兩次共捐銀 37 萬兩,造撥船 1500 隻。〔註21〕而有關直隸方志對於這一時期撥船制度調整的有關情況,反映得更加具體一些。如根據(光緒)《重修天津府志》的記載,當時規定外河撥船由沿運河各州縣保管,如直隸先造撥船 1500 隻,其中天津縣分管 360 隻,通州分管 240 隻,武清縣分管 220 隻,靜海縣、滄州各分管 80 隻,大城、文安縣各分管 40 隻,香河、霸州、各分管 20 隻。漕船未到之前,各撥船即開赴楊村等候起撥,撥完仍駛歸原管州縣水次收管。〔註22〕類似有關撥船管理規定在直隸有關州縣中實施的具體情況,在《漕運全書》中也難以見到準確的反映。

結合以上清代直隸部分方志和(光緒)《漕運全書》,對於清廷在直隸部分州縣推行撥船制度方面的記載,如最初設置撥船的總數以及後來的增減情況,給與每個剝船戶土地的面積,撥船管理制度調整的過程等等,都是相同的。但兩者仍然具有一定的差別,主要是有關直隸方志較之(光緒)《漕運全書》,記述的內容更加得具體和寬泛,如直隸運河沿岸有關各州縣僉派剝船數

〔註20〕 吳翀修,曹涵、趙晃纂:(乾隆)《武清縣志》卷二「剝船,」清乾隆七年(1742)刻本。

〔註21〕 載齡等纂修:(光緒)《欽定戶部漕運全書》卷七十二「撥船事例·外河撥船,」清光緒間刻本。北京:北京圖書館出版社,2004 年 12 月影印出版。

〔註22〕 沈家本、榮銓修,徐宗亮、蔡啟盛纂:(光緒)《重修天津府志》卷二十九「戶部則例,」清光緒二十五年(1899)刻本。

量和演變的具體情況，「剝船地」的規定實施過程中產生的種種弊端，以及給剝船戶帶來的沉重負擔，各州縣撥船管理制度的調整過程等內容。這些相比（光緒）《漕運全書》更爲具體，甚至爲（光緒）《漕運全書》所不載。因此有關直隸方志的記載可以補《漕運全書》之缺，詳《漕運全書》之略，對於研究清代的漕運具有十分重要的參考價值。

二、歷史事件

（一）與《清實錄》的比較研究

　　各朝《清實錄》因以皇帝爲中心，涉及國家重大政務，故備受統治者的重視。《清實錄》均由名儒重臣參與編修，材料豐富，體例嚴謹，結構合理，文字流暢，在編修過程中曾經大量採用、參考了各種官方檔案文件，如起居注、題本、奏摺、上諭檔、詔旨等。《清實錄》的內容十分廣泛，涉及清代政治、經濟、文化、外交、宗教、教育、財政、賦役、宮廷等各個方面，清代各朝皇帝高度重視實錄的編纂，並經常閱覽，以便從中吸取統治經驗，作爲施政的依據和參考。清代會典、國史、本紀、聖訓等官修史書的編修，都大量參考甚至抄錄《清實錄》的內容，《清實錄》成爲編撰各種史書所不可缺少的依據性材料。在目前的清史研究中，《清實錄》作爲清代歷史資料的長編，分量很大，內容廣泛，體例嚴謹，提供了清朝一代社會各個方面的歷史資料，是研究清史最基本和最重要的文獻之一。

　　例如從清順治元年（1644）開始，清朝統治者以京畿地區爲中心，進行了前後持續二十多年的圈地活動。圈地也成爲清初的一大社會時弊，數量驚人，其影響範圍幾乎波及整個直隸地區。各地被圈佔的土地，不僅土質肥沃，而且數量巨大，因此導致漢民手中仍舊留存的土地寥寥無幾。《清實錄》中對於清初圈地問題的記載，主要集中在清廷在圈地過程中推行的政策，以及各州縣圈地面積的統計總量上。例如在清順治元年（1644）十二月順治帝指示戶部：「凡近京各州縣民人無主荒田，及明國皇親、駙馬、公、侯、伯、太監等死於寇亂者，無主荒地甚多，爾部可概行清查，若本主尚存，或本主已死而子弟尚存者，量口給與，其餘田地盡行分給東來諸王、勳臣、兵丁人等。」〔註23〕順治二年（1645）九月下令擴展圈地範圍，「河間、灤州、遵化等府州縣，凡無主土地，查明給與八旗下耕種。」並重申「其故明公、侯、伯、駙

〔註23〕《清世祖實錄》卷12。

馬、皇親、太監地，酌照家口發給外，餘給八旗。」〔註24〕順治四年（1647）正月圈地的力度進一步加大，提出「要將近京府、州、縣內，不論有主無主地土，……並給近年東來滿洲」，這次圈地涉及地區甚廣，如「圈順義、懷柔、密雲、平谷四縣地六萬七百五垧，」「圈雄縣、大城、新城三縣地四萬九千一百一十五垧，」「圈寶坻、香河、灤州、樂亭四州縣地十萬二千二百垧」等。以及由此導致的弊端的產生，「被圈之民，流離失所，煽惑訛言，相從為盜」等。〔註25〕這類大小規模不等的圈地活動，從清順治元年（1644）滿洲貴族入關開始，直到清康熙八年（1669）康熙帝曉諭戶部「自後圈佔民間房地，永行停止。其今年所已圈者，悉令給還民間，」圈地活動才開始停止下來。〔註26〕持續幾十年的圈地活動，導致以京畿為中心，向外擴延五百里，直隸一帶大量土地都被圈佔。直隸九府除了最南端的廣平、大名二府外，其餘七府七十餘州縣均被圈佔。

對於當時直隸各府州縣圈地的具體數量，《清實錄》中則缺乏的具體統計，而是以清代直隸方志中的記載最為翔實。方志中有關圈地數量的記載，多是以一州一縣的範圍記載的，如薊州原額四千三百四十八頃六十八畝七分，僅剩地七十頃六十三畝九分。平谷縣原額一千一百二十四頃三十畝六分，僅剩地五十四頃九十四畝。懷柔縣原額一千三百九十二頃二十畝一分，僅剩地一百一十六頃一十一畝五分，大興縣原額一千九百九頃六十三畝七分，僅剩地九十九頃三十三畝等。這些州縣被圈佔的土地數量，一般都占原有土地數量的百分之九十以上。另外一些州縣如臨榆縣原額一千六百七十頃六十九畝，三河縣原額六千三百二十七頃七十四畝九分，寧河縣原額一千九百一頃六十七畝三分，順義縣原額兩千四百八十六頃八十八畝五分，灤州原額八千七百四十九頃六十八畝四分，盡皆被圈佔。昌平州原額兩千八百八十八頃七十畝二分，內除圈充外，實剩地二頃七十七畝一分，也幾乎全部被圈佔。清初圈地的數量，也有超過一州一縣範圍的統計，如順天府原額八萬一千五百七十五頃八畝九分，僅剩地六千五百二十八頃三十九畝九分，百分之九十以上的土地被圈佔。永平府原額兩萬九千二百二十一頃六十八畝七分，僅剩地七千二百五十六頃三十四畝三分，四分之三以上的土地被圈佔，數量

〔註24〕　《清世祖實錄》卷 20。
〔註25〕　《清世祖實錄》卷 30。
〔註26〕　《清聖祖實錄》卷 30。

之大可見一斑。〔註27〕

　　另外對於清政府在直隸圈地後建立滿人定居點——滿洲屯的情況，一些直隸方志也有記載。如（康熙）《唐縣新志》和（光緒）《唐縣志》都記載該縣在清順治四年（1647）圈地後設置「滿洲屯」的情況。當時在唐縣曾經設置「滿洲屯共十四屯：高昌屯、馬家莊屯、壇下屯、南景屯、建羊屯、連頤屯、都亭屯、醴泉屯、新莊屯、北羅屯、溫家莊屯、山陽屯、固城屯、放水屯，」其中「建羊、連頤二屯，自慶都越占，今已拔圈，另行撥補。高昌、山陽、固城、放水四屯，自完縣越占。」〔註28〕在這些滿人集聚地逐漸形成了旗人社會，該社會具有明顯的地域特徵，是通過圈佔土地和建立駐防等行爲形成的，帶有制度化和軍事化的特點。在旗人曾經屯聚過的各州縣，每部方志都留下他們的歷史印迹。〔註29〕這類內容基本上見諸於清代直隸方志中，而在《清實錄》中沒有記載。

　　綜合《清實錄》和一些直隸方志中的記載，我們既可以瞭解到清政府在圈地過程中推行的政策和有關州縣圈地面積的統計總量，又能夠認識到各府州縣圈地的具體數量，由此給各地民眾帶來的深重災難。此外還可以對清政府在圈地之後建立的滿人定居點——滿洲屯的情況，以及在此形成當地旗人社會的特點，都有　個比較清晰的印象。因此清代直隸方志中的經濟史和社會史資料，對於研究清初直隸一帶的圈地活動，可以發揮補《清實錄》之缺，詳《清實錄》之略的作用，因此具有非常重要的史料價值。

　　再如捻軍起義是清代重大的歷史事件，它是繼太平天國運動之後一次重要的農民反封建起義活動，主要活動區域集中在北方各省一帶。當時捻軍主要的作戰形式就是流動作戰，在運動戰中以弱敵強，直隸地區成爲捻軍流動作戰的重要地區之一。其中對於清同治六年（1867）底至七年（1868）初，捻軍在直隸中南部部分州縣流動作戰的鬥爭情況，《清實錄》與直隸有關地方志中都有相關的記載。

〔註27〕　李鴻章等修，黃彭年等纂：（同治）《畿輔通志》卷九十四「經政略・田賦，」清光緒十年（1884）刻本。

〔註28〕　王政修，張珽、陳瑞纂：（康熙）《唐縣新志》元部　卷三「疆域志・滿洲屯，」清康熙十一年（1672）刻本；陳詠修，張惇德纂：（光緒）《唐縣志》卷十一「雜稽志・事略，」清光緒四年（1878）刻本。

〔註29〕　張建：「從方志看清代直隸地區旗人社會之演進——以順天、保定二府爲中心，」《河北學刊》第29卷第4期，2009年4月。

　　《清實錄》記載清同治六年（1867）十二月，捻軍由河南進入直隸南部，在河內、溫縣一帶活動。次年正月再由臨漳、內黃渡過漳河，「竄至平鄉、雞澤、南和等處，勢漸北趨，」又「由定州竄向清苑，行蹤飄忽，」流動作戰的特點十分突出。清軍方面則採取圍追堵截的戰術予以應付，「經提督劉松山、總兵郭寶昌、協領喜昌各統所部兵勇，不分晝夜，繞越賊前，趕赴保定省城。侍衛陳國瑞亦催令張曜、宋慶各軍陸續趕到，副都統春壽所部馬隊各軍，屆計亦可繞越賊前。」捻軍後「因北路（清軍）防守甚嚴，暫向東南退竄，」不久「逆匪竄陷祁州，尚在該州境內盤踞，並漸向蠡縣東南肆擾。」清廷飭令「劉松山等軍緊躡賊後，向南壓剿，而令張曜、宋慶兩軍分由容城北河向南移紮，已到大汲店一帶，擬繞由南路轉向西北，與劉松山、郭寶昌等軍會合夾擊」等等。〔註30〕可以看出文中對於有關捻軍鬥爭活動的記載都是相對簡略的，表現爲對於捻軍在各州縣作戰的戰果等，難以以得到準確的反映。

　　直隸有關方志中對於捻軍當時在直隸中南部部分州縣流動作戰的整體情況，包括作戰的歷程、取得的戰果和失敗的經過，有關記載都是比較完整和具體的。如（光緒）《安國縣新志稿》記載清同治六年（1867）底，捻軍北渡黃河，進入直隸境內，展開流動作戰。「（同治）七年（1868）正月自清苑折回，十五日破祁州城」，取得大勝，清朝祁州「知州胡源死之，教諭于壯圖全家殉節，紳士死者四十四人，一時義夫烈女共死兩千餘人。」爲抵禦齊軍王心安、湘軍劉松山、皖軍郭寶昌、淮軍潘鼎新等各部清軍的圍剿，捻軍僅在祁州駐紮四日便撤離，再由深澤、束鹿、饒陽諸縣進入深州境內，由於遭到清軍的重兵圍剿而受損。清同治七年（1868）二月二十四日捻軍第二次揮兵進入祁州，並與清軍激戰於安平。失利之後，揮師東進攻取獻縣縣城，再折向西攻破晉州城，又折而東進，由武強、饒陽進至肅寧縣，與張曜、宋慶所部清軍展開激戰，最終失利，首領張五孩犧牲。捻軍統帥張宗禹第三次率軍西向祁州，四月左宗棠親率清軍追擊捻軍，起義軍南渡滹沱河繼續流動作戰，並最終於當年在徒駭河一帶遭到李鴻章所率清軍的圍剿而失敗。〔註31〕可以看出方志中記述的內容都是比較完整和具體的，有助於準確把握清同治六年

〔註30〕　《清穆宗實錄》卷 222、卷 223。
〔註31〕　宋蔭桐纂修：（光緒）《安國縣新志稿》「歷代兵事第七，」清光緒三十二年（1906）抄本。

（1867）底，至同治七年（1868）間捻軍當時在直隸南部州縣的鬥爭情況。

　　《清實錄》與直隸有關地方志由於角度不同，對於捻軍在直隸中南部一帶部分州縣的作戰情況，所記述的內容有一定的差別。《清實錄》中對於捻軍活動內容的記載，主要側重於統治者對起義軍的圍追堵截等情況的記載，而對捻軍在直隸中南部部分州縣武裝鬥爭的成果反映較少，只有零星的反映。例如我們只是從從清廷通令「予直隸祁州殉難知州胡源祭葬，世職加等」中，〔註32〕才瞭解到祁州知州胡源已經在捻軍攻取祁州城的戰鬥中被殺死，對於捻軍的其它戰果，更是缺乏具體和明確的反映。而有關清代直隸方志中對於捻軍活動的記載，除與《清實錄》有一部分相同外，更注重捻軍在直隸中南部對敵鬥爭的歷程、戰果和失敗經過，能夠給與明確而具體的記載，而這些內容正是《清實錄》不載，或者是載之不詳的，因此有關直隸方志在一定程度上可彌補《清實錄》之缺略，具有重要的參考價值。

　　《清實錄》與直隸有關方志中，對於捻軍在直隸中南部一帶部分州縣作戰情況，所記述的內容出現一定的差別，原因在於反對朝廷或官府的農民起義，因為關係到統治者地位的穩固，歷來是史家記述的重點，因此農民起義歷來是史學研究的一個重要領域。然而由於這些起義往往大多發生在京畿之外，發生時往往引起當地社會的混亂與動蕩，有關信息在傳導過程中容易發生偏移，因此正史中記載農民起義往往是簡略扭曲，而且也是不完整的。而方志的編修者因為身處當地，對相關信息的掌握有着得天獨厚的優勢，因此方志所記載的這類內容可信度較高，往往可以修正和補充正史中的缺訛，有利於準確瞭解整個歷史事件的真相。

三、歷史人物

（一）與《清史列傳》、《滿漢名臣列傳》、《清史稿》中人物傳記的比較研究

　　《清史列傳》、《滿漢名臣列傳》、《清史稿》，是當今涵蓋清代重要歷史人物傳記重要的正史文獻，而清代直隸方志中同樣也是彙集了眾多的社會各階層歷史人物傳記的內容。但由於兩類文獻的作者背景有差別，再加上情趣不同，資料來源不同，造成兩類文獻中人物傳記方面內容的詳略程度，也是不盡相同的。

〔註32〕《清穆宗實錄》卷223。

1. 補正史之不足

《清史列傳》是清代人物史料中重要的人物傳集,成為研究清代人物必不可少的重要歷史資料。《清史列傳》的特點是人物絕大多數都是清朝內外二品以上的官員,一般是國史館奉旨立傳,傳文資料主要來自官方檔案,所以準確性比較高。在封建社會中,由於皇帝至高無上,餘者均屬其臣民,故傳文之中直書其名,不加敬稱,甚至連字號也沒有。《清史列傳》詳書履歷,詳細記載有傳主的科名出身,及任官職之升降和調轉。因為屬於官方立傳,有一定的要求,即只記公事,不書私事。對於私事,這裡主要是在地方上的政績,哪怕是很有影響的事都不寫。傳文除傳主的履歷外,引有奏疏和上諭,還記有一些重大公事。甚至有些傳主死時多大年齡也不寫,只寫某年卒。《清史列傳》傳文最後都要有皇帝的恩諭,即皇帝在傳主死後對其一生所作的評價。

《清史列傳》中不記私事,局限很大。因為任何一個歷史人物的形象,都是通過他在各方面的言行豐滿起來的,那麼要想把握住事物的本質,對歷史人物進行科學的評價,就必須通過對這個人物的一生各方面綜合考察才能辦得到。在這個方面,《清史列傳》所提供的材料是有限的。此外傳文中也不容易瞭解到這一人物所處的社會環境狀況,不便於我們對人物的綜合研究。如史貽直是清代雍正、乾隆兩朝的重臣,清乾隆七年(1742)曾經代理直隸總督。《清史列傳》記述史貽直在清乾隆七年(1742)「正月遷吏部尚書,七月署直隸總督,十二月協辦大學士。九年(1744)正月授文淵閣大學士,命紫禁城騎馬。」〔註33〕文中詳細記載史貽直的履歷,記載他在清乾隆七年(1742)的官職之升降和調轉。至於他在直隸為官期間,在地方上的政績卻隻字未提。

就《清史稿》中「列傳」部分的主要內容而言,由於主要是取材於《國史列傳》、《清史列傳》、《滿漢名臣傳》,只是相對比較簡略而已,甚至有些連在敘述人物事迹的次序上也都是相同的,因此尚具有一定的參考價值。《清史稿》中記載史貽直在清乾隆七年(1742)「命署直隸總督。復召還,協辦大學士。九年(1744)授文淵閣大學士,」詳略程度上和《清史列傳》大體類似。

而有關清代直隸方志中人物傳記的情況則不同。首先方志中各種類型的人物傳記是其重要的組成部分,因此編修者一般都要把各方面人物的私家傳

〔註33〕 《清史列傳》大臣劃一傳檔正編十二　卷十五「史貽直傳,」北京:中華書局,1987 年 11 月出版。

文都集中起來，便於查閱。其次方志中傳記的部分內容，傳主的親屬直接或委託他人撰寫的，史實比較清楚，加之所傳時間是在傳主死後不久，故傳文所述之事比他人傳聞較爲確切可信。再次傳文中大量記述私事，它不僅使歷史人物豐滿起來，而且還能從中瞭解到當時的社會狀況，有助於我們對歷史人物的全面研究，因此方志中的人物傳記史料價值很高。如（光緒）《重修天津府志》則同樣記載史貽直於清乾隆七年（1742）任直隸總督期間的政績，記載他在清「乾隆七年以史部尙書署直隸總督。直省旗民雜處，號稱難治，蒞任半載，題結事九千六百餘。又念永定河工爲京畿第一要務，八年（1743）正月，偕清河道知府由固安沿河相度情形，添築滾壩。凡修、防、疏、濬之宜，詳勘熟籌，奏明辦理，人咸賴之。」〔註34〕方志中的內容一方面詳細記述了史貽直在任直隸總督期間的政績，豐富了史貽直個人傳記的內容，使這個歷史人物有血有肉，形象顯得更爲豐滿；另一方面也反映了清初直隸一帶的社會環境，政治上當時由於正值大規模的圈地活動結束，八旗軍隊駐防，清政府在直隸一帶建立了很多的滿人集聚地，在這些滿人集聚地逐漸形成了旗人社會，社會矛盾錯綜複雜，滿漢民族關係緊張，治安形勢嚴峻。經濟上正處在「康乾盛世」期間，經濟進一步恢復和發展，在直隸一帶興修水利，爲進一步促進當地農業生產，保障人民生命財產安全提供了重要的保障。

　　可以看出《清史列傳》和《清史稿》相關傳記中主要記載史貽直的履歷，官職之升降和調轉，而對於他在任直隸總督期間的政績，則缺乏相應的具體記載。（光緒）《續修天津府志》中則側重於記載史貽直在任直隸總督期間的政績，這些內容既可以使他的傳記內容更爲充實，形象更爲豐滿，又可以透過這些內容瞭解到直隸一帶當時的社會環境和經濟發展情況，從而可補《清史列傳》和《清史稿》之缺略，對於研究清初的社會史和經濟史，具有很高的史料價值。

　　同一個人物在清代直隸方志，與其它史籍如《清史列傳》、《清史稿》中傳文的內容，出現一定的差別，主要在於資料的來源，以及作者的情趣各不相同等原因，因此記述的側重點是不同的，各自的詳略、特色也因之而異。同時各種文獻資料中傳記內容的同異，還說明各種體裁的着眼點的不同，有的側重於寫生平，有的則在要事上，或在一般不經意的地方，諸種差別使各

〔註34〕沈家本、榮銓修，徐宗亮、蔡啓盛纂：（光緒）《重修天津府志》卷四十「官績二，」清光緒二十五年（1899）刻本。

書起着互相補充的作用，故而都有其存在的價值，不可偏廢。

2.《滿漢名臣傳》成書早於《清史列傳》，是由清國史館撰寫，成書於乾嘉之際，是最早的清代名臣傳記彙編。它的傳主是清朝開國時期到乾隆朝前期的大臣，都屬著名人物，以滿漢大臣為主，另有少數蒙古族等少數民族大臣，內容涉及清代前期的政治、經濟、軍事、文化、外交等。由於成書早，抄錄原稿的時間早，所以傳抄中的訛誤較少，史料價值也就顯得更高。

《滿漢名臣傳》在撰寫過程中，主要依靠各衙門進呈的資料，大臣進呈的奏議，皇帝的諭旨，私人的碑傳，以大臣初次為官的時間開始，按照時代和歷史事件撰寫。《滿漢名臣傳》中的列傳撰寫十分具體，對於每位大臣在為官期間宦海中的黨惡之爭，官職的晉升，影響比較大的歷史事件，大臣給皇帝上的奏疏，都比較詳細地作了記載，不同時期的大臣列傳集中反映了當時的歷史狀況。所收傳記數量遠多於《清史列傳》同期所收人物一倍有餘，更是遠遠超過《清史稿》。但《滿漢名臣傳》本身也並非完美無缺，其中一部分傳文的內容，與直隸方志中記述的內容也還是有一定的區別。

例如關於清代康熙朝名臣魏象樞傳記的記述，由於資料來源不同，《滿漢名臣傳》和清代有關直隸方志中的內容，出現了一定的差別。

如（光緒）《蔚州志》中「魏象樞傳」的內容，主要取材於李元度所輯的《國朝先正事略》。李元度（1821～1887），字笏庭，號次青，自號天嶽山樵，晚年更號超然老人，湖南平江人。《國朝先正事略》的撰寫始於清同治三年（1864），終於同治五年（1866），而其記事則始於清天命元年（1616），終於同治三年（1864）。全書共六十卷，一百餘萬字，分為名臣、名儒、經學、文苑、遺逸、循良、孝義七門，共記述清代人物 1108 人，其中正傳者 500 人，附傳者 608 人。全書卷帙繁浩，內容宏富，在私人編撰的清代史書中佔有重要的地位，其中不少史實記述賅備，可補正史之闕。主要是由於《國朝先正事略》在史料來源上確實做到了廣訪博咨，取材豐富。「各事蹟皆採自國史者，有來自私家傳志、郡邑志乘及說部，仍正以國史列傳，有合數十篇為一篇者。其間穿穴聯綴，頗費匠心，」因此書中各人物傳記中所用材料，都「以事實所關，寧詳勿略，寧密勿疏。」〔註 35〕《國朝先正事略》與不少雜出眾手的

〔註35〕 李元度撰：《國朝先正事略》卷首「凡例，」清同治八年（1869）循陔草堂刻本，參見顧廷龍主編：《續修四庫全書》第 538 冊「史部・傳記類，」上海：上海古籍出版社，2002 年 3 月第 1 版。

大型官修史書以及私家著述比較起來，顯得取材充分，記述詳備。有清一代，史料最豐者，莫過於《清史列傳》、《滿漢名臣傳》，《國朝先正事略》雖然大多取材於此，然而兩相比較，則不難發現後者在很大程度上彌補了前者的不足，因而史料顯得尤為珍貴。

《滿漢名臣傳》記載魏象樞在清「康熙十八年（1679）遷刑部尚書，疏請留御史臺，為朝廷整肅綱紀，上可其奏，以刑部尚書銜留任。遵諭舉廉吏，疏薦原任侍郎高珩、達哈塔、雷虎、班迪，大理卿瑚密色，侍讀蕭維豫，郎中文運，布政使畢振姬，知縣陸隴其、張沐十人，皆得旨錄用。」〔註36〕《清史稿》則記載清「康熙十八年（1679）七月，地震，象樞與副都御史施維翰疏言：『地道，臣也。臣失職，地為之不寧，請罪臣以迴天變。』上召象樞入對，語移時，至泣下。明日，上集廷臣於左翼門，詔極言大臣受賕徇私，會推不問操守；將帥克敵，焚廬舍，俘子女，攘財物；外吏不言民生疾苦；獄訟不以時結正；諸王、貝勒、大臣家人罔市利，預詞訟；上干天和，嚴飭修省。是時索額圖預政貪侈，詔多為索額圖發，論者謂象樞實啟之。」〔註37〕

而（光緒）《蔚州志》中的「魏象樞傳，」主要取材於《國朝先正事略》卷二「名臣」中的「魏敏果公象樞傳。」〔註38〕它以六千餘言篇幅，記載了清代名臣魏象樞的生平、著述，其中部分內容尤為具體。如詳細記載魏象樞在清康熙十八年（1679）任刑部尚書銜兼左都御史期間，協助康熙帝整飭朝綱，罷免索額圖、明珠等權臣的經過。當年「七月，是日地連震，上晝夜坐武帳中，公旦入奏曰：『臣，地道也。臣失職，則地反常。臣不能肅風紀，以修職業，請先罪臣以迴天變。』上召公入，公伏地流涕，請屏左右，語移時，極言天變若是，乃索額圖、明珠二相植黨市權，排忠良，引用憸壬，以剝烝黎之應。及出，副都御史施維翰迎於後左門，見公淚流，頰未乾也。是日公宿帳中，語施曰：『今百姓困苦已極，而大臣家益富，地方吏剝民媚上，督撫司道又轉饋政府，小民愁苦之氣，上干天和，至召水旱日食星變地震之異。

〔註36〕 佚名撰：《滿漢名臣傳》之《漢名臣傳》卷一「魏象樞傳，」清北京正陽門琉璃廠榮錦書坊刻本。

〔註37〕 趙爾巽等撰：《清史稿》卷263，列傳卷50「魏象樞傳，」北京：中華書局，1977年8月出版。

〔註38〕 李元度撰：《國朝先正事略》卷三「名臣，」清同治八年（1869）循陔草堂刻本，參見顧廷龍主編：《續修四庫全書》第538冊「史部·傳記類，」上海：上海古籍出版社，2002年3月第1版。

又會推動輒徇私，將帥無復紀律，蠲免錢糧，災黎不沾實惠，刑官鬻獄，豪右爲奸，皆可憂可畏之事。』施曰：『公何不極言之？』公曰：『聖明洞燭，何待吾言。吾儕負國，萬死不足贖矣。』明日上以六條宣廷臣集議。大略如公指，於是朝士咸知公造膝所請，而用事大臣皆爲之股栗。明年索額圖罷。（康熙）二十七年（1688）明珠爲郭總憲琇劾罷。至（康熙）四十五年（1706）春，聖祖始以公面對語諭群臣。二相之黜，公最先有以發之也。」〔註39〕

可以看出（光緒）《蔚州志》，與《滿漢名臣傳》、《清史稿》三種文獻，雖然記載的是魏象樞的同一件事情，即魏象樞在清康熙十八年（1679），擔任刑部尚書兼左都御史期間，協助康熙帝整飭朝綱，罷免索額圖、明珠等權臣的經過。涉及到他在入朝爲官期間宦海生涯中的黨惡之爭，屬於影響比較大的歷史事件，反映了康熙帝時期清廷內部矛盾和政治鬥爭的複雜性，但是在內容詳略程度上還是具有一定區別的。在這三種文獻之中，《滿漢名臣傳》記述魏象樞在清康熙十八年（1679）擔任刑部尚書時，秉承皇帝的諭旨，積極履行自己的職責，爲朝廷整肅綱紀，積極推薦一批清正廉明的官員，曾經先後疏薦原任侍郎高珩、達哈塔、雷虎、班迪，大理卿瑚密色，侍讀蕭維豫，郎中文運，布政使畢振姬，知縣陸隴其、張沐十人，皆得到皇帝的錄用。但是對於魏象樞積極爲康熙帝出謀劃策，協助皇帝整飭朝綱，罷免索額圖、明珠等權臣的經過，卻隻字未提。《清史稿》中雖然對於魏象樞積極協助皇帝整飭朝綱，罷免索額圖、明珠等權臣這件事，動用一定的筆墨，但是對於其中的細節問題，仍然交代得不夠具體。而（光緒）《蔚州志》中較之《滿漢名臣傳》、《清史稿》，無論是在時間、人物、過程，還是在細節上，都花費了大量的筆墨，在內容上顯得更爲具體、細緻和豐富，人物形象顯得更加充實和豐滿。更重要的是，通過對這些問題的記載，可以更加深入地瞭解康熙朝統治集團內部激烈的政治矛盾和鬥爭情況。因此（光緒）《蔚州志》中記述的內容，既可補《滿漢名臣傳》之缺，亦可詳《清史稿》之略，對於研究清代的政治史具有重要的參考價值。

（二）與正史之不同

如前所述，《清史稿》雖然整體史料價值相對遜色，但其中人物傳記部分內容則相對重要一些。這是因爲《清史稿》中列傳部分的內容，主要是根據

〔註39〕 慶之金修，楊篤纂：（光緒）《蔚州志》卷十四「史傳上·魏象樞傳，」清光緒三年（1877）刻本。

《國史列傳》、《清史列傳》、《滿漢名臣傳》加工而成的,可信度比較高。但是對於一些人物的記載,《清史稿》和清代直隸方志差別仍然是比較大,有時甚至是大相徑庭的。

如(光緒)《豐潤縣志》記載鄭源璹,「字玉磎,宋家營人,任舊太倉監督,倉弊力為剔除,嗣任浙江寧、紹、臺道,辦理餘姚、上虞兩縣界內夏蓋湖一案,居民利賴,遠近稱揚。任福建汀、彰、龍道,下車清理積案四百餘起,並清械鬥之源,政簡刑輕,民心悅服,去任時萬眾攀轅以送。任廣東布政使,捐廉修貢院,添建號舍二十餘間。任山西布政使,庫款無虧,奉旨議敘。任河南布政使,與撫軍辦河工,詳查利病,請旨將沿河三十二州縣積欠,全行豁免。任湖南布政使,苗傜民不靖,留省辦軍需,盡心籌劃。奏准以動碾倉穀撥運,幸於民食無妨,閭閻咸稱頌焉。嗣軍務完竣,蒙恩議敘,賞頂戴花翎。」〔註40〕

《清史稿》則記載鄭源璹「直隸豐潤人。以貢生授戶部卞事,累遷湖南布政使。仁宗既誅和珅,有言源璹貪黷狀,下巡撫姜晟按治。源璹具服收發庫項,加扣平餘,數逾八萬;署內眷屬幾二百人,自蓄優伶,服官奢侈。上宣示源璹罪狀,因言:『諸直省大吏宴會酒食,率以囑首縣,首縣復斂於諸州縣。率皆脧小民之脂膏,供大吏之娛樂,展轉苛派,受害仍在吾民。通諭諸直省,令悛改積習。』尋命斬源璹。」〔註41〕

兩篇傳記相比,有兩點明顯的不同之處。首先,方志裏的傳記內容更加豐富,材料更為充實。這是因為該志的編修者十分注重方志的教化功能,認為:「忠烈、高義、政事、武功諸傳,必已往偉人,斯藉筆墨導揚。」〔註42〕所以用了很多的筆墨,著意從正面刻畫鄭源璹這個人物,包括鄭源璹的字號、籍貫、在各地任職期間的政績等,使人物的形象有血有肉,顯得更加充實。

其次兩篇傳記記載鄭源璹的內容截然相反。分析原因應該不外有二:其一在是志書編修者的眼中,「人物為邑乘之光,」〔註43〕因而過於注重突出方

〔註40〕 郝增祐、牛昶煦纂修,周晉堃續纂修:(光緒)《豐潤縣志》卷六「政事,」清光緒十七年(1891)刻本。
〔註41〕 趙爾巽等撰:《清史稿》卷339 列傳126「鄭源璹傳,」北京:中華書局,1977年8月出版。
〔註42〕 郝增祐、牛昶煦纂修,周晉堃續纂修:(光緒)《豐潤縣志》卷首「凡例,」清光緒十七年(1891)刻本。
〔註43〕 郝增祐、牛昶煦纂修,周晉堃續纂修:(光緒)《豐潤縣志》卷首「凡例,」清光緒十七年(1891)刻本。

志的教化功能。在志書中特設「政事門」，極力去記述、宣揚本縣歷史上一些所謂的歷史政績、名人志士，把他們塑造爲「偉人」，甚至不惜動用大量的筆墨，過度美化、虛構，造成志書內容完全失眞。其二在晚清直隸一帶兵荒馬亂，社會動蕩不安，經濟凋敝，地方政府的財力普遍不足，因此難以支持本地的修志活動。如同直隸其它地方一樣，在順天府豐潤縣的修志過程中，也曾經出現了民間捐資活動。雖然這些修志組織機構成員，和捐資者的籍貫尚未一一明確，但是參照清代直隸其它地方的修志情況，一般豐潤縣本地人員的數量比例應該佔據多數，甚至其中難以完全排除鄭源璹家鄉宋家營的人員，以及他的直系或者旁系親屬參與捐資修志的有關活動，這些情況都難免會對當地的修志活動造成負面影響。於是在（光緒）《豐潤縣志》編修者的筆下，鄭源璹儼然成爲一個廉政愛民，政績卓著的清官。而在《清史稿》纂修者的筆下，鄭源璹則恰恰是一個貪婪腐化，政績乏善可陳的貪官形象。兩者相比，顯示出清代直隸許多方志編修過程中普遍出現的一個短板問題，就是極力追求方志的教化功能，只注重人物的正面形象，因此難以避免「記善不記惡」的弊端。

五、與清史檔案的比較研究

清史檔案是清代中央和地方各級各類衙署在政務活動中形成的官文書，是以具體內容反映其形成機關或人物特定活動的歷史記錄，眞實反映這些機關或人物的活動以及歷史事件的原貌，是清代歷史的直接記錄，成爲名符其實的第一手材料，因而具有可靠的憑證價值和廣泛的參考作用。

（一）與《籌辦夷務始末》的比較研究

《籌辦夷務始末》係清政府將道光、咸豐、同治三朝的外交檔案資料，分別編纂而成大型的中外關係史料彙編，亦稱《三朝籌辦夷務始末》。參與本書的編纂人員全都來自於實錄館，所輯入的外交檔案起自清道光十六年四月（1836 年 6 月），止於清同治十三年十二月（1875 年 1 月），歷時三十九年，計九千三百件，共編二百六十卷，約六百七十萬字，是一部研究中國近代史及中外關係史重要的檔案史料彙編。其中（同治）《籌辦夷務始末》共輯入外交檔案三千六百餘件，約二百五十萬字，共編一百卷，是《三朝籌辦夷務始末》中內容最多的一部分。所輯檔案反映了同治朝清政府外交活動的整體概況，尤其是在太平天國革命運動失敗之後，伴隨着西方各帝國主義國家侵略

中國的活動日益加劇，國內從十九世紀六十年代興起洋務運動，概括了洋務運動的基本內容。

例如作爲清代直隸一帶的重鎮，天津走向近代化的進程，是從清代咸豐十年（1860）開埠以後起步的。洋務運動期間曾經在天津興辦的許多近代企業，對天津早期近代化進程起步，起過決定性的影響。據統計，從 1867～1885 年不到二十年的時間內，洋務運動在天津一帶共興辦十二項近代企業，其中近代工業中的四項在當時都具有首創性。而天津機器局則是洋務運動在全國範圍內，最早興辦的四大軍工企業之一，也是僅次於上海江南製造局的全國第二大兵工廠，1900 年之前一直是中國北方最早的，最大的軍工企業。

天津機器局創辦於清同治六年（1867）5 月，以製造各種火藥爲主，同時製造槍炮、水雷等武器，另外還製造過挖泥、布雷等船舶。天津機器局分成東西兩局，全盛時期規模很大，曾經擁有職工近 3000 人，開辦費用達 48 萬餘兩，常年費用維持在 30 萬至 50 萬兩之間，歷年費用共計約 1000 萬兩。當時大津縣全年田賦的收入不過 9650 餘兩，其中上交 4380 餘兩，留支 5260 餘兩。也就是說，天津機器局一年的開支，是天津縣的 50～60 倍，有時多達 100 倍。它是天津第一家使用機器生產的近代工業，曾經從西方引進大量機器設備，聘用外國技術員，把近代先進科學技術帶進了天津。天津機器局生產規模相當龐大，門類齊全，技術水平相對較高，曾經在生產過程中培養和訓練了一批本國技術員工，成爲中國北方第一批近代產業工人的骨幹。天津機器局的設立，對天津近代工業的發展和成長，具有標誌性的意義與深遠的影響。

（同治）《籌辦夷務始末》中對天津機器局的概況，曾經作了大量的介紹。首先強調洋務運動期間在設立天津機器局的必要性，「練兵之要，製器爲先。中國所有軍器，固應隨時隨地選匠購材，精心造作。至外洋炸炮、炸彈與各項軍火機器，爲行軍要需神機營現練威遠隊需此尤切。中國此時雖在蘇省開設炸彈三局，漸次着有成效，惟一省仿造究不能敷各省之用。現在直隸既欲練兵，自應在就近地方添設總局，仿外洋軍火機器成式，實力講求，以期多方利用，設一旦有事，較往他省調撥，匪惟接濟不窮，亦屬取運甚便。」其次陳述設立天津機器局的現有條件之一，就是所需人力資源的選拔和培訓，「中國原不少聰明穎悟之資，特事當創始，不能不於洋人中之熟習機營者，暫爲雇覓數人，令中國人從事學習，務使該洋人各將優嫻之藝，授以規矩，傳其秘籍。」至於培訓的地點和方式，「擬即在天津設立總局，專制外洋各種

軍火機器。或雇何項洋人作教習，或派何項員弁作局董，揀選何項人物學習，或聚一局，或分數局教習。」〔註 44〕另外涉及天津機器局建立、生產、經營的各項經費開支，「其一切款項，即由酌定支發，准於關稅項下作正開銷，以專責成而資運用。」〔註 45〕可以看出（同治）《籌辦夷務始末》對洋務運動中天津機器局設立過程的各個重要環節，從創辦天津機器局的必要性，所需人才的選拔和培訓原則，以及天津機器局建立、生產、經營等各項經費開支的來源，都記述得十分具體。但是對於天津機器局具體的選址、創建過程、發展規模和行業種類，佔地面積，對天津城市發展產生的影響等方面的內容，則缺乏明確而具體的記述。

而（光緒）《重修天津府志》中則就這些問題，進行了具體的記述。例如關於天津機器局的創建歷程，（光緒）《重修天津府志》中是這樣記載的，天津機器局俗稱『東局』，設在東郊賈家沽道旁，起自清「同治五年（1866）總理各國事務衙門奏准在天津設局，仿製外洋機器。六年（1867）通商大臣崇厚委員舉辦，九年（1870）北洋大臣直隸總督李鴻章奉旨斟酌節次開拓。」日後隨着經營規模的不斷擴大，「擴其舊而增其新。」至清光緒二年（1876）已經初具規模，「中國之有機器局自此始。」關於天津機器局的發展規模和行業種類，最早由「崇厚凡為機器局者一，火藥廠者八，銅帽廠者二。」此後伴隨經營規模的逐步擴大，「又分局於城南海光寺，為鐵廠者一，廠一而事八，比屋而樓，各從其類。」「其它治事之廨，休匠之舍，西洋工師之居，凡三百楹。為公所者二，為庫者五，時則今工部侍郎德椿實贊成之。庚午（同治九年，1870）冬今九江道沈保靖來主局事，益碾藥為四廠，撤海光寺分局，而別為鑄鐵廠一，錘鐵廠一，鋸木廠一。機器又別為新廠，而移其舊為洋槍廠。迨船政大臣吳贊誠至局，復折銅帽廠為槍子廠，而別為藥餅廠一，錙水廠一，又擇蒲口地為三藥庫。直隸候補道劉汝翼繼主局事，始為牆濠，俾有藩衛。又於銅帽廠之南為卷銅廠，河之東隅別為電氣水雷局。」

關於天津機器局的佔地面積，（光緒）《天津府志》稱「初度地城東十八里曰賈家沽道者，得田二十二頃有奇釐，為局基。環西南北皆民疇，東界小河而止。厥後逾河而東拓地四頃，其三隅拓地七頃，劃為牆址。內墉外濠，

〔註44〕　文慶、賈楨、寶鋆等纂輯：（同治朝）《籌辦夷務始末》卷四十四，民國十八年（1929）北平故宮博物院影印抄本。

〔註45〕　文慶、賈楨、寶鋆等纂輯：（同治朝）《籌辦夷務始末》卷四十五，民國十八年（1929）北平故宮博物院影印抄本。

崇雉屹若，延袤千有五百餘丈。」天津機器局規模宏大，因此它的建成，大大擴展了天津城市的疆界和規模，進一步推動天津近代城市化的發展。〔註46〕

對比（光緒）《重修天津府志》和（同治）《籌辦夷務始末》中，記載洋務運動中有關「天津機器局」的資料，其中關於廠址的選定、主持人的確定等方面的記載基本相同，另一些內容則有一定的差別。（同治）《籌辦夷務始末》中側重記載籌辦天津機器局的必要性，經費支出和籌措，生產和管理人員選拔、培訓，生產過程中出現的問題及解決辦法等等。而（光緒）《重修天津府志》中的內容則側重於天津機器局的創建歷程，廠址的最終確定，發展的規模，行業種類，佔地面積，都有明確而具體的記述。對於這類內容，（同治）《籌辦夷務始末》中反映的不是特別完整，甚至有些是難以見到的，因此（光緒）《重修天津府志》的記載，較之（同治）《籌辦夷務始末》更加完整和翔實。清代直隸方志中記載涉及洋務運動的一些內容，可以補（同治）《籌辦夷務始末》之缺，詳（同治）《籌辦夷務始末》之略，對於研究中國近代的洋務運動，以及天津近代城市化的發展史都是大有裨益的。

（二）與《光緒朝上諭檔》的比較研究

清史檔案中除了外交領域外，其它方面也存在着大量的檔案資料。清史檔案所記載的史實往往比較生動、具體、形象，沒有其它正史裏存在的文過飾非、隱惡揚善的弊病，可以據之揭露統治者所蓄意要掩蓋或歪曲歷史事實的真相。因此在當代清史的研究領域中，對於某些關於統治階級上層的內部矛盾鬥爭等問題的研究，如政治史、宮廷史的研究，檔案資料發揮着十分重要的作用。

同時應該看到的是，儘管清史檔案數量豐富，史料價值也很高，對於清史學術研究的重要性不言而喻，但對於清代檔案資料的局限性，也應該給予清醒的認識。由於公文是在處理政務過程中逐步形成的，這就決定了它自身敘述事情的零散性和瑣碎性，也就是說它反映的事實雖然很具體，但是缺乏概括性。主要表現為清代檔案保存雖多，卻不是每一件事都能完整反映的，往往有首無尾，有尾無首，從而不能說明事件的全貌等等。

例如《光緒朝上諭檔》對於清末義和團在保定府雄縣武裝鬥爭活動期間一些人物的反映，與《雄縣鄉土志》中有關內容的記載有一定的區別。如《光

〔註46〕沈家本、榮銓修，徐宗亮、蔡啓盛纂：（光緒）《重修天津府志》卷二十四「公廨，」清光緒二十五年（1899）刻本。

緒朝上諭檔》中「諭內閣著署天津鎮總兵徐得標革職永不敘用，並著游擊望雲亭革職查參」條記載：「光緒二十六年十二月十四日，內閣奉上諭李鴻章奏武職大員聲名惡劣，請旨懲處等語，記名提督署天津鎮總兵徐得標統帶各營訓練無方，前在易州、涿州一帶縱勇殃民，著即行革職，永不敘用，並不准投效各路軍營，以肅戎伍。分統儘先游擊望雲亭、蘇長慶均有被揭之案，著一併革職，仍著該督查明嚴參，餘著照所議辦理。」〔註47〕以上內容反映的主要是對兩起清軍將領的處分決定，其中所提及有關望雲亭等人的被揭之案相對比較籠統，並沒有明確指出望雲亭具體的違紀行為，因此這一項決定多少顯得有首無尾，直接導致對這一事件無從徹底認識和瞭解。

而據（光緒）《雄縣鄉土志》記載，清光緒二十五年（1899）冬，保定府雄縣「張岡村人始習拳，知縣多之陽捕其魁，稍斂迹。明年（1900）省城焚教堂，大吏不禁，縣境拳匪乃日熾。五月二十二日，邢長春帶兵赴津，道出孤莊頭村，以拳匪要截，擊斃三十餘人，拳民甚凶懼。及京師陷，官吏威令不行，拳民乃據城署，奪炮船，無復忌憚矣。」同年八月，「淮軍望雲亭、署提督呂本元率兵先後至，時拳匪已聞風遠遁，乃焚張岡等村，以亂事敉平聞，實則伏莽尚多。」〔註48〕文中無情了揭露淮軍將領望雲亭等借鎮壓雄縣義和團鬥爭活動之機，殘酷迫害當地百姓的醜惡行為。

《光緒朝上諭檔》中對於望雲亭等人的處分決定，只是對這一違紀事件最終處分結果的反映，但是由於內容簡略，對於事情過程的真相無法能夠明確揭露，因此與《雄縣鄉土志》有顯著的差別。而根據（光緒）《雄縣鄉土志》的記載，望雲亭等人的違紀行為應當就是指借鎮壓保定府雄縣義和團鬥爭活動之機，殘酷迫害百姓的醜惡行為。《光緒朝上諭檔》和（光緒）《雄縣鄉土志》兩種文獻中雖然反映的是同一個人物的同一件事，但後者記述的內容更為翔實，可以為《光緒朝上諭檔》中記述的內容提供一個重要補充，從而使《光緒朝上諭檔》中記載的這件事情顯得有頭有尾，十分完整。因此說方志中保存的文獻資料，具有重要的參考價值，於此可見一斑。因此利用清史檔案資料時，還應該注意結合清代直隸方志中的文獻資料，以彌補清史檔案中的缺略，把史實搞清楚。

〔註47〕 中國第一歷史檔案館編：《庚子事變清宮檔案彙編》，光緒二十六年（1900）
　　　　十二月十四日「上諭檔，」北京：中國人民大學出版社，2003 年 7 月第 1 版。
〔註48〕 蔡濟清修，劉崇本纂：（光緒）《雄縣鄉土志》「兵事錄」第三，清光緒三十一
　　　　年（1906）鉛印本。

六、與《申報》的比較研究

《申報》是十九世紀後期至二十世紀中期，在中國具有重要影響的報紙，也是研究中國近代史，尤其是清史重要的文獻資料。儘管報紙文獻記載的時效性十分突出，但是其中不少內容仍然具有重要的參考價值。

例如從十九世紀七十年代開始，中國近代史上的洋務運動開始進入新的階段。體現為在繼續創辦軍事工業，即「自強」的同時，但其重心已經開始轉移到舉辦民用企業上，意在「求富」。這期間洋務派創辦的民用企業約有二十多個，其中位於直隸的開平礦務局等作為官督商辦企業，即是其中主要的代表之一。隨着當時天津機器局生產和經營規模的不斷擴大，需要消耗大量的煤、鐵等原材料，這些原材料最早主要依賴進口，如籌建過程中所需用的煤炭 1000 餘噸，便是隨着機器設備由英國運來的。後來掌握天津機器局大權的李鴻章，決定要由唐廷樞興辦唐山的開平煤礦，以解決天津機器局對煤炭的需要，顯示出天津機器局在推動其它近代工業企業發展過程中，曾經發揮出重要的作用。

《申報》中對於直隸開平煤礦在清光緒初年創建和運營情況，曾經進行具體的介紹。例如詳載很多件招商局員候補道唐廷樞等人有關開平煤礦的奏章，在《察勘開平煤鐵礦務並呈條陳情形稟》中，詳細介紹開平煤鐵礦務的坐落方位、自然環境、當地土著人採煤方式及產量。還經過與當時西方先進方式的比較，就開平煤礦礦藏資源的價值、採掘的成本以及所產生的效益，進行了深入的評估。其中針對當地鐵礦資源的情況，就採用當時西方先進的方式加工、冶煉鐵礦石，以及在礦區修建鐵路的成本、效益，進行廣泛的探討，最後核算開平煤鐵礦產資源的開發、產能、加工、勞動力，及其運輸設備等各項成本，提出一套整體的預算方案。〔註 49〕

同時《申報》還刊載唐廷樞《請開採開平煤鐵並興辦鐵路稟》、《開平煤鐵礦化驗成色簡報》等奏章，其中分析了開平煤鐵資源的品質和成色，探討了開採當地煤鐵資源，修建礦產運輸鐵路可行性，以及對於國計民生的重要意義。〔註 50〕刊載《開平礦務設局招商章程》，〔註 51〕及李鴻章對此的有關批

〔註 49〕《申報》清光緒三年十二月十四日至十五日（1878 年 1 月 16 日至 17 日）版第 3 頁。
〔註 50〕《申報》清光緒三年十二月十五日至十六日（1878 年 1 月 17 日至 18 日）版第 3 頁。
〔註 51〕《申報》清光緒三年十二月十九日（1878 年 1 月 21 日）版第 3 頁。

覆，反映出開平礦務局的集資、招商等各項規劃的情況。〔註52〕《申報》上刊載的這些內容，對於瞭解晚清洋務運動中直隸開平煤礦的建設和經營，具有重要的參考價值。但同時這些內容中也存在着明顯的缺陷，如關於開平煤礦招股集資開礦，煤礦的產能，擴大生產規模，購置輪船，建設鐵路，搞好煤炭外運等情況，都沒有具體的反映。

而有關直隸方志卻對這類問題，進行了大量的介紹。如（光緒）《灤州志》中就記載了開平煤礦招股集資開礦，購置輪船，建設鐵路的情況。開平煤礦建成時，「共招聚股本一百二十萬兩，於光緒八年（1882）見煤。」為了啟動煤炭的外運，「又造運煤一二三甲各號船百十餘艘，帶船小輪船八艘以資轉運。」除了水運以外，又在清「光緒十二年（1886）經津海關道周馥會同廷樞詳情奏准開辦津沽鐵路，遂將礦煤歸火車轉運。」當時煤礦分紅情況是於清「光緒十三年（1887）礦股派分官利，以招集時之先後分釐有差。」

以後隨着產能的不斷擴大，開平煤礦繼續加大集資招股力度，擴大生產規模。據（光緒）《灤州志》中記載，清光緒十三年（1887）冬，「復在唐山東五十里林西地方另開一礦，以備唐山之不繼。」為了進一步提高煤炭的外運能力，在此基礎上繼續增加煤炭運輸設備，又於「光緒十四年（1888）加集股本二十五萬餘兩，以辦林西礦工，並因運送北洋水師軍煤以及南省官商各煤，添造輪船四艘，曰『北平』，曰『富平』，曰『承平』，曰『永平』。」隨着開平煤礦生產和經營規模不斷擴大，日常管理機構的人員也在不斷調整和充實中，「前以礦務日繁，稟奉直督，奏調廣西候補知府吳熾昌（字南皋，廣東人），又劄委浙江試用道徐潤（字雨之，廣東人）、江蘇補用道張翼（字燕謀，直隸人），先後來局會辦，十八年秋，廷樞卒，全局事務歸張翼督辦，又經稟請熟諳洋務之候補道陳善言（字靄庭，廣東人）在局襄辦。」

另外（光緒）《灤州志》中還詳細介紹了當時開平煤礦實際的產能，「現在每日出煤一千餘頓，每頓計一千六百八十斤。」直隸開平煤礦的建成，雖然晚於天津機器局十一年，但是由於它所生產的煤炭，大部分都要通過天津市場銷售，因而大大促進了天津商品市場的繁榮。再加上改善礦區運輸條件的需要，直接促進了津唐鐵路的修築，天津逐步成為清代直隸一帶的交通樞紐之一。因此開平煤礦配套的鐵路運輸建設情況，也成為（光緒）《灤州志》中記載的重要內容之一。這條鐵路修自清光緒十三年（1887），採用官商結合

〔註52〕 《申報》清光緒三年十二月初二日（1878年1月4日）版第2頁。

的方式。起初修築這條鐵路係「因開平礦局運煤起見，由商召集商股建築天津至開平鐵路，又續築至古冶計長三百二十里，是爲商路。」因爲修築費用過高，加之「維時風氣未開，商股不足，乃謀協濟官款，」所以於清「光緒十七年（1891）三月欽奉特旨，開辦關東鐵路所需經費，」除每年由戶部籌撥白銀一百二十萬兩外，另由直隸、河南、山東、山西、陝西、江蘇、江寧、浙江、安徽、閩海關、湖北、湖南、福建、廣東等十六省，「每省每年撥解銀五萬兩，」共籌集白銀一百萬兩，「自古冶展築至山海關，計程二百五十里，合岔道、夾道共長二百八十三里。由北洋大臣李鴻章奏派記名提督周蘭亭、直隸候補道李樹棠沿途分設工程局，逐段興修，是爲官路。」鐵路設計人員的組成，「除派委員司經理，並延英國人金達充總工程司，李吉士、狄連德、穆和德充副工程司。」該鐵路建設工期自清光緒十七年（1891）二月開工，到十九年（1893）五月竣工，歷時兩年有餘。鐵路屬於官督商辦性質，總里程「官商兩路，前後共長五百七十里。」工程投資總量「每里除橋梁不計外，各項工料及買地約用經費銀四十四、五百兩。」

　　該鐵路軌道設計規格爲：「高三尺，面寬二丈，底寬三丈，兩軌相距四尺八寸五分，兩旁及中間空處均鋪碎石，厚一尺，寬一丈。」沿途車站設置情況爲：「灤州境內車站凡六，曰『偏涼汀』，曰『雷莊』，曰『古冶』，曰『窪裏』，曰『開平』，曰『唐山』。鐵路東自昌黎入州境爲灤河大鐵橋，踰橋即偏涼汀，三十里至開平，十五里至唐山，又數里入豐潤界。」〔註53〕

　　對比《申報》和（光緒）《灤州志》中記載開平煤礦的內容，可以發現兩者的側重點不同。《申報》中所刊載的內容，主要是招商局員候補道唐廷樞等人有關開平煤礦的奏章，以及李鴻章的批覆等，涉及到直隸開平煤礦在光緒初年創建和運營過程中的問題，其中包括開平煤鐵礦井的坐落方位、自然環境，當地土著人採煤方式及產量；與當時西方先進的採掘方式比較，開平煤礦礦藏資源的價值、採掘的成本以及效益；針對開平當地鐵礦的情況，採用當時西方先進的方式加工、冶煉鐵礦石的可能性，在開平礦區爲煤炭外運所修建鐵路成本和效益；綜合考察開平煤鐵礦產資源的開發、產能、加工、勞動力，以及運輸設備等各項成本，提出整體的預算方案等等，即興辦開平煤礦的各項準備工作。而（光緒）《灤州志》記載的內容，主要集中在開平煤礦

〔註53〕楊文鼎修，王大本等纂：（光緒）《灤州志》卷十三「礦務·開辦開平煤礦總略，」清光緒二十二年（1896）修，稿本。

招股集資開礦，增資擴股，擴大生產規模，煤礦的產能，煤礦日常管理機構人員不斷調整和充實的情況；爲提高煤炭外運能力，購置輪船，修築鐵路包括鐵路設計人員的組成，建設鐵路的投資額和資金來源；鐵路的里程、軌道規格和車站設置的情況等等，即開平煤礦投入運營後的整體狀況。

　　（光緒）《灤州志》中所記載的有關內容，反映在《申報》上顯得非常簡略，甚至沒有具體的記載，在這裡（光緒）《灤州志》中記述的內容，既可以補《申報》等近代文獻之缺，還可以詳《申報》等近代文獻之略。因此清代直隸方志中的有關內容，對於深入瞭解晚清洋務運動中官督商辦企業運作的情況，推動中國近代經濟史的研究，具有重要的參考價值。

七、與清人筆記史料類文獻的比較研究

　　筆記史料類文獻，也是目前清史研究中重要文獻資源之一。清人筆記史料包括社會史料，即是對清代社會各階級、階層的生活狀況與社會風尚，很多具體的記載和反映。

　　清代筆記文獻的史料價值較高，主要是因爲它的內容眞實、豐富、具體、龐雜，不拘類別，有聞即錄。有讀書有感、有疑、有考而記之者，有耳聞目睹，街談巷議，道聽途說而記之者，有出行、遊覽、訪問而記之者，有前朝史實，有當代見聞。另外筆記史料涵蓋的領域十分寬泛，往往涉及人物、史實、文學、藝術、社會生活、風俗人情、名勝古迹、自然科技，以及鬼怪神異等，其中不乏稀見珍貴的資料。

　　當今流傳下來的清人筆記史料類文獻，不僅數量豐富，而且不乏精品，李光庭所撰《鄉言解頤》就屬於其中的代表之一。李光庭，字樸園，號翁齋老人，清代直隸順天府寶坻縣人，一生著述頗豐，於經、史、詩、文、金石等有深入的研究，《鄉言解頤》是其具有代表性的著述之一。他的這部筆記成書於清道光二十九年（1849），主要記載京津一帶的鄉言俗語，同時涉及到清代乾隆、道光時期的社會經濟、文化生活、民俗風情，其中對於清代北京及京東一些地方，特別是寶坻等地的經濟和社會生活情形多有反映，對於研究清代京津一帶的方言俗語、社會生活史、風俗史，具有重要的史料價值。清代直隸一帶城鄉傳統的市集，仍然是商品交換的主要渠道和方式。關於順天府寶坻縣縣城及四鄉集市的情況，《鄉言解頤》是這樣記載的，寶坻縣「四鄉之集，一、六在新集與大口屯、新安鎮、八門城，同日、三、八在新開口及

黃莊，五、十在黑狼口，又口東莊有小集，以四、八。廿年前，厚俗里之方家莊新立市集，以五、十。吾鄉林亭口集期以二、七，」〔註 54〕介紹清代寶坻縣各鄉舉辦市集的場所和日期。而（乾隆）《寶坻縣志》中同樣記載有關寶坻縣市集貿易情況的內容，「四鄉之集亦有期，一、六在新集與大口屯、新安鎮、八門城，同日、二、七在林亭口，三、八在新開口及黃莊，五、十則在黑狼口、侯家營，及鄰豐潤界之豐臺，又口東莊有小集，其期以四、八。舊志所載市集亦有不備，今並明芯核實，乃知八門城、豐臺、侯家營、口東莊皆有之外，尚有潘莊、蘆臺、梁城所三集撥入寧河，又八戶莊近新開口、王各莊近口東莊，今並赴不復設集，惟李子沽有南北二名集，無考。」〔註 55〕

　　對比（乾隆）《寶坻縣志》和《鄉言解頤》記載清代直隸順天府寶坻縣四鄉市集的內容，可以看出（乾隆）《寶坻縣志》的內容有其自身的特色，表現在不僅舉辦市集場所的數量多，而且針對寶坻縣舊志中記載四鄉市集不完備之處，根據明代方志的記述進行了明確的考訂，這些都是《鄉言解頤》不具備的。雖然清代的筆記史料文獻重要性不言而喻，但是（乾隆）《寶坻縣志》中涉及某一領域的記載往往更加翔實，可以補充《鄉言解頤》之缺略，從而體現出直隸方志獨特的史料價值。

　　清代直隸方志在目前清史的學術研究中，可以補充和修正正史文獻中涉及政治史、經濟史的舊有記載，豐富我們對清代歷史發展多樣性的記載。以往我們從事清史研究，所引用的史料首先大都來自於清代正史文獻中的記述和描繪。不可否認的是，清代正史文獻記載的內容無疑是最權威的，但是其局限性也是比較明顯的：1. 記載的範圍很廣。一般都是全國各地，不限於一地一隅。2. 時間跨度很長。一般都是一、二百年，甚至更長。3. 篇幅、字數所限。對每條史實的記載，一般寥寥數語，而且比較分散，難於讓人瞭解歷史的全貌。4. 正史的取材範圍也相對狹窄，編撰人員的素質高下不一。5. 正史的記載突出表現為詳於中而略於外，重主幹而輕枝葉。而清代直隸方志中記載的各類史實，因為多屬本地發生，而且記述者往往是當事者，故其所述比較真實，可以修補正史之缺訛，擴展我們對歷史真相的認識。

〔註 54〕　李光庭撰《鄉言解頤》卷二「地部・市集，」北京：中華書局《清代史料筆記叢刊》本，1982 年 8 月出版。

〔註 55〕　洪肇懋修，蔡寅斗纂：（乾隆）《寶坻縣志》卷六「鄉閭・市集，」清乾隆十年（1745）刻本。

　　清代直隸方志因其所具有的地方特色性、資料原始性、綜合傳承性等特徵，而體現出獨特的史料價值，成爲清史研究中最基本的資料來源、考訂依據和立論基礎。清代直隸方志具有補正史之不足，續前人之漏列，補其所無，增其所有，詳今略古的優勢，從而使方志獨具特色，這是其它任何正史文獻不能比擬的。清代直隸方志和其它各地方志一樣，史料取材都是古今並載，而尤重於近代，符合「詳今略古」、「古爲今用」、「史志結合」的方針。這是因爲方志素材來自當地、當時的現實生活，並記錄保存了歷史的眞實性，所以它的舛誤之處，遠比正史文獻爲少。清代直隸方志中記述的內容都是在一定時期內，經過多種變化，各方面都相對穩定的地情，而且在編纂過程中對史實進行了反覆的核對、篩選，因此其眞實性、準確性也都是比較突出的。

第二節　與有關前代內容文獻的比較研究

　　清代直隸方志中除了記載大量本朝的史實外，還保存了許多記載前朝內容的文獻資料。這些文獻資料與前代正史相比，同樣發揮出詳略補缺的作用，體現出地方志「存史」的基本功能。

一、與《明史》的比較研究

　　《明史》雖然係清代張廷玉等奉敕官修，但它卻成爲記載明代歷史首選的正史文獻之一。其記事上起明朝洪武元年（1368），下至明崇禎十七年（1644），對崇禎十七年以後的南明史事也有敘述。而部分清代直隸方志中記載的有關內容，較之《明史》既可以補其所缺，又可以詳其所略，因此同樣具有重要的參考價值。

（一）與《明史》中人物傳記的比較研究

　　《明史》記載內容廣泛，涉及明代社會各個方面的內容。而清代直隸方志記載明代史事，主要反映各地基層方面的內容，其中包括人物傳記。方志人物傳記與其它史籍的人物傳記相比，由於在寫作內容上，編纂者情趣有所不同，因而各有側重，從而爲後人留下更多的人物傳記素材。

　　例如歷史人物的行年與作品繫年，是對其進行研究的基礎。近年來，許多重要歷史人物的傳記相繼問世，對於學術研究具有重要的參考價值。但是其撰作，須基於人物和作品較爲詳細的編年。並且傳記類的研究，也必須具有其作品較爲精密的編年，方才能夠有準確把握。而方志中的此類記載，往

往可以彌補其他史料的不足，值得充分發掘利用。

晚明時期黨爭酷烈而持久，以衛道救世爲實學理念的東林黨「冷風熱血，洗滌乾坤，」演繹了一曲慷慨悲歌，趙南星就是其中重要的代表人物之一。趙南星（1550～1627），字夢白，號儕鶴，明代北直隸高邑人，一生中經歷嘉靖、隆慶、萬曆、泰昌、天啓五個皇帝，曾經官至吏部尙書。他嫉惡如仇，不畏權貴，廉明清正，剛直不阿，但由於面臨當時朝政腐敗，讒臣當道的嚴酷環境，因此屢受排擠迫害，　生經歷幾起幾落，仕途頗爲坎坷，他與鄒元標、顧憲成一起曾經號稱「東林三君。」《明史》和（康熙）《高邑縣志》兩部文獻中都保存有關他的傳記。

《明史》記載趙南星爲明代「萬曆二年（1574）進士。」〔註56〕而（康熙）《高邑縣志》則記載趙南星於明代「隆慶庚午（四年，1570）舉於鄉，萬曆甲戌（二年，1574）成進士。」〔註57〕可以看出關於趙南星學歷，《明史》和（康熙）《高邑縣志》中記載是有一定區別的，（康熙）《高邑縣志》既明確記載了趙南星中舉人的時間，還具體記載了他中進士的時間，而《明史》僅記載了他中進士的時間，（康熙）《高邑縣志》顯然比《明史》更爲詳細，對於豐富人物傳記的內容，充實人物的形象更有參考價值。

關於趙南星在明萬曆朝政壇沉浮的一些細節問題，《明史》記載趙南星在萬曆間「除汝寧推官，」雖然自身「治行廉平，」但由於當時吏治敗壞的環境，所以只能「稍遷戶部主事。」因爲當時正值張居正權傾朝野時期，會「張居正寢疾，朝士群禱，」因爲趙南星不畏權貴，整個朝中只有「南星與顧憲成、姜士昌戒弗往。」張居正死後，趙南星調吏部考功，大力整飭吏治，廣納賢才，裁汰昏庸，因爲得罪權貴，只得「引疾歸，」罷官爲民，歸家閒居達二十八年之久。〔註58〕而（康熙）《高邑縣志》中記載趙南星在明萬曆年間，「授汝寧府推官，」形象雖然「稱廉平，」但由於剛直不阿，嫉惡如仇，因此「爲要人所齮，」最終僅得到戶部主事一職。會「江陵相師（張居正）病，朝士多候之。」因爲不畏權貴，趙南星不僅「戒同輩勿往，」而且「仍爲詩

〔註56〕張廷玉等撰：《明史》卷243 列傳131「趙南星傳，」北京：中華書局，1974年4月第1版。

〔註57〕劉瑜修，趙端纂：（康熙）《高邑縣志》卷中「人物志・列傳，」清康熙二十四年（1685）刻本。

〔註58〕張廷玉等撰：《明史》卷243 列傳131「趙南星傳，」北京：中華書局，1974年4月第1版。

曰：『二豎能憂國，千官爲祝年，』傳播人口。」「後以譽望改銓司，」明萬曆二十一年（1593）爲澄清吏治，曾經「大計京官，」廣納賢才，罷黜貪官污吏，遭到訐謗，因此得罪權貴，「失某太宰意，」「被迫引病歸，」罷官爲民，爲此鬱鬱不得志，歸家閒居達二十八年之久。〔註 59〕對於趙南星在明萬曆年間政壇沉浮的情況，《明史》和（康熙）《高邑縣志》雖然都有相關的記載，但（康熙）《高邑縣志》對於趙南星個性、言語以及對其仕途的影響，較之《明史》記述和刻畫得更爲貼切，內容上更加具體，所以（康熙）《高邑縣志》可以詳《明史》之略，補《明史》之缺。

關於趙南星在明泰昌朝宦海生涯的情況，（康熙）《高邑縣志》和《明史》的記載也是各具千秋。《明史》中記載：「光宗立，（趙南星）起太常少卿。俄改右通政，進太常卿。至則擢工部右侍郎。居數月，拜左都御史。」面對當時黑暗腐朽的政治，「慨然以整齊天下爲任，」着手改革。〔註 60〕而（康熙）《高邑縣志》則記載趙南星於「光宗登極，起擢太常少卿，歷升左都御史。」於是進行大刀闊斧的改革，「凡撫按報命，自屬吏，而鄉紳有濫薦牘者，糾彈侃侃，而人人多震悚。」〔註 61〕可以看出，對於趙南星的泰昌朝官職陞遷以及政務活動情況，雖然《明史》和（康熙）《高邑縣志》都有相關介紹。但（康熙）《高邑縣志》對於趙南星所推行改革的情況，介紹得比《明史》更爲具體，可以補《明史》之缺略，所以具有重要的史料價值，進一步充實了《明史》中趙南星傳記的內容，使其形象更爲豐滿。

相互參照《明史》和（康熙）《高邑縣志》兩部文獻中的「趙南星傳」之後，可以發現因爲取材有別，所以兩者記述的內容角度不同，各有千秋。但是（康熙）《高邑縣志》對於趙南星本人學歷、個性、言語，及對其仕途的影響，再加上他當政時力推改革的情況等的記述，都比《明史》更爲翔實，因此參照（康熙）《高邑縣志》中的這些內容，可以使《明史》趙南星傳中人物的形象更加有血有肉，栩栩如生，傳記的內容更加豐富，因此對於研究晚明的政治，尤其是東林黨的活動具有重要的參考價值。

〔註 59〕 劉瑜修，趙端纂：（康熙）《高邑縣志》卷中「人物志・列傳，」清康熙二十四年（1685）刻本。

〔註 60〕 張廷玉等撰：《明史》卷 243 列傳 131「趙南星傳，」北京：中華書局，1974年 4 月第 1 版。

〔註 61〕 劉瑜修，趙端纂：（康熙）《高邑縣志》卷中「人物志・列傳，」清康熙二十四年（1685）刻本。

（二）與《明史・選舉志》的比較研究

在中國古代，人們習慣把培養、選拔、任用、考覈以及黜陟官員的制度稱爲選舉制度。《明史・選舉志》是人們瞭解和研究明代選舉制度最爲常見的，也是最具權威的正史文獻。其中《明史・選舉志》記載了明代學校教育、科舉考試和官員銓選的基本內容，但它在向人們全面系統地提供了明代選舉制度基本史實和發展脈絡的同時，也不可避免地存在種種缺略之處。而某些清代直隸方志，如（同治）《深州風土記》等直隸方志中，〔註62〕所收錄明代《洪武學校格式碑》等史料的內容，作爲研究明代地方選舉制度資料的重要補充，在一定程度上可以彌補《明史・選舉志》缺略之處，進一步豐富《明史・選舉志》的內容，因此具有重要的史料價值。

爲了培養大量合格的封建官僚後備人員，明王朝在國子監，及府、州、縣學建立各項規章制度和管理措施，從學習內容到衣食住行，都有相應的規定。如關於生員入學的選拔標準，《明史・選舉志》記載「生員入學，初由巡按御史，布、按兩司及府州縣官。」〔註63〕《洪武格式碑》記載「生員入學定制：凡各處府州縣責任守令，於民間俊秀及官員子弟選充，必須躬親相視，人才俊秀，容貌整齊，年及十五之上，已讀《論》、《孟》四書者，方許入學。其年至日之上，願入學者聽在內監察御史，在外按察司巡歷到日，逐一相視。生員有不成材者黜退，另行派補。」〔註64〕結合兩種文獻的記載，可以看出《明史・選舉志》中記述相對簡單，只是說明具體負責各級學校生員選拔工作的官員，而《洪武格式碑》不但明確記載負責各級學校生員選拔工作的各級官員，而且還詳述各級學校的生源、年齡和其他條件所作的嚴格規定。

有關各級學校的課程設置，兩種文獻中也都有記載。《明史・選舉志》記載「生員專治一經，以禮、樂、射、御、書、數，分科設教。」〔註65〕《洪武格式碑》記載「選官分科教授：禮、律、書共爲一科，訓導二員掌教禮、教律、教寫字。」教師的選拔，則是「於儒士有學行，通曉律令，諳古今禮

〔註62〕吳汝綸纂修：（同治）《深州風土記》「記十一下之上・金石下，」清光緒二十六年（1900）文峰書院刻本。

〔註63〕張廷玉等撰：《明史》卷69志第45「選舉一，」北京：中華書局，1974年4月第1版。

〔註64〕吳汝綸纂修：（同治）《深州風土記》「記十一下之上・金石下，」清光緒二十六年（1900）文峰書院刻本。

〔註65〕張廷玉等撰：《明史》卷69志第45「選舉一，」北京：中華書局，1974年4月第1版。

典，能書字者。樂、射、算共為一科，訓導二員掌教樂、教數、教射，於知音律，能射弓，能算法者。上項訓導禮、樂、射、書、數、律，但是能一等或二等者，從各處守令考驗，各取所長，相兼教訓。府教授、州學正、縣教諭掌講明經史，務使生員知孝悌忠信禮義廉恥，通曉古今，識達時務，及提調各科訓導、教習，必期成效。上項教官從各處守令於儒士有才德，有學問，通達時務者選充。」〔註66〕相互對照兩種文獻的記載，可以看出《明史‧選舉志》僅記載生員在校期間的課程安排上專治一經，六科均分科設教。而方志中的記載不但明確說明教官分科設教的情況，而且還就教師選拔標準的細則作了詳細的介紹。

關於生員每日學習的各種課程和活動安排，《洪武格式碑》也都有詳細的記載。「生員習學次第：清晨講明經史學律，飯後學書、學禮、學樂、學算，未時習射弓弩，教使器棒，舉演重石。學此數件之外，果有餘暇，願學詔、誥、表、牋疏、議、碑、銘、傳、志者，聽從其便。」〔註67〕而此類內容在《明史‧選舉志》中則沒有明確記載。

關於教師的俸祿，兩種文獻中也都有記載。《明史‧選舉志》中記載「學官月俸有差，」但具體的等級標準並沒有介紹。〔註68〕而《洪武格式碑》中則記載「教官出身，俸給嚴立等第。如果較有成效，異材出眾者，不拘資格，優加擢用，俸給就於本處係官錢糧內放支。」〔註69〕明確介紹了根據教師的出身，享受不同俸祿的標準，還規定如果確有成績出眾者，可以破格提拔和重用，此外還就教師俸祿的來源作了說明。

可見清代直隸方志中記載的有關內容，相比《明史‧選舉志》更加翔實，既補《明史‧選舉志》之缺，又詳《明史‧選舉志》之略，因此有關清代直隸方志中記載的材料，對於研究明代的各級學校教育和人才選拔制度，同樣具有不可替代的重要價值。

〔註66〕 吳汝綸纂修：(同治)《深州風土記》「記十一下之上‧金石下，」清光緒二十六年（1900）文峰書院刻本。

〔註67〕 吳汝綸纂修：(同治)《深州風土記》「記十一下之上‧金石下，」清光緒二十六年（1900）文峰書院刻本。

〔註68〕 張廷玉等撰：《明史》卷69 志第45「選舉一，」北京：中華書局，1974年4月第1版。

〔註69〕 吳汝綸纂修：(同治)《深州風土記》「記十一下之上‧金石下，」清光緒二十六年（1900）文峰書院刻本。

二、與明人文集的比較研究

　　清代直隸方志中除收錄本朝的歷史人物傳記外，還收錄明人傳記的內容。而這些內容在有關明人文集中並未見記載，因此可以用來爲部分明人文集提供補充，具有一定的學術研究參考價值。

　　例如王世貞（1526～1590）是明代中期著名的史學家、文學家，字元美，號鳳洲，又號弇州山人，江蘇太倉人。他一生著述頗豐，給後人留下如《嘉靖以來首輔傳》、《弇山堂別集》、《弇州史料》等史學著作，其中包括大量的有關人物傳記內容的資料。而（康熙）《山海關志》中所收錄他所撰的《名宦異泉李先生傳》，在王世貞有關的文集中均未見收入。

　　這篇傳記主要介紹明代中期一位名叫李英的中下層官員的傳記內容。傳記首先介紹了李英的字號和籍貫。「李先生者，諱英字文華，饒之餘干人。嘗自號『異泉』，學者尊稱之曰『異泉先生』。」接着簡要介紹了李英的求學經歷和學習情況。「先生少好學，念邑中鮮有授禮經者，而餘姚多知名士，因徒步千里，負笈往尋師數年，盡得其學，歸而試博士弟子，它博士弟子亡能抗者。」

　　儘管李英學識淵博，本人非常好學，但他的仕途之路卻是十分坎坷。李英「五十餘始以貢上春官，得教授山海衛。」即使這樣，本人在任職期間也非常敬業，如「山海故中山武寧王達，置戍以限遼水爲左輔，絡其戍卒，即冒青衿。而以擊技取人官，不甚曉書史，先生精心誨之。課業之暇，相與反覆開諭，歸之忠孝禮讓，咸彬彬質有其文矣。」但是由於當時正值太監劉瑾專擅朝政，政治黑暗，他本人不畏權貴，廉明清正，剛直不阿，「時中貴人瑾用事，魚肉薦紳大夫，先生聞而歎曰：『逢萌何人哉！』移書臺使者乞骸骨歸，臺使者三挽之，不得。諸生前後追餞數百里外，先生示之書一束曰：『偕我而來，偕我而往者，此耳。』因賦詩見志。」難以適應這種政治環境，只得早早棄官掛職而去。

　　傳記中還記載李英在個人修養方面爲人謙和，品德高尚。「先生性優讓，其少時與兄弟分財，必居少。伯兄病疫，蚤暮視之亡間。或謂疫不虞染耶？先生曰：『吾亦不忍使吾兄獨疫也。』其後里大饑，先生謀賑之，不獲遍，則捐郭外地爲義冢，收胔而瘞之。」他回歸鄉里後，淡泊名利，生活清貧，樂善好施，扶危濟困，在當地社會各階層之間贏得很高的聲望，享譽一方，「先生澹然一切，亡所嗜好，子弟即不布素，不敢見也。前後邑令，謝儀、馬津、

石簡皆清峻，鮮所折節，獨禮重先生，時時造門，請質疑難，先生亦無所報謝。」「後先生五年所而志山海者，以先生為名宦，其又若干年，而志餘干者，舉先生鄉賢。」〔註70〕

儘管像李英之類人物，只屬於明代地方的中下層官員，影響範圍有限，史料價值也相對遜色一些，但由於這類傳記僅僅見於有關的清代直隸方志中，並沒有收錄到王世貞的所有文集中，往往能夠體現出方志中人物傳記「人數多，層面廣」的特色。所以方志中的內容還是可以彌補明人文集之缺略，體現出自身獨特的史料價值。

三、與《舊唐書》、《新唐書》的比較研究

韓愈是中國唐代著名的文學家、思想家，也是「唐宋八大家」之一，在中國古代文學史上佔有十分重要的地位。但對於他的籍貫問題，學術界歷來是諸說紛紜。

關於唐代韓愈籍貫問題的紛爭，主要源自正史文獻中特別是《舊唐書》和《新唐書》的記載。《舊唐書》記載「韓愈，字退之，昌黎人。」〔註71〕而《新唐書》則記載：「韓愈，字退之，鄧州南陽人。」〔註72〕兩種文獻的說法存在着明顯的分歧。

對於韓愈的籍貫問題，歷來存在着三種主要的觀點：河北昌黎說、鄧州南陽說和河內河陽說。而（同治）《昌黎縣志》的編修者對這一問題進行了比較精闢的考證，並提出自己的見解。是志從記載「韓文公祠」的情況入手，同時徵引包括（乾隆）《孟縣志》在內的多種文獻，並且糾正以往史籍中以韓愈為河北昌黎人的誤說，進一步考證韓愈籍貫也「非唐之鄧州南陽也」，而是指古南陽，河陽（今河南省孟縣）即為其屬地之一，因此斷定韓愈的籍貫比較準確的說法應該為河陽（即今河南省孟縣）。〔註73〕按照（同治）《昌黎縣志》中的觀點，查詢（乾隆）《孟縣志》中的有關記載，發現其中詳細考證韓

〔註70〕陳天植等修，余一元纂：（康熙）《山海關志》卷九「藝文志，」清康熙九年（1670）刻本。

〔註71〕劉昫等撰：《舊唐書》卷 160 列傳 110「韓愈傳，」北京：中華書局，1975年 5 月第 1 版。

〔註72〕歐陽修、宋祁等撰：《新唐書》卷 176　列傳 101「韓愈傳，」北京：中華書局，1975 年 5 月第 1 版。

〔註73〕何崧泰修，馬恂、何爾泰纂：（同治）《昌黎縣志》卷三「建置志·壇廟祠宇，」清同治五年（1866）刻本。

愈故里墳塋的情況,「韓文公祖塋在城西北二十里蘇家莊,即古尹村嶺。自始祖後,魏安定桓王韓茂以下,至文公父仲卿、叔雲卿、伯兄會與嫂鄭氏,俱附葬此。」﹝註74﹞同時還保留了韓愈祠堂的寶貴資料,「唐韓文公祠在縣城南門內。舊在縣城西十二里韓莊,前明成化中知縣嚴明建,弘治中知縣巫儼奏請春秋秩祀,正德丁丑(正德十二年,1517)知縣劉澄改建於縣城南門內。」﹝註75﹞最爲難能可貴的是該志的編修者就韓愈的籍貫問題,博引新舊《唐書》以及其它文獻中的各種異說,最後論證,並且佐以實地調查材料,所得出的結論既印證了(同治)《昌黎縣志》中觀點,也和當今學術界研究的結論完全相符,因此頗具學術價值。﹝註76﹞

　　(同治)《昌黎縣志》中對韓愈籍貫問題的探討,爲拓寬學術界研究這一歷史問題的領域,提供了一條非常有價值的線索。可以看出清代直隸方志中的相關記載,對於中國古代文學史的內容,常常可以起到補充說明,或是糾正缺失的作用,因此從另一角度凸顯了清代直隸方志獨特的史料價值。

　　通過清代直隸方志與本朝、前朝正史,以及其它文獻的比較研究可以看出,方志史料價值集中體現爲能夠詳正史和其它文獻之所略,補正史和其它文獻之所缺,這也是清代直隸方志「存史」功能的重要表現形式之一。方志與記載各類典章制度的專書、實錄、文集、正史、報紙等文獻,雖然在史料價值上各有千秋,不能相互替代,但方志本身所具備的可補其它史藉之缺、漏、簡、淺、疏、忽的功能,應該是值得充分重視和利用的。

第三節　方志中的專有資料

　　地方志乃「一地之全史」,爲後人提供了一個特定區域內各方面的歷史資料,屬於分類記載各地的自然地理和人文狀況的綜合性文獻資料著作。其中自然地理部分中的有關內容,在正史中一般很少涉及,主要包括以下兩個方面:

﹝註74﹞ 仇汝瑚修,馮敏昌纂:(乾隆)《孟縣志》卷二「地理下‧祠宇,」清乾隆五十五年(1790)刻本。

﹝註75﹞ 仇汝瑚修,馮敏昌纂:(乾隆)《孟縣志》卷二「地理下‧祠宇,」清乾隆五十五年(1790)刻本。

﹝註76﹞ 仇汝瑚修,馮敏昌纂:(乾隆)《孟縣志》卷五「人物上‧史傳,」清乾隆五十五年(1790)刻本。

一、有關地理沿革、疆域的內容

關於各地地理沿革、疆域的重要內容，大多爲方志所專有。清代直隸各類方志中一般均首載疆域，並繪製輿地圖，對於一個地方的山川、道路、關隘、橋梁、文物、古迹、城市、村莊、學校、書院等，一一標明。同時對於本地疆域的變遷，行政機構辦公地址的廢置情況，也都有所考證和記述。

如（康熙）《晉州志》就記載了正定府晉州的地理沿革過程。晉州在夏朝時屬「禹貢冀州之域」，周朝時則屬并州之域，春秋時屬鼓子國。戰國時屬趙地，名爲下曲陽。秦屬鉅鹿邑，西漢時爲下曲陽縣，東漢時屬鉅鹿郡，三國時屬魏之鉅鹿郡，西晉時改屬趙國。後魏改爲曲陽縣，屬鉅鹿郡。北齊和後周時廢。隋開皇中置晉陽縣，屬定州，尋改爲鼓城縣，屬趙郡。唐初屬廉州，唐代宗大曆三年（公元 768 年）改屬恒州，後屬鎮州。五代時屬鎮州，宋、金時期改屬祁州。元初改爲鼓城等處軍民萬戶府，中統幸酉，改置晉州，始此轄鼓城等四縣。明洪武初隸北平布政使司，永樂初直隸京師，以鼓城省入隸正定府，編戶二十一里，領安平、饒陽、武強。國朝仍隸正定府，「編戶屬邑俱因之。」〔註77〕

同時該志還記載了清代晉州的疆域範圍。當時晉州轄境爲「四正：東界束鹿縣魏伯店三十五里，抵縣七十里；西界藁城縣西張村一十五里，抵縣四十里；南界晉縣司馬村七十里，抵縣一百里；北界祁州三馬村七十里，抵州一百里。四隅：東南抵深州九十里，西南抵趙州八十里，東北抵深澤縣四十里，西北抵無極縣三十里，東北抵京師五百四十里，西北抵正定府九十里。東西廣五十里，南北袤八十里。」〔註78〕記載各地地理沿革的變化、行政管轄的疆域範圍，歷來成爲各地方志的重要內容之一，並位居各地方志的卷首，爲方志所獨有，因此具有突出的史料價值，成爲研究各地地理沿革變化情況的首選文獻資料。

二、訂正、考辨舊志中地理沿革記載的謬誤

清代直隸方志中除了詳述各地的地理沿革過程外，還十分注重對地理沿革中有關問題的考證和糾誤。如清代順天府昌平州人麻兆慶，畢生從事本地

〔註77〕郭建章修，康如璉續修，劉士麟續纂，朱寶林補纂：（康熙）《晉州志》卷一「區別地裏·沿革，」清咸豐十年（1860）補刻本。

〔註78〕郭建章修，康如璉續修，劉士麟續纂，朱寶林補纂：（康熙）《晉州志》卷一「區別地裏·疆域，」清咸豐十年（1860）補刻本。

志書的編纂工作。在這個過程中，他曾經「間嘗學讀地志，見本古今地理沿革名同地異者不可枚舉，而張冠李戴者尤復不少」〔註79〕因此曾經於清光緒十六年（1890）編纂《昌平外志稿》共六卷，其中卷一《地理沿革考》目錄，分列「戰國燕上谷郡君都縣地」、「秦上谷郡漁陽郡地」、「漢上谷郡軍都縣漁陽郡安樂縣地」等目，共計二十六條；卷二《地理紕繆考》目錄，分列「漢上谷郡昌平縣非今昌平州地」、「後漢廣陽郡昌平縣非今昌平州地」、「魏昌平縣非今昌平州地」等目，共計二十八條；卷三《河渠考》目錄，分列「易荊水為雙塔河，非南榆河」、「濕余水非居庸關水」、「濕余水為南榆河」等目，共計十六條。〔註80〕在所列每一個條目中，編修者都能夠徵引多種不同的文獻，進行深入的考證，糾正前人及文獻中的謬誤，提出自己的見解，這些見解至今仍然具有參考價值。

　　實地考察，收集相關資料成為是志記述內容的一個重要來源。麻兆慶本人曾經於清咸豐十一年（1861）「侍先君西寧祭墓，山川大致羅列胸中，若夫上谷、廣寧、代郡、平城、高柳、雁門、雲中、五原諸古郡，弱冠時均曾遊歷。中山、盧奴、秦西、馮翊，同治壬戌（元午，1862）秦川之役，亦曾親歷。此外志之所以敢辨東西南北者，非若書生傍人牙慧以為論也。」〔註81〕旁徵博引成為是志又一個鮮明的特點，「其所徵引自酈注《水經》、《漢書》地志而外，不下千百種。」注重考證，糾正以往文獻中的謬誤，成為是志的第三大特點。麻兆慶在編纂是志的過程中，「考據精確，疏證明通，而於郡邑沿革之始末，古地今名之各殊，尤所加意」〔註82〕因此是志特點鮮明，史料價值很高。

　　另外清代直隸方志中往往十分重視本境的「四至疆域要考正」〔註83〕因此有關考訂的內容也十分精詳。如（雍正）《畿輔通志》記載順天府寧河縣

〔註79〕麻兆慶纂修：（光緒十六年）《昌平外志》「序，」清光緒十八年（1892）京都琉璃廠文光齋刻本。

〔註80〕麻兆慶纂修：（光緒十六年）《昌平外志稿》，清光緒十八年（1892）京都琉璃廠文光齋刻本。

〔註81〕麻兆慶纂修：（光緒十六年）《昌平外志稿》「後錄，」清光緒十八年（1892）京都琉璃廠文光齋刻本。

〔註82〕麻兆慶纂修：（光緒）《昌平外志》袁琥「序，」清光緒十八年（1892）京都琉璃廠文光齋刻本。

〔註83〕陶穎發纂修，陳大玠增修：（雍正）《臨漳縣志》卷首「凡例，」清康熙三十年（1691）刻，雍正九年（1731）增刻本。

「在通州東南二百六十里，東四十五里至永平府豐潤縣界，西九十里至武清縣界，南一百二十里至天津府滄州界，北十二里至豐潤縣界，東南五十里至豐潤縣界，西南一百五十里至滄州界，東北二十五里至至豐潤縣界，西北二十里至寶坻縣界，東西廣一百三十五里，南北袤一百三十二里。」〔註84〕其中記載寧河縣與滄州、武清接壤，存在着明顯的錯誤。而（乾隆）《寧河縣志》也曾經詳列清代寧河縣的四至八到，根據其所綴編者按語云「寧邑正南、西南俱屬天津，正東、正北俱屬豐潤，西北則界連寶坻，並不與武清、滄州接壤。」〔註85〕是志編修者曾經徵引不少文獻中的有關記載，既糾正了（雍正）《畿輔通志》謂寧河縣西界武清，南連滄州之誤，很有參考價值，又彰顯清代直隸方志編修者對本地地理沿革的重視，以及嚴謹、科學的編修態度。

　　清代直隸方志中，既有為其它文獻載之不詳的內容，又有為其它文獻所不載的資料，或為方志所獨有的內容，這些同樣都是清代直隸方志的史料價值所在，對此應該引起足夠的重視。

〔註84〕唐執玉、李衛修，陳易、田易纂：（雍正）《畿輔通志》卷十六「疆域，」清雍正十三年（1735）刻本。
〔註85〕關廷牧修，徐以觀纂：（乾隆）《寧河縣志》卷二「疆域，」清乾隆四十四年（1779）刻本。

第六章 清代直隸方志編修的
創新與發展

　　從清代道光二十年（1840）鴉片戰爭開始，中國逐步由古代社會向近代社會過渡，這種過渡體現在政治、經濟、文化和社會生活等各個領域，但是這種影響對於直隸地區方志編纂而言，短期內卻並不明顯。表現在無論是直隸各地志書編修的觀念、體例、內容，還是在方志學研究的理論和方法上，都還難以突破古代方志固有的編修框架。這種狀況一直持續到清代的同治和光緒兩朝，尤其到光緒朝後期才開始有所轉變。轉變的原因主要是隨着當時西方近代資產階級的史學觀點和社會進化論的思想方法，以及近代科學技術文明對中國的逐步輸入和影響，導致中國政治、經濟、文化思想和社會生活方式發生改變，這些都對直隸方志編修產生一定的影響。

　　在清代直隸方志編修的發展變化過程中，士紳一直擔當着重要的角色。隨着晚清社會的逐步變化，士紳的身份也開始改變，出現了東西兼學的新型士紳。他們的思想開始擺脫傳統封建社會的羈絆，其中部分人曾經參與到清代直隸方志編纂活動中，從而使方志編修活動逐步顯現出一些近代社會的特徵。於是在時事嬗遞與士紳轉型的雙重因素影響下，直隸方志從編纂理論、體例門類、編纂方式到志書內容，較之以往都開始發生了一定的變化。

第一節　清代直隸方志編修理念的創新

一、鮮明的時代特點

從鴉片戰爭發生以後，至辛亥革命爆發前的歷史時期中，在外國入侵和國內人民群眾鬥爭的雙重打擊之下，清朝統治者感到再也不能照老樣子統治下去了。其中一些上層官僚在中國的沉淪變幻，以及與西方的接觸中認識到，傳統的一套措施已經不能應付新的形勢，必須學習西方的科學技術，引進外國的先進設施。雖然其目的是挽救搖搖欲墜的清朝統治，但在客觀上由於施行了一些新政，採取了一些舉措，引進許多人類近代文明成果，打破了中國相沿千百年以來陳舊的社會格局，隨着近代事物日益增多，社會現象日益豐富起來。

這種社會狀況的產生，與在此其間清統治者所推行的幾次重大舉措有關。一是洋務運動。洋務運動又稱「同光新政」，始於十九世紀六十年代，止於清光緒二十一年（1895）甲午戰爭前夕，是清朝中央和地方洋務派官僚所進行的，與外國資本主義有密切關係的軍事、政治、經濟、文教和外交等方面的活動。二是變法維新運動。這是光緒皇帝利用維新運動推行新政的舉措，儘管由於當時清統治者中的頑固派和洋務派的抵制，這些舉措大多都不能落實，但是畢竟其中有一些得以變革與設置，還有一些或在以後逐步實施。三是推行「新政。」清政府為了適應帝國主義在華的需要，以維持其腐朽統治，自清光緒二十七年（1901）至光緒三十一年（1905），陸續採取多項「新政」舉措。這些舉措客觀上帶來社會領域中的一些變化，增添了新的設置，社會事物發生變化，社會活動內容得以豐富。同時伴隨着西風東漸觀念的轉化，思想文化也開始解禁。鴉片戰爭之後，長期封閉禁錮的中國國門被打開了，在西方近代科技被逐步引進的同時，西方近代資產階級的思想觀念和意識形態，也逐漸滲入中國社會。而在中國社會政治、經濟方面發生的一系列變化，也不可能不影響到思想文化領域。

首先是在鴉片戰爭結束後不久，從統治階級內部分化出來的一些進步思想家，他們正視社會現實，反對賣國投降，主張學習西方，倡言改革，對後世產生了深遠的影響，為中國近代思想領域的發展變革奠定了基礎。繼之在十九世紀七十年代，隨着民族資本主義的產生和發展，出現了早期維新思想潮流。到十九世紀九十年代，早期維新思想從一種社會思潮，發展演變成帶

有一定群眾性的政治運動——戊戌維新運動。通過這次運動，使進步的思想理論得到了深入的宣傳，新的思想觀念得以廣泛傳播，長期桎梏民心民智的封建思想觀念進一步鬆動。

這一歷史時期急劇的社會動盪和變化，給社會學術文化研究領域帶來深刻的影響，表現爲學術文化倡行致用，破舊立新始成潮流。人們開始把注意力轉到對現實問題的研究上來，提倡經世致用之學，注重學術文化方面的實用性。在史學與地理學的研究中也有了新的變化，開始把史地研究與社會實際結合起來。從鴉片戰爭開始，一些具有改革意識的進步思想家就編譯了一批介紹世界各國地理、歷史和社會概況的著述，使時人開始瞭解西方。史地研究中注意與社會實際相聯繫的變化，對於生來就與史學、地理學有着密切聯繫的方志學研究，必然產生較大的影響，促使方志的編修出現相應的變化。其間，西方科學知識被大量傳入。其中一些重要的科學理論如「進化論」的傳入，開啓了人們的思想認識，促進了人們觀念的進步。同時在此期間創辦的一些新式學堂，也爲近代中國社會培養了一批新式人才。

經過兩千多年漫長的、緩慢的演變和發展，中國古代封建政治制度和封建學術文化在清代乾嘉之際，已經到達巔峰時期，作爲中國方志重要組成部分的直隸方志，此時也逐步成熟起來。但是此後清代道光二十年（1840）鴉片戰爭的爆發，改變了我國兩千多年的封建社會形態，因此清代直隸方志甫一成熟，孕育其成長的社會環境即被改變。方志編修者的理念伴隨着社會環境的變化，也相應逐步發生一定的轉變。

二、編修理念的創新

晚清直隸部分方志的創新理念，就是編修者在編修志書的過程中，本着繼續維護清王朝統治地位的思想基礎上，順應社會發展的趨勢，更加注重適應社會發展現實的需要，更加注重有關經濟與國計民生內容的記載，更加注重新興門目的編製。具體表現爲：政治上代表封建洋務派的利益，謳歌洋務運動，爲洋務派人物樹碑立傳。經濟上主張采用西方近代科學技術，發展近代工商業。軍事上一方面主張借助帝國主義力量鎮壓人民革命運動，另一方面又主張海口設防，注意鞏固邊疆，抵禦外來侵略，文化上則注意吸收西方的科學文化成果，即所謂「新學，」但又不忘保存中國傳統的封建文化，即所謂「舊學，」修志的中心思想就是「中體西用。」這些內容在一部分直隸方志中體現得十分明確。

（一）政治理念的創新

關於修志目的，同光之際一些直隸方志開始釋出新意。主要強調方志編修要充分發揮志書的教化功能，並且注意結合社會現實。尤其是在光緒後期倡行的各類方志編纂中，更是着力於編纂志書的立意，促使人們增強愛國愛鄉之心。雖然這種愛國愛鄉之心是有特殊含義的，但其自身並不礙於鼓勵人們競爭自強，以此開啓民心。於是伴隨着社會的逐步轉型，西方進化論觀念不斷深入人心，講究「物競天擇，適者生存，優勝劣汰。」修志者的理念向愛國愛鄉，變法維新，振興實業的思想方向發展，目的就在於喚起人們的憂患意識，改革積弊，救亡圖存。這些已經超越了舊志編纂僅僅側重於資政輔治、訓化臣民和供史籍取材等要旨的藩籬，是方志基本功能的昇華。這些內容在晚清許多直隸方志中得以反映。

如《贊皇縣鄉土志》開篇即以韻文的形式，運用「進化論」的思想和觀點，闡述愛國、愛鄉、鄉土教育之間的關係。「大地橢圓，萬國羅列；強則稱雄，弱則敗滅。權力道理，世運流遷；政貴知變，自古其然。中國維新，振興學校；宗旨教人，愛國爲要。愛國之道，始自一鄉；請與幼學，說我贊皇。」〔註 1〕注意向西方國家學習先進的思想體制，「師夷長技以制夷」，修志過程中更加注重結合社會現實的情況和需求，「論古今之得失，察中外之情形，溯文學之淵源，求武功之經濟，遠追歐美文明之盛，近參東瀛教化之隆舉。」〔註 2〕爲民族的振興，國家的富強服務，成爲晚清直隸編修者新的理念。

例如（光緒）《順天府志》就是其中最早能夠表達某些創新思想和內容的志書之一。這部志書是由晚清著名的方志學家繆荃孫主持編修，同時也是能夠代表清代直隸方志編修最高水平的一部志書。繆荃孫在北京授職編修不久，就應邀參與修志，當時請張之洞擬定義例，由周家楣奏請開局。清光緒七年（1881）張之洞命繆荃孫專任其事，至清光緒十一年（1885）成書，凡一百三十卷，總綱十一，子目六十九。繆荃孫代張之洞主總纂事，並親自撰寫了地理志之疆域、寺觀、沿革，經政志之礦廠、錢法，人物志之鄉賢，藝文志、金石志及序志。

〔註 1〕 秦兆階纂修：《贊皇縣鄉土志》「題辭，」抄本。
〔註 2〕 宋蔭桐纂修：（光緒）《安國縣新志稿》張祖詠「序，」清光緒三十二年（1906）抄本。

　　這部志書的編修，正是在清朝統治者鎮壓了太平天國和捻軍等農民起義之後，洋務運動不斷發展之時。編修者希望清政府能夠維持「中興」的局面，長治久安。因此該志總綱以「京師志」居首，目的在於宣揚「王化」提高清政府的威信。這是因爲「清受天命，撫有方夏，」而「京師之地，王化所始，巨之郊廟、貢舉、漕河、兵衛之制，細之禮器、樂舞、風尙、玩好之事，靡不先行畿甸，後及薄海，」「而冠之以京師志者，紀卜宅之隆規，敷睿治之丕烈，邦畿千里，游泳聖澤，使薄海內外，聲教所訖，莫不瞻雲就日，奉爲依歸，是以序述規模，恭紀卷首。」〔註3〕因此子目中就把「城池」、「宮禁」、「苑囿」、「壇廟」、「祠祀」、「衙署」等放在前面，也正是和這個總綱相吻合的。同時（光緒）《順天府志》的編修，在一定程度上起着爲清王朝提供借鑒的作用，反映了編修者的「經世」思想。在述「地理志」時，他「規畫區域，脈絡山川，」敍述「郭郭建置之方，治所興廢之迹，」希望能夠「因近以綴遠，託小以著大，」做到「覽形勢厄塞，則思握險控御，防患於未然。驗風俗盛衰，則思與民休息，維之於不敝。」〔註4〕在述「故事志」時，他「由今遡昔，綱舉條繫，」他重視邊防，說：「兵事之成敗，形勢不可以不講也。」警告西方侵略的危機，順天府戰略位置非常重要，「海波一角，搖動全燕，輪舸炮臺，鎖鑰鉤連。」提醒清政府應該「不忘武備，」「居安思危。」〔註5〕北塘在清代屬順天府寧河縣，那裡爲大沽河入海口，輪船可進，戰略價值很高。清「咸豐十年（1860），洋人攻大沽，不能入，轉出北塘登岸，攻大沽之北，我軍失利。近築三炮臺扼之，澗河口裏至望杆子墩，又口裏至張家碼頭，又口裏至十二里堡墩。」由於「近年海氛不靖，」「北塘一隅，與天津實相犄角，炮臺之扼要，防兵之屯聚，皆詳著之。」〔註6〕（光緒）《順天府志》中詳細記載了清代咸豐十年（1860），英法聯軍進攻大沽，不能入，轉由北塘登岸，攻大沽之北，擾犯通州、武清，勝保戰於八里橋，敗績，火燒圓明園的歷史事實。鑒於「咸同之際，洋舶駛至天津內地，通商者二十餘國。海口設防，不虞是

〔註3〕萬青黎、周家楣修，張之洞、繆荃孫纂：（光緒）《順天府志》卷一百三十「序錄，」清光緒十二年（1886）刻本。

〔註4〕萬青黎、周家楣修，張之洞、繆荃孫纂：（光緒）《順天府志》卷一百三十「序錄，」清光緒十二年（1886）刻本。

〔註5〕萬青黎、周家楣修，張之洞、繆荃孫纂：（光緒）《順天府志》卷一百三十「序錄，」清光緒十二年（1886）刻本。

〔註6〕萬青黎、周家楣修，張之洞、繆荃孫纂：（光緒）《順天府志》卷三十「地理志十二·邊關，」清光緒十二年（1886）刻本。

戒，有心時事者不能無世變之感矣。」〔註 7〕因此（光緒）《順天府志》編修者期望清政府能夠面對當時國內外嚴峻的形勢，居安思危，借助一系列政治、經濟、軍事、文化等方面的改革措施，鞏固其封建統治地位，能夠維持「中興」的局面，長治久安，明確反映出在當時統治集團內部部分開明人士的觀念和主張。

在（光緒）《順天府志》中同樣記載了總理各國事務衙門、同文館、化學館和博物館的建立，總稅務司署和外國公署的地點，反映了清王朝開辦洋務運動的時代特點。「總理各國通商衙門在崇文門內東單牌樓東堂子胡同。咸豐十一年（1861）十二月奏請設立總理衙門。初定約時，借宛平縣署東之嘉興寺，為辦理交涉事務之所，至是就東堂子胡同鐵錢局公所改建，額曰：『總理各國事務衙門。』」同時還詳細介紹了總理各國事務衙門成立的經過和機構辦公人員的編制情況，「咸豐十一年（1861）十二月初一日，總理衙門奏遞章程六條之一云：京師請設立總理各國事務衙門，以專責成也。查：各國事件向由外省督撫奏報，匯總於軍機處。近年各路軍報絡繹，外國事務頭緒紛繁，駐京之後，若不悉心經理，專一其事，必致辦理延緩，未能悉協機宜，請設總理各國事務衙門，以王大臣領之，軍機大臣承書。諭旨：非兼領其事，恐有歧誤，請一併監管，並請另給公所，以便辦公，兼備與各國接見。其應設司員，擬於內閣、部、院、軍機處各司員、章京內，滿漢各挑取八員輪班入值，一切均仿造軍機處辦理，以專責成，俟軍務肅清，外國事務較簡，即行裁撤，仍歸軍機處辦理，以符舊制。」「初立衙門時，所設司員如此，後則設立如軍機章京體制，其管理事務王大臣，特派，無定員。」關於總理各國事務衙門的辦公地址，「又（咸豐十一年，1861）十二月二十一日奏遞新設衙門章程十條之二云：擬建立衙署，以資辦公也。查：各衙門分司辦事往往多者數百間，少者亦百餘間，方可敷用。房間既多，官役亦因之而增，此次總理衙門義取簡易，查東堂子胡同舊有鐵錢局公所，分設大堂、滿漢司、造科房等處，盡足敷用，無庸另構。惟大門尚係住宅舊式，外國人後來接見，若不改成衙門體制，恐不足壯觀，且啟輕視。擬僅將大門酌加改修，其餘則稍加整理，不必全行改修，……。」〔註 8〕以上文中詳細記載總

〔註 7〕 萬青黎、周家楣修，張之洞、繆荃孫纂：（光緒）《順天府志》卷六十七「故事志三・兵事，」清光緒十二年（1886）刻本。

〔註 8〕 萬青黎、周家楣修，張之洞、繆荃孫纂：（光緒）《順天府志》卷七「京師志七・衙署，」清光緒十二年（1886）刻本。

理各國事務衙門的成立和運作過程。總理各國事務衙門，簡稱「總理衙門，」係清政府辦理洋務、外交事務及派出駐外使節而特設中央的決策機構，同時兼管通商、海防、關稅、路礦、郵電、軍工、同文館等。清咸豐十年（1860）清政府與英、法等國簽訂《北京條約》後，對外交涉事務增多。次年（1861）1 月，恭親王奕訢等奏請在京師設立總理各國事務衙門，經咸豐皇帝批准，於清同治元年（1862）二月成立。總理衙門由王大臣或軍機大臣兼領，並仿軍機處體例，設大臣、章京兩級職官。

　　總理衙門最初的辦公地址在北京東堂子胡同，它的東半部為同文館，西半部為各部院大臣與各國使節進行外交活動的場所。同文館作為中國最早的外語教學機構，開始建立時「挑選八旗子弟充學生，學習外國語言文字，以備翻譯。即就鐵錢爐房修葺，以作館舍，為東所。咸豐十年（1860）十二月初一日，奏請於廣東、上海挑選認識外國文字，通解外國語言之人，各派二人來京差委。又同治五年（1866）奏請招考天下算學。光緒元年（1875）建造西院房屋，為出使各國大臣留駐，每歲新年各部院大臣接見各國使臣之所，為西所。」化學館、博物館作為國家文明進步的重要標誌，也「均光緒二年（1876）添設。」而總稅務司署作為國家進出口關稅日常徵收和管理的機構，「在臺基廠中間路西。」另外在第二次鴉片戰爭結束之後，腐敗的清政府被迫做出讓步，西方各國駐華的外交機構和人員得以常駐北京，外國公署的地點分別為：「英國公署在御河橋河沿路西，每年歲租一千兩。俄國公署在東交米巷橋西路北，美國公署在東交米巷橋西路南，德國公署在東交米巷橋東路南，法國公署在臺基廠南口外路北，日國公所在法國公署西路北飯店，比國公所在日國西間壁路北，和（荷）國公所在臺基廠南口外路東迤北，日本國公所在東四牌樓北六條胡同迤東路北。」〔註 9〕中國近代涉外事務的大量增加，外交事務管理和其它相關機構的陸續設立，標誌着中國塵封已久的國門已經逐步被打開，中外之間的聯繫和交流更加密切，兩千多年古老的中華帝國已經開始被捲入到世界潮流之中，開始成為國際大家庭中一名重要的成員。清代直隸方志中記載的這些內容，在當時都是前所未有，聞所未聞的，因此體現出志書的編修者所具有的那種與時俱進，敢於正眼看世界的創新理念，也是難能可貴的。

〔註 9〕萬青黎、周家楣修，張之洞、繆荃孫纂：（光緒）《順天府志》卷七「京師志七·衙署，」，清光緒十二年（1886）刻本。

（二）經濟理念的創新

自從清道光二十年（1840）鴉片戰爭開始，中國開始從封建社會逐步向半殖民地半封建社會過渡，政治、經濟、文化、社會生活諸方面，都持續受到西方列強的滲透和衝擊。殘酷的社會現實，促使很多有識人士對於救亡圖存的方式，開始進行深度思考。於是注重經濟，發展實業，作為一條救國救民重要的途徑，逐步成為社會各界人士廣泛的共識。這一思想在不少直隸方志的編修過程中得以充分體現。

「物產為實業之基礎，」志書內容中應該增加物產類內容的記載。〔註 10〕晚清許多直隸方志的編修者已經認識到這個道理，於是在志書編纂過程中，更加強了這類內容的筆墨。如清代著名學者吳汝綸在編纂（同治）《深州風土記》的過程中，十分重視物產等經濟資料的征集，強調對此不但要深入調查，還要特別注重突出地方特色。在志書編纂過程中，由於「舊志多載穀果花木，往往天下所同，此不可勝載者。」為了加大經濟類內容的比重，應該設法多方「采物產貨殖，」「今宜採他處所無而此獨有，或他處不如此處佳者，始行詳載。」與此相關的是，志書中還要記載各地「其土產所生，應查明某物最多，某物較少」之類的內容。關注民生，貼近民生同樣也是十分重要的。為此志書中「又宜記耕種禾稼之功，以考民力之勤惰。記栽樹木之法，以考物產之興耗。」例如「饒陽好為商賈，以何業為最多；安平好為工匠，以何事為最盛。深武之民，農業之外，兼營何事以謀衣食。蓋四民為天下所同，但舉其最多者，以見風會所趨而已。至何處廟會，何物最為行銷，皆足驗物力之盈縮，民用之豐儉。」對於各地民眾的職業、市場供銷、集市貿易的時間以及地點等整體情況，要進行認真的考察和瞭解，搜集相關的第一手材料，然後再運用到志書的編修過程中，以此突出志書注重經濟，關注民生的特色。〔註 11〕再如（光緒）《順天府志》的編修者繆荃孫同樣秉持這一觀念，鑒於「賦出於地，役出於民，」因此在志書編修中，主張「戶口、物產先於賦稅，」突出物產和民生兩個領域的內容。〔註 12〕晚清的另一位著名學者劉師培也同樣指出：「況一國之實業，不外農工商三端，欲興實業，必視其土地之適宜

〔註10〕 童光照纂修：（光緒）《昌黎縣鄉土志》卷首「凡例，」抄本。
〔註11〕 吳汝綸：《桐城吳先生日記》卷十五「纂錄中‧採訪志書條例，」北京中國書店刷印（戊辰五月蓮池書社印行）。
〔註12〕 萬青黎、周家楣修，張之洞、繆荃孫纂：（光緒）《順天府志》卷一百三十「序錄，」清光緒十二年（1886）刻本。

與否，以及所產原料之若何，」「中國自古迄今，棄貨於地，以致地有餘利，而民無餘財，推其原因，則由於辨析物用，故今編此志不惟辨物名已也，且將即物以求其用，一物有一物之用，即一物有一物之利，若彙而列之，以裨實業家之研究，庶各省之實業均可漸次振興，非僅有裨於學術，亦且有裨於民生。」〔註13〕在當時方志編纂過程中，注重實業，貼近民生，在晚清時曾經成為一種共識，志書的編修體現出鮮明的時代特色。

　　如何秉持注重實業，貼近民生的觀念，增加志書中此類內容的比重，在晚清直隸各地方志編纂實踐過程中，同樣表現得十分具體。許多志書的編修者都認為「當今之天下，商戰之天下也。商務之盛衰，足觀國勢之強弱。」〔註14〕於是許多直隸方志中都將創辦實業放到十分重要的地位。例如《晉縣鄉土志》中根據當時本地的社會經濟發展情況，考慮到本縣境內地少人多，如果「驟用機器，恐農失業，」因此主張農業上應該「開農學，購農機器，講求新理、新法。」並且主張那些「富厚之士，宜先入農務學堂，講求培養法，以為倡率，俟數年後工商漸多，農漸少，然後推行機器方能有濟。」〔註15〕在工業上鑒於「現今外洋各國研究工學不遺餘力，蓋工之為業，製貨可以致富，製械可以圖強，」因此力主「吾晉富室宜多開工廠，聘匠首，教生徒，學習既久，自能有摹仿工業以進於特有工業，此富強之基也。」〔註16〕商業上鑒於過去「縣境地瘠民貧，專以務農為業，其為商者不過於鄰近集鎮開設鋪戶，又有赴廟會，遊村落，售賣一切什物，而為遠方者，蓋寥寥也」的狀況，〔註17〕而「現今商部既開，講求商戰，」因此主張「吾晉諸商宜聯合棧股，近在本境，遠在津門，開設公司兩所，製送諸貨，信息靈，盤費省，彼此相通，利權可握，從此擴充商務，可由中國而達外國。」〔註18〕振興實業，教育是前提，難能可貴的是該志的編修者已經覺察到舉辦新式教育的重要性，「現今設

〔註13〕劉師培撰：《劉師培全集》第3冊《左庵外集》卷11「編輯鄉土志序例，」北京：中共中央黨校出版社，1997年6月出版。

〔註14〕秦兆階纂修：《贊皇縣鄉土志》「商務，」抄本。

〔註15〕李翰如纂修：（宣統）《晉縣鄉土志》第九章「實業」第四課「農之新業，」民國四年（1915）石印本。

〔註16〕李翰如纂修：（宣統）《晉縣鄉土志》第九章「實業」第六課「工之新業，」民國四年（1915）石印本。

〔註17〕李翰如纂修：（宣統）《晉縣鄉土志》第九章「實業」第七課「商之舊業，」民國四年（1915）石印本。

〔註18〕李翰如纂修：（宣統）《晉縣鄉土志》第九章「實業」第八課「商之新業，」民國四年（1915）石印本。

立學堂，普通教育俱有實效，」所以主張應該提倡廣設學校，舉辦新式教育，提高人們自身的文化素質，做好振興實業的基礎工作。〔註19〕

對於振興實業，關注民生的觀念，晚清著名學者繆荃孫曾經在其編修的（光緒）《順天府志》中也多有論及。如該志設有「河渠志」，其目的「是在窮其源，極其委，勤板築，通淤塞，使堤有金石之固，而防無絲縷之罅，則沮洳皆化爲上腴，黔首於以永謐也。」該志的篇幅在《順天府志》中佔有十三卷之多，記載至詳。（光緒）《順天府志》中也曾經設置「經政志」，內容涵蓋「官吏之廢置，倉儲之虛實，漕運之更變，典禮、學校之制，錢法、鹽法之章，兵汛、驛傳之籍，編輯公牘，搜訪故事，使人觀其得失而補敝救偏。至若西北叢山擁衛合沓，金鐵之利，見於前史。硝磺之產，訪諸土人。而今僅以煤著，無亦地利之未盡，人謀之未臧乎？」因此該志也有十一卷之多。是志同樣設有「食貨志」，其宗旨是「財出於土，土繫於人。通乎天時，盡夫地利，定則壤之經制、稅斂之法，勝國苛政，首先蠲除，使民知耕鑿之樂，效輸將之忱，而沐仁澤於無涯也。」〔註20〕可見所設各志皆與國計民生密切相關，其經世致用，關注民生之意是十分明確的。

由於深受張之洞等洋務派官員「求強」、「求富」思想的影響，因此（光緒）《順天府志》的主纂繆荃孫在編修志書時，主張對「前代舊制，今日積弊，均爲詳探。」在經濟政策方面除了秉持務本節用、休養生息等封建地主階級的傳統觀點外，還贊同洋務派採用西方近代生產技術，興辦實業，主張用西方的科學技術，藉以發展中國的各類工商實業，這一指導思想和態度在其志書中多處都得以顯現出來。其中（光緒）《順天府志》「經政志」中的「礦廠」一篇就是由繆荃孫親筆撰寫的，其中詳列自漢代至清代順天府轄區內所有煤鐵礦之所在，其用意就在於「近年以來，大開封禁，輪船機器，取法泰西，」因此對於許多重要的礦藏資源，如「煤鐵要需，尤以籌劃，」目的在於「非惟富民，抑亦強國。」〔註21〕同時針對興起的近代新式郵電事業，也是大加讚賞，「去如風發，捷似星流，朝令夕聞，借箸運籌，附以電報，制度尤周。」

〔註19〕 李翰如纂修：（宣統）《晉縣鄉土志》第九章「實業」第八課「商之新業，」民國四年（1915）石印本。

〔註20〕 萬青黎、周家楣修，張之洞、繆荃孫纂：（光緒）《順天府志》卷一百三十「序錄，」清光緒十二年（1886）刻本。

〔註21〕 萬青黎、周家楣修，張之洞、繆荃孫纂：（光緒）《順天府志》卷五十七「經政志四·礦廠，」清光緒二十一年（1895）刻本。

〔註 22〕至於和各國開展的通商貿易，志書的編修者雖然覺察到某種世變之感，但對此並不一律排斥，在某種程度上還是贊成發展同各國的商貿交流。由於順天一帶「戶口繁富，民風篤實，……西北多山，民習勤苦，東南多水，民憂泛濫，」「惟通州、武清，下接津沽，近年各國通商，輪舶翔集，大艑長舸，百貨薈萃，民食其利，富厚日行。」〔註 23〕十九世紀中期興起的洋務運動，是中國半殖民地半封建社會深化的必然結果。一批封建洋務派官僚開始興辦帶有資本主義性質的近代工商業，隨後他們中間的一些代表人物，又在政治思想文化上提出了「中學為體，西學為用」的口號，主張利用「西學」來維護「中學。」不論這些人的主觀願望如何，客觀上都說明中國的封建經濟和文化，實際上已經走到了山窮水盡的地步，這是不以人的意志為轉移的客觀規律。(光緒)《順天府志》等直隸方志的編修活動，正是從這個時期開始的，因此不能不打上這種時代的烙印。這些直隸方志的編修者在思想傾向上主張引進西方科學技術，發展近代工商業，加強與各國的通商貿易，其出發點還是以此來加強和維護清王朝的封建統治，充分體現了洋務運動的時代特點。

晚清直隸方志的編修，在一定程度上改變了以往修志活動中「重人文，輕經濟」的局面。既主張物競天擇，適者生存，又強調注重民生，凡「土性、物產，有關民生利害者載之，否則從缺。」〔註 24〕振興實業，注重經濟，關注民生，這種觀念既是對清初以來封建地主階級「經世致用」傳統理念的弘揚，也是清代直隸修志理念上的一次創新。

在中國近代社會的激烈變動中，清代直隸方志的編修由於時代的影響，已經開始呈現出由古代方志向近代方志轉變的迹象。儘管這種轉變尚沒有完成，但比其前代畢竟還是能夠提供一些新的東西。由於中國封建社會影響很深，近代資本主義經濟又不發達，作為意識形態之一的地方志編修，也很難一下子完全擺脫封建社會觀念的束縛，這正是中國近代地方志發展過程中的一個基本特點。

〔註22〕萬青黎、周家楣修，張之洞、繆荃孫纂：(光緒)《順天府志》卷一百三十「序錄，」清光緒十二年（1886）刻本。

〔註23〕萬青黎、周家楣修，張之洞、繆荃孫纂：(光緒)《順天府志》卷三十一「地理志十三‧風俗，」清光緒二十一年（1895）刻本。

〔註24〕周斯億、溫亮珠修，董濤纂：(光緒)《曲陽縣志》卷首「凡例，」清光緒三十年（1904）刻本。

第二節　晚清直隸方志內容的日益豐富

近代時期的中國社會發生了革故鼎新的巨大變化，飽受內憂外患交織，時局動盪不安的磨難，經歷了思想觀念鬆懈，社會百象新出的發展，伴隨着自然科學的發展和對其認識的深化，中國近代社會中發生諸多的大事和要事，產生了很多的新鮮東西，這些事物反映出中國社會變動的軌迹，折射出中國近代社會的時代特點。晚清直隸方志對這些大事、要事和新鮮事物的搜集和記載，使得其保存的資料具有明顯的時代烙印。

隨着晚清直隸地區修志理念的創新，近代社會科技不斷進步，社會生活內涵日益豐富，社會活動領域逐步拓寬，人們的視野更加開闊。這些必然導致直隸地區新編纂的各類志書中，反映自然與社會現實情況的內容大量增加，所徵引的各類文獻資料更加豐富。

在義和團運動失敗後，清朝政府爲了能夠繼續維持自己的腐朽統治，「趨步歐洲，以日人爲則，」〔註25〕施行「維新」，在政治、經濟、文化、教育等許多方面，陸續頒佈一些「新政」措施。內容涵蓋礦業、交通運輸、租界、郵政、電報、警政，停罷科舉，設立學堂等。這些舉措預示着中國開始逐步從一個古代國家，向新型的近代國家邁進。這些帶有時代特徵的內容在許多清代直隸方志中，都不同程度地有所反映，從而在晚清直隸方志編修活動中，體現出一定的內容創新。

一、經濟

在晚清直隸方志的編修過程中，編修者注重結合社會現實，在一定程度上改變了以往修志活動中存在的「重人文，輕經濟」現象，相應增加了一些有關經濟發展新情況、新內容的記載，具體表現爲：

（一）有關鐵路運輸、郵政、電報、採礦等新生事物內容的出現

長期以來，清代直隸傳統志書存在着的重政典、重人文，而輕經濟、輕民生的現象。而從中國近代社會的變動中，人們逐步開始認識到經濟活動在社會中的作用和地位，加之近代社會工商百業與人們的關係日益密切，社會經濟的現象日益豐富，社會經濟的變動狀況愈加受到重視，相沿已久「輕經濟、輕民生」的舊習開始發生改變。關於經濟內容的記載，逐

〔註25〕宋蔭桐纂修：《安國縣新志稿》第七「歷代兵事，」清光緒三十二年（1906）抄本。

步成為此間志書重要的組成部分。這一時期清代直隸編修的各類志書中，突出振興實業，貼近民生的色彩，記述了多種經濟活動和經濟變動的情況。例如（同治）《續天津縣志》中就記述了天津機器局的創立和運營等豐富的經濟活動內容。清代光緒後期興起編修的鄉土志活動中，根據清政府學部頒降的《鄉土志例目》的要求，直隸各地志書中必須反映本地「實業」、「物產」、「商務」方面的情況，有關經濟領域中的記載更為普遍。其中不少志書中對於當時社會民眾經濟消費的變化情況，進行了具體的記述。這類經濟領域內的資料，對於中國近代時期經濟和社會方面的研究，具有重要的參考價值。

在十九世紀七十年代至九十年代洋務運動的發展過程中，清朝政府雖然在繼續創辦軍事工業，但其重心已經逐步轉移到舉辦民用企業上，意在「求富」。其間洋務派創辦的民用企業約有二十多個，開平礦務局就是其中重要的代表性企業之一，並且由此直接帶動在直隸一些地方鐵路的修築。這些內容在有關清代直隸方志中，都有不少反映。

關於修築鐵路的記載，在許多清代直隸方志中都有反映。例如（光緒）《豐潤縣志》中記載開灤礦區鐵路運輸情況，「鐵路在胥各莊南二里許，西白胥各莊起，東北至唐山止，長約十六七里，引火輪車運煤，其疾如風。光緒八年（1882）為開礦務局而設，今更續修至天津，二百餘里一日可往返矣。」〔註26〕文中對最初在開灤礦區修築鐵路，以及後來延長的起止地點、鐵路里程、鐵路帶來的效益等，都有相關的記載。（光緒）《邢臺縣志》中同樣記載本縣鐵路自清光緒二十八年（1902）開工，二十九年（1903）竣工通車。車站「設西關尚德坊，」起止「北自蘭羊村東迤北交界起，又南至荊村鋪西，又南至白塔村東，又南至北小汪村東，又南至西關，又南至申家莊西，又南至西郭村東，又南至由留村東，又南至西康莊交界止，」總里程共「計長四十二里，」所需各項「工程車費均由公司經理。」〔註27〕而（光緒）《獲鹿縣鄉土志》中詳細記載有關京漢和正太兩條重要鐵路運輸線，在本縣境內的建設、沿途運營和鐵路里程等情況。「京漢鐵路由正定渡滹沱，入本境所轄之柏林莊村東南，行經石家莊西三教塔、談村、區留村東，平同村、牛家莊出境，

〔註26〕 郝增祐、牛昶煦纂修，周晉堃續纂修：（光緒）《豐潤縣志》卷九「雜記，」清光緒十七年（1891）刻本。

〔註27〕 郝增祐、牛昶煦纂修，周晉堃續纂修：（光緒）《豐潤縣志》卷九「雜記，」清光緒十七年（1891）刻本。

入元氏界，計長三十五里。正太鐵路自石家莊起西行，經大郭村、於底村、康家莊、新城村、南海山等村，南邊至本境南關外，設站賣票。再西行入土門區郄家莊等村，南邊出境，入井陘之頭泉村，計長五十里。」〔註 28〕（光緒）《重修天津府志》則着重記載了天津鐵路管理機構設置和沿革等情況，「鐵路官局，光緒十七年（1891）三月建，坐落法租界。先是開平煤礦既成，商建鐵路以便轉運，當於光緒十三年（1887）二月設商局於紅樓，後嗣經總理各國事務衙門奏建，鐵路官局歸併辦理，續又接辦山海關外，復分官商兩局各自辦理，後又歸併為一。」〔註 29〕對於修築鐵路的記載，這是首次在清代直隸方志中出現，因此具有標誌性的意義。而直隸方志中有關各地鐵路的修築、經營和管理方面的內容，對於我們瞭解有關清末直隸各地的社會經濟和鐵路運輸的發展情況，具有十分重要的參考價值。

　　優越的地理位置和便利的水運條件，是發展輪船客貨運輸的自然環境，這些特點使天津自清代起便成為中國北方重要的交通樞紐。這裡踞河瀕海，是京師的天然門戶，一直負有「拱衛京畿」的作用。清代天津擁有四條航線，即南洋航線，北洋航線，大運河航線，海河水系航線，溝通着沿海各省和一些內陸地區。十九世紀七十年代，這裡已經發展成為外國輪船客貨運輸的北方中心。據（光緒）《重修天津府志》記載，為了打破外國輪船獨霸中國海上運輸的局面，改進城市的對外交通狀況，李鴻章極力在天津倡辦華商輪船實業。遵照李鴻章的意旨，輪船招商局經營的形式為官督商辦，清同治十一年（1872）十二月十九日創立，總局雖然設於上海，天津設分局，但因為李鴻章是招商局的實際控制人，並且其整個籌設過程都是在天津進行的，再加上李鴻章等常駐天津，因而輪船招商局天津分局成為北方的航運中心，又是招商局輪船經常往來的北洋航線的終點。「招商局在紫竹林英界內，同治十二年（1873）二月建。先是南北洋大臣以通商各國輪船出入江海，華民生計日耗，乃集官商股本，購備輪船，遍行江海。」輪船招商局的經營範圍很廣，當時「口岸各設分局，而自南洋，逮於北洋。」主營業務是客貨兼有，「以江、浙兩省海運漕糧為大宗。」輪船招商局的成立使天津出現了中國人自己經營的近代化運輸系統，改變了以前傳統的運載方式，並在當時和西方相關企業的競

〔註 28〕嚴書勳纂修：（光緒）《獲鹿縣鄉土志》「道路，」抄本。
〔註 29〕沈家本、榮銓修，徐宗亮、蔡啓盛纂：（光緒）《重修天津府志》卷二十四「輿地六‧公廨，」清光緒二十五年（1899）刻本。

爭中也是佔有一席之地的，「於是並英商太古、怡和，稱三公司云。」〔註30〕
輪船招商局的創立和運營產生的影響是十分深遠的，加強了天津和國內外的
聯繫和交流，加快了天津城市走向近代化的歷程。

　　關於電報、郵政等通信方面的內容，在許多清代直隸方志中也有記載。
例如根據（光緒）《重修天津府志》記載，隨着開埠以來經濟和社會的快速發
展，天津與國內外的聯繫和交流日益廣泛，到十九世紀八十年代，那裡已經
成爲中國近代電報事業的發源地。伴隨各類電報業務量的不斷擴大，於是清
光緒六年（1880）李鴻章在天津設立電報總局，並親自出任電報總裁，委派
津海關道盛宣懷爲總辦，上海著名商人鄭觀應爲襄理，電報總局設於東門內，
並於紫竹林、大沽各設分局，「當於十一月內設立總局於東門內問津行館，別
設商局於紫竹林法租界內，官商兩局分司各處電報。」電報線跨過西南城角，
橫貫天津城，達於總局。當時「陸路電線由天津循運河至揚州，越長江以達
鎮江，迄上海止，計長三千餘里，」並「與外國通線相接，傳遞各報。」爲
方便各類業務辦理，曾經在清江、鎮江、蘇州和上海各設分局。電報總局的
設立，各類電報業務量的不斷增長，進一步加強了天津同國內外的聯繫和交
流。關於電報和郵政等經濟領域內新生事物，其它清代直隸方志中也有同樣
的記載。再如（光緒）《邢臺縣志》中也記載電報局於清光緒二十七年（1901）
設於該縣城內，業務覆蓋範圍爲：「電杆依驛路南自交界處第四千三百零三號
起，至北界四千五百五十三號止，共一百五十一根。」費用爲「每根需銀一
兩八錢，報費、局用均由委員經理。」郵政局設於清光緒二十三年（1897），
關於「信資、局費」等經費支出，則「由委員經理。」〔註31〕清代直隸方志
中對於電報、郵政等經濟領域內新生事物的反映，也是志書編修者與時俱進
觀念的重要體現。

　　直隸近代新型礦藏開採企業的建立和運營，也是清末社會經濟發展的重
要組成部分之一，清代直隸方志中同樣對此也有不少記述。如根據（光緒）《灤
州志》記載「煤礦在治西開平鎮西南十八里，唐山南麓。光緒四年（1878）
招商局員候補道唐廷樞（字景星，廣東人）稟直隸總督李鴻章奏准創辦，八
月開工，鑽地穿井，置器建房，並自唐山至豐潤屬之胥各莊造鐵路二十里，

〔註30〕 沈家本、榮銓修，徐宗亮、蔡啓盛纂：（光緒）《重修天津府志》卷二十四「輿
　　　　 地六·公廨，」清光緒二十五年（1899）刻本。
〔註31〕 戚朝卿修，周祐纂：（光緒）《邢臺縣志》卷三「經政·驛傳，」清光緒三十
　　　　 一年（1905）刻本。

又由胥各莊至寧河屬之蘆臺鎮開運煤河七十餘里，閱三年各工告成，共招聚股本一百二十萬兩，於八年（1882）見煤。又造運煤一二三甲各號船百十餘艘，帶船小輪船八艘以資轉運。十二年（1886）經津海關道周馥會同廷樞詳情奏准開辦津沽鐵路，遂將礦煤歸火車轉。十三年（1887）礦股派分官利，以招集時之先後分釐有差。是年冬復在唐山東五十里林西地方另開一礦，以備唐山之不繼。十四年（1888）加集股本二十五萬餘兩，以辦林西礦工。並因運送北洋水師軍煤以及南省官商各煤，添造輪船四艘，曰『北平』，曰『富平』，曰『承平』，曰『永平』。十七（1891）年稟准運銷粵省官用煤斤（十六、十七兩年並先後稟准接辦承平銀礦，試辦熱河建平金礦）前以礦務日繁，稟奉直督，奏調廣西候補知府吳熾昌（字南皋，廣東人），又剳委浙江試用道徐潤（字雨之，廣東人）、江蘇補用道張翼（字燕謀，直隸人），先後來局會辦，十八年（1892）秋，廷樞卒，全局事務歸張翼督辦，又經稟請熟諳洋務之候補道陳善言（字靄庭，廣東人）在局襄辦。現在每日出煤一千餘頓，每頓計一千六百八十斤。」〔註32〕文中對於清代洋務運動中，有關開平煤礦的建立時間、集資情況、煤炭開採、運輸方式、煤炭產量等方面，均有詳細而明確的記載。

　　而（光緒）《豐潤縣志》則對當時開平煤礦煤炭的所使用採掘方式及產生的效益，進行了詳盡的介紹。清「光緒二年（1876）制府李傅相奏派道員唐廷樞察看唐山煤苗甚旺，三年（1877）奏派臬司丁壽昌、津海關道黎兆棠、道員唐廷樞設立開平礦務局，參用西法採煤，出產既富，成色亦高。」並且還對當時中外煤礦使用採掘方式產生的效益，進行了全方位的比較，「蓋土人穿井未深，無論煤之高低厚薄，見煤即鋤，故其材差下。西人採煤之法，先看地勢而尋煤層低穴，然後用五寸徑之鋼鑽入地探其虛實，低穴既得，即開大井二處，徑十五尺，深十餘丈或數十丈，至煤層之底爲止，即向煤層先開一路，高闊約一丈，使兩井相連，通持均用大木，其油燈均用厚玻璃密罩，低穴井底旁另開一小井，路旁挖一小溝，使各路之水聚於小井，其閘水機器由大井口面入小井，有水即提，不假人力。路既乾，燈亦明，加以四邊通氣，俾工人易於行動。至採煤之法，先將煤底及兩旁挖深尺許，後用鐵錘一敲，則煤成塊自落矣。隨將煤用手車運至大井底，仍用機器提出，每日每人可採

〔註32〕 楊文鼎修，王大本、吳寶善纂：（光緒）《灤州志》卷十三「礦務·開辦開平煤礦總略，」清光緒二十四年（1898）刻本。

煤四噸半，每井每日出煤三百噸至六百噸。」〔註33〕這些關於直隸近代新型礦藏開採企業建立和運營的記載，在以往直隸舊志中都是未曾出現過的，說明清代直隸方志編修中的內容，能夠隨着編修者不斷的與時俱進，日益得到充實和豐富。

伴隨着十九世紀末中國近代社會的不斷發展和演化，在社會經濟領域內逐步產生了鐵路運輸、郵政、電報、採礦等新生事物，這些都成爲社會生產力不斷提高，社會文明程度進一步提高的重要標誌。這類內容在清代直隸方志中，能夠有大量的記載和反映，充分體現出清代直隸方志的「資政」和「存史」的基本功能。

（二）1840 年鴉片戰爭後，直隸一帶的社會經濟結構和成分的明顯變化

清道光二十年（1840）鴉片戰爭以後，隨着西方列強依靠各種不正當方式，逐步加緊對中國進行經濟侵略和滲透，大量傾銷廉價商品，導致中國自給自足的封建自然經濟逐步破產，中國社會的經濟結構和成分發生顯著變化。這些內容在不少清代直隸方志中都有所明確的反映。例如直隸一帶歷史上曾經是我國重要的產棉區，其棉紡織品在國內市場上佔有重要的地位。如「（深）州所屬地，往時棉布流行塞外，近則英、美、日本各國之布，用機器織造者幅寬而價廉，吾國布利盡爲兼併，種棉之地日少。」〔註34〕隨着西方列強大量廉價產品不斷充斥市場，本地的棉紡織品市場日益萎縮，棉花種植面積不斷減少，從而導致大量的農民和手工業者失業。直隸永平府遵化州的情況也大體類似，由於那裡傳統上不屬於棉紡織品的重要加工區，故「州人初不習紡織，販布者遠至德平，近則饒陽，歲輒鉅萬計，」銷售市場空間很大。隨着大量進口廉價商品的不斷傾銷，「近年洋布價廉於線，洋線價廉於棉，」本地棉紡織品市場競爭的壓力愈加沉重，「玉、豐兩邑，向產棉布之區，銷售既難，紡織之人虧折失業，」從事棉紡織業的手工業者紛紛歇業和破產。〔註35〕

〔註33〕楊文鼎修，王大本、吳寶善纂：（光緒）《灤州志》卷十三「礦務‧開辦開平煤礦總略，」清光緒二十四年（1898）刻本。

〔註34〕吳汝綸纂：（同治）《深州風土記》記二十一「物產，」清光緒二十六年（1900）文峰書院刻本。

〔註35〕何崧泰等修，史樸等纂：（光緒）《遵化通志》卷十五「風俗，」清光緒十二年（1886）刻本。

　　爲了抵禦西方列強大量傾銷廉價商品活動帶來的衝擊，直隸很多地方的棉紡織從業者通過各種集資的方式，採用國外先進的生產技術和設備，提高生產效率，力爭將企業做大做強。同時通過成立集資招股的渠道，成立有關機構，統一規劃當地棉紡織從業者的生產和銷售，提高應對市場風險的能力。如在永平府遵化州地方，「近始稟准先在州城設課織官局，招各鄉子弟來局習織，生徒給以飯食，機師加以花紅，習成者領機自織自售。又仿集股之法，另設課紡商局，聽民間領棉紡線，領線織布，不能自售者，並由局酌給工直，棉布之利庶可漸興矣。」〔註 36〕順天府固安縣同樣面臨西方機織洋布大量傾銷的衝擊，由於「本境舊無此藝，自遊歷諸生歸，自東瀛購得織布機器，爲之提倡。今邑西大王村與公由村用機器習織洋布，頗得法。又有王馬村人在富華公司畢業者歸造木機，自製亦能漸就精熟。其餘相效而爲者，更有十餘處。此工業日見發達之現象也。」通過廣泛采用機器生產的手段，大大提高了生產效率，降低了勞動成本，有效抵禦了市場風險，推動了本地社會經濟的發展。〔註 37〕順天府寧河縣的情況也大體類似，在那裡「邑民向無務織布業者，自光緒三十年（1904）縣城創設工藝局，已著有成效。蘆臺鎮紳民觀感，仿傚開辦織紡之業，大有進步。三四年後，延及各鄉。」〔註 38〕新型生產方式的應運而生，並且逐步得到廣泛的採用，大大提高了生產效率，進一步降低勞動成本，抵禦商品市場中的風險，經濟結構的逐步得到有效的調整。

　　清末直隸許多地方的經濟結構不斷調整，新型的生產方式逐步形成，直接帶動當地商品貿易日益發展。對於這類內容，有關直隸方志中也反映得十分具體。例如順天府寧河縣一帶，「他境貨物運入本境者，大率木料、紙張、洋貨、油、糖等項，由南省運入天津、煙臺等處轉入本境，以贍鄉民之不足。他如粗棉花、粗布，由山東大山及鄰邑之豐潤、玉田、寶坻等處而來者亦復不少。蓋邑爲水路通衢，而四方是以雲集焉。」〔註 39〕講述了寧河各類主要商品的原產地，同時說明當時本地地理位置優越，交通運輸十分通暢和便捷，因此商品流通渠道已經相當發達，各地之間的商貿交流大大加強。

〔註36〕何崧泰等修，史樸等纂：（光緒）《遵化通志》卷十五「風俗，」清光緒十二年（1886）刻本。

〔註37〕劉崝纂修：（光緒）《固安志》「商務，」民國間抄本。

〔註38〕周登皡纂修：《寧河縣鄉土志》「格致學」第一章「植物製造學」第四課「布，」清抄本。

〔註39〕周登皡纂修：《寧河縣鄉土志》「商務學」第一章「本經所產之物、所製之品」第七課「自他境運入本境之貨物，」清抄本。

晚清時期，由於西方列強經濟侵略和滲透活動的不斷加強，同時因爲先進的生產方式逐步得到推廣，勞動效率得到大幅度提高，勞動成本日益降低，抵禦商品市場風險的能力大爲增強。再加上交通運輸的便捷和順暢，各地之間的商貿交流進一步拓寬了渠道，因此直隸一帶的社會經濟結構和成分發生明顯變化，這些特點都在當時的志書中有翔實的記載。直隸方志中的這些資料，對於中國近代經濟史的研究，具有重要的參考價值。

（二）對外貿易的規模逐步擴大

伴隨着清末新型商品經濟活動的進一步發展，國內貿易市場的不斷擴大，中國對外貿易活動也逐步加強，直接帶動清末直隸一些重要海陸口岸的對外貿易規模日益提高，這些在當時的一些直隸方志中同樣有所反映。

當時清代直隸地區的通商口岸中，以天津港爲最盛，規模最大。當時開埠後，隨着國際貿易的快速發展，天津已經逐步成爲中國北方第一大商港，城市人口總數約九十五萬，較前也大爲增加。隨着港口的吞吐量不斷攀升，大津在清末已經處於國內外進出口貿易樞紐的地位。天津口岸當時輸出的商品以豆餅、豆油、棗、獸皮、羊皮、草帽纓爲大宗，輸入的商品則以鴉片、洋布、煤油、海味、砂糖、銅爲大宗。天津與國際間的商貿交流大大加強，「且產於南部諸州之茶經此港，而輸於西伯利亞者；產於北部之羊毛亦經此港，而輸於歐美諸國。」據不完全統計晚清天津全年進出口商品貨物總值，約合白銀達九千三百七十餘萬兩之多。

清代直隸另外一個海上重要的通商口岸，則屬於同處於渤海灣沿岸的秦皇島港。秦皇島港處於海陸交通的咽喉，那裡瀕臨浩瀚的渤海灣，背靠華北的廣袤腹地，地理位置十分重要，那裡國際貿易活動開展得同樣熱絡。「此島雖少便於泊舟，外國貿易亦多至此，」晚清時期秦皇島港全年進出口貨物約合白銀四百五十餘萬兩。

而晚清時期直隸一帶重要的陸路口岸則非張家口莫屬，作爲溝通內地和塞外的交通要道，那裡「地當北京西北，西伯利亞及蒙通商皆以此爲中心點，」區位優勢十分明顯，自古以來就是一個重要的商品集散地。其輸出的貨物以茶葉、大黃、瓷器、煙葉、棉花等爲主，輸入貨物則爲駱駝、牛、馬、獸毛等爲主。〔註40〕這一帶商貿活動的日益加強，直接溝通了中國內地同邊疆，以及俄羅斯、蒙古之間的經濟聯繫和交往，各地間的國內貿易和國際貿易規

〔註40〕　（清）佚名輯：《直隸風土記》「交通，」清末抄本。

模不斷擴大。

鴉片戰爭之後，隨着中國國門的不斷開啓，中國和國際間的商貿交流日益加強，直隸一帶重要海陸口岸的對外貿易活動規模也不斷擴大，城市的國際化程度大幅提高，這些直接帶動了當地經濟和社會的發展速度不斷加快。而晚清時期直隸方志中記述的這些內容，都是屬於中國近代所產生的新生事物，在以前的舊志中是不曾出現的，因此直接反映了清代直隸各地方志編修活動能夠與時俱進，內容不斷豐富和創新，編修水平大爲提高。

（四）城鎮化進程的進一步加快

清代直隸各地農村集市貿易經濟十分完善和發達。歷史上中國農村商品交換傳統的方式主要是通過集市貿易來實現的，最初交換的品種包括各種生活必需品，以及重要的生產資料。這些集市不僅大多都有固定的日期和地點，而且數量很多，日常交易十分繁忙。例如順天府順義縣「順邑雖小，而力本者固多，逐末者亦復不少。市場自本城通衢外，更有集鎮數處，分佈四鄉。其上者廬舍動以千百計，即次者亦不下數百家。每當市期，百貨駢集，四民踵至，日駴駴乎，有穀擊肩摩之象焉。」〔註41〕這些集市的特點一般是設立日期不同，經營時間長短各異，市場規模不一，設立集市的地點大多是各地地理位置優越的政治和經濟中心，如縣城、城鎮和其它重要的居民點，再加上其它一些交通便捷的地方。通過不斷設立這些集市貿易，使其逐步轉化爲清代直隸各地農村重要的經濟中心，那裡人口不斷聚集，商品集散規模日益擴大，進一步帶動整個地方經濟的持續發展。

清代道光二十年（1840）鴉片戰爭發生後，伴隨着中西貿易規模日益擴大，各類從西方進口的廉價商品大量充斥着直隸農村集貿市場。隨着人們日常生產和生活方式的逐步改變，雖然直隸各地農村集市貿易依舊進行，但是所經營種類消費品的範圍已經悄然發生改變，集市上流通的各類生產和生活用品，與以往迥然不同。例如永平府遷安縣所處地理位置比較偏僻，土地貧瘠，因此那裡「習俗較永郡他屬爲樸，」但是隨着近代中國國門的日益開啓，中西交流的不斷擴大，西方大量廉價商品的湧入，那裡人們生產和生產方式的改變，集市貿易經營的產品種類和用途，較之以往已經發生深刻的變化，「然自邇年洋舶沓來，技尚淫巧，市肆所陳，率非日

〔註41〕黃成章修，張大酋纂：（康熙）《順義縣志》卷二「形勝志·集鎮，」民國四年（1915）鉛印本。

用所急需。」〔註 42〕晚清時期更是伴隨着經濟的快速發展，商品貿易交流的更加頻繁，商品流通市場規模不斷擴大，交通運輸日益發達，人口流動大量增加，導致直隸農村各地城鎮化的步伐逐步加快。在重要的礦區和鐵路交通沿線附近，湧現出一批富庶的新興市鎮，這些內容在有關清代直隸方志中都得以充分體現。如根據（光緒）《灤州志》記載，開平鎮位於灤州城西南九十里，位居開平礦區的中心，交通便捷，「西達天津，北通口外，」商品經濟十分發達，「商賈輻輳，財務豐盈。」榛子鎮位於灤州城西北九十里，同樣位於開平礦區，屬於「畿東巨鎮，」地理位置十分重要，位居「三省通衢。」商品經濟市場繁榮，「東西門三重，市肆、民居環列。」稻地鎮則位於灤州城西南一百二十里，同樣依託開灤礦區，那裡「廛肆鱗次，商賈繁富，土沃民殷，」成為重要而富庶的商品經濟貿易中心。唐山位於灤州城西南一百二十里，因為鄰近新建的開平煤礦、京山鐵路，與京津兩地也近在咫尺，那裡「外商輻輳，市肆紛闐，」而成為中西商貿交流的中心，從晚清開始，唐山已經逐步發展成為冀東一帶著名的工商重鎮。〔註 43〕

天津從金元時期開始，歷經明朝，至清朝前期，逐步成為中國北方著名的軍事重鎮、水陸交通樞紐和經濟中心。並且以十九世紀六十年代開埠為契機，天津逐步開始告別封建城市形態，開始了城市近代化的歷程。十九世紀六十年代以後，更有一批洋務派官僚熱衷於洋務活動，大規模興辦近代工業企業，更加引發了城市化的浪潮，主要體現在企業規模的日益壯大，加快了農村人口流向城市的頻率。隨着一批工礦企業的創辦以及鐵路的修築，這裡聚集了一大批工人，他們中的大多數來自農村地區。如天津機器局的西局最初僅有工人五十九人，至清光緒十年（1884）即增至七百人，東局也有兩千餘人，大沽船塢雇傭工人六百餘人。另據估計在當時的鐵路和電報企業做工的工人，至少也應有兩千至三千名。對於清代咸豐十年（1860）開埠時天津的總人口數量，雖然在有關方志和其他文獻中都沒有明確記載，據目前學術界的研究確定大致應該為十六萬左右。〔註 44〕至

〔註42〕　韓耀光修，史夢蘭纂：（同治）《遷安縣志》卷八「市集，」清同治十二年（1873）刻本。
〔註43〕　楊文鼎修，王大本纂：（光緒）《灤州志》卷八「封域中・市鎮，」清光緒二十四年（1898）刻本。
〔註44〕　高豔林著：《天津人口研究（1404～1949）》第 104 頁，天津：天津人民出版，2002 年 10 月第 1 版。

清光緒二十一年（1895），天津人口已經達到五十八萬七千六百六十六人，比開埠前翻了近兩番。〔註45〕

洋務企業的建立刺激了傳統城市的發展，並且改變了城市與鄉村之間的生態環境結構。洋務運動時期，天津從傳統城市體系中歷來處於拱衛京畿的附屬地位脫身而出，獲得了自身發展的機會。洋務派官僚的主要代表李鴻章在此不惜花費鉅資興辦企業，如天津機器局的年收支一般維持在三十萬兩左右，而當時天津一個縣的全年收入不過九千六百五十餘兩，其中起運四千三百八十餘兩，留支五千二百六十餘兩，以支發縣內一切工需，可見近代大工業對於天津城市發展的推動作用，是十分明顯的。天津機器局規模宏大，它的出現如同在天津傳統城區旁邊，又出現了一座新城，「其間巨棟層櫨，廣場列廠，迤儷相屬，參錯相望。東則帆檣沓來，水柵啓閉；西則輪車轉運，鐵轍縱橫，城堞炮臺之制，井渠屋舍之觀，與天津郡城遙遙相峙，隱然海疆一重鎮焉。」〔註46〕隨着大量近代工業企業的建成，大大擴展了天津城市的疆界和規模，成爲天津走向近代化工業城市的標誌，也使其作爲天津與周邊廣大農村地區經濟聯繫紐帶的功能得以充分發揮，進一步提高了天津城市對周邊腹地的輻射力和吸引力。

清代直隸方志中對於這些近代新興經濟現象的概括和記述，從未見諸於舊志中，體現了志書編修者不斷創新的理念，因此顯得十分珍貴，並且對於中國近代經濟和城市發展史的研究，具有重要的參考價值。

二、政治

清代道光二十年（1840）鴉片戰爭爆發以後，中國逐步從封建社會向半殖民地半封建社會過渡。其中政治上發生的明顯變化，就是體現爲西方列強依靠武力，通過不斷發動一系列的侵略戰爭，強迫清朝政府同其簽訂大量的不平等條約，並在中國不少城市中建立很多的通商口岸，設置大量的「國中之國」——租界。這種現象在直隸一帶也曾經出現，相關情況在清代直隸方志中也多有反映。

〔註45〕 沈家本、榮銓修，徐宗亮、蔡啓盛纂：（光緒）《重修天津府志》卷二十八「經政二‧戶口，」清光緒二十五年（1899）刻本。

〔註46〕 沈家本、榮銓修，徐宗亮、蔡啓盛纂：（光緒）《重修天津府志》卷二十四「輿地六‧公廨，」清光緒二十五年（1899）刻本。

（一）第二次鴉片戰爭以及不平等條約的簽訂

第二次鴉片戰爭是中國近代史上重大的歷史事件，當時戰場主要集中在直隸一帶，其中火燒圓明園更是的焦點事件之一，對此有關清代直隸方志中也有詳細的記載。如（光緒）《順天府志》記載清代咸豐八年（1858）「重修大沽炮臺，因將大沽迤北之北塘炮臺，亦加修補。五月十七日，英吉利兵船抵大沽口外。二十五日，兵船十餘隻連檔而進，遍樹紅旗，直闖河口。直隸提督史榮椿在南岸中炮臺駐守，副將龍汝元在北岸前炮臺駐守，奮勇先登，親燃巨炮，擊中夷船。榮椿等先後中炮亡，合營悲憤，勇氣百倍，擊沉英船多隻，傷斃英兵數百名。米利堅旋由北塘進口，互換和約。」文中詳細記載了清咸豐八年（1858）五月英軍進兵大沽口，登陸北塘，駐守大沽炮臺的清軍將士不畏犧牲，奮起抗敵，先後擊沉英艦多艘，擊斃、擊傷英軍數百人。同時美軍也與英軍沆瀣一氣，打着「互換和約」的旗號，趁機在北塘登陸，參與到西方列強侵華活動中來。〔註47〕（同治）《續天津縣志》則對第二次鴉片戰爭中，英法軍隊兩次進入天津城的情況進行了記述。清咸豐八年（1858）「外國兵船由海口駛至內河，郡城亂。」清咸豐十年（1860）春，「外國兵船復由海口至內河，郡城大亂，十室九空。」〔註48〕文中無情揭露了英法兩國兵船在清咸豐八年（1858）和咸豐十年（1860）兩次進入天津城內河的情形。英法兩軍的舉動嚴重干擾了當地社會的穩定，同時也給當地民眾的生活造成深重的災難，其中第二次影響尤甚。（光緒）《順天府志》則記載清咸豐「十年八月，英、法兵自北塘登陸，通州、武清均被擾犯，勝保戰於八里橋，敗績。圓明園火。」文中詳細記載清咸豐十年（1860）英法聯軍第二次在北塘登陸，向北京進攻，通州、武清都曾經受到襲擾。勝保所部清軍雖然在八里橋進行過抵抗，但最後不幸潰敗，因此導致英法聯軍最終攻入北京，徹底揭露了西方侵略者火燒圓明園的史實。〔註49〕

而（光緒）《重修天津府志》對於第二次鴉片戰爭中中英《南京條約》的

〔註47〕 萬青藜、周家楣修，張之洞、繆荃孫纂：（光緒）《順天府志》卷六十七「故事三・兵事，」清光緒二十一年（1895）刻本。

〔註48〕 吳惠元修，蔣玉虹、俞樾纂：（同治）《續天津縣志》卷一「星土祥異，」清同治九年（1870）續修刻本。

〔註49〕 萬青藜、周家楣修，張之洞、繆荃孫纂：（光緒）《順天府志》卷六十七「故事三・兵事，」清光緒二十一年（1895）刻本。

換約情況，以及中英、中法《北京條約》的主要條款內容，進行明確和具體的記載。如關於「英國續增條約九款五十六款，節錄一款。咸豐十年九月十一日，即英國一千八百六十年十月二十四日在京都議定。……。第四款一續增條約畫押之日，大清大皇帝允以天津郡城、海口作爲通商之埠。凡有英民人等至此居住、貿易，均照經准各條所開各口章程比例，劃一無別。」關於「法國續增條約十款，節錄一款，咸豐十年九月十二日，即法國一千八百六十年十月二十五日在京都議定。第七款從兩國大臣畫押蓋印之日起，直隸省之天津府剋日通商，與別口無異。再此續約，均應自畫押之日爲始，立即施行。」〔註50〕以上文中對於《北京條約》中增開天津爲商埠條款的主要內容及其簽訂的情況，都一一進行了詳盡的介紹。晚清直隸方志中記載的這些內容，文獻資料十分翔實，爲正史所不載，或載之不詳，因此可補正史之缺，詳正史之略，對於研究近代西方帝國主義列強的侵華史，同樣具有重要的參考價值。

（二）天津的開埠

天津作爲清代直隸的政治和經濟中心，在第二次鴉片戰爭後被正式辟爲商埠，對西方國家逐步開放通商，成爲中國近代史上重大的歷史事件。有關直隸方志中對此進行了詳細的介紹。如（同治）《續天津縣志》對這一歷史歷程曾經有過詳細介紹，清代咸豐十年（1860）「復議於奉天之牛莊，直隸之天津，山東之登州，廣東之粵海、潮州、瓊州，福建之福州、廈門、臺灣淡水，並長江之鎮江、九江、漢口，皆准其貿易。而於京師設立總理各國通商事務衙門，欽派王大臣領之。又以天津一口，距京甚近，各國在津通商，若無大員鎮撫安輯之，尤恐諸多窒礙，乃分牛莊、天津、登州三口，設立辦理通商大臣，駐紮天津，專辦三口事務，頒給辦理三口通商大臣關防，兼綜権稅、軍政，通商之原始如是。至各國來津貿易者既夥，議准於離城五里外之紫竹林地方，建造房屋，以爲居積貨物之所，聽其安住。並募其善於製造炮位、火藥者，曰『機器局』司事。深明紀律者，曰『洋槍隊』教習。協同稽查洋船貨稅者，曰『稅務司』，均以時給餼廩。」〔註51〕文中記載了清代咸豐十年

〔註50〕 沈家本、榮銓修，徐宗亮、蔡啓盛纂：（光緒）《重修天津府志》卷二十四「輿地六·公廨，」清光緒二十五年（1899）刻本。

〔註51〕 吳惠元修，蔣玉虹、俞樾纂：（同治）《續天津縣志》卷六「海防兵制 附海運、海道、海口通商，」清同治九年（1870）續修刻本。

（1860）隨着《北京條約》的簽訂，天津被增辟爲通商口岸，清廷在北京成立總理各國事務衙門，統一管理國家的外交通商事務。同時鑒於天津的特殊地位，決定在此設立三口通商大臣，常駐天津，負責天津、牛莊（今營口）、登州（今煙臺）三地對外的通商事務，隸屬於總理各國事務衙門，成爲後來北洋通商大臣的前身。另外還記載西方列強以建造房屋、積存貨物爲名，強佔紫竹林爲租借地等罪行的記述，又有關於天津修築濠牆、炮臺，設置洋槍隊方面的記載，內容十分豐富。

　　另外是志還對天津在開埠過程中，清政府被迫與德國、葡萄牙、荷蘭、丹麥、西班牙、比利時、意大利、奧匈帝國等西方列強訂立所謂「通商」條約，西方列強勢力紛紛侵入天津的情況，按照時間的順序，從清咸豐十一年（1861）至清同治八年（1869），一一進行詳細的記載。如清咸豐十一年（1861）二月「布魯斯亞國（即德國）使臣迂愛倫布到津，請立通商條約。二月十九日恭親王奕訢等奏，接據崇厚函稱，布魯斯亞國幫辦班德，赴津求見，並有該國公使迂愛倫布呈遞奕訢照會一件，內稱奉伊國特簡前來中國，商定通商。該王大臣等擬請特派大員赴津辦理，奕訢等既未能分身赴津，着派崇綸會同崇厚，辦理該國換約通商事務。」清同治元年（1862）五月，「大西洋國（即葡萄牙）使臣基瑪良士到津，請立通商條約。五月二十一日着派內閣學士恒祺會同左副都御史通商大臣崇厚辦理。嗣於三年四月十五日，該國復遣使阿穆恩來津，請換條約。着派總理各國事務衙門行走薛煥、兵部左侍郎通商大臣崇厚，作爲全權大臣辦理。」清同治二年（1863）七月二十四日，「荷蘭國使臣礬大何文到津，請立條約。着派崇厚與該國使臣在天津妥爲辦理，並發去全權大臣諭旨一道。俟立約事竣，仍將此旨繳回，將此諭令知之。」清同治三年（1864）三月初八日，「丹國（丹麥）使臣拉斯喇弗到津，請立通商條約。三月二十三日着派工部左侍郎恒祺，會同兵部左侍郎通商大臣崇厚辦理。」清同治三年（1864）五月初三日，「斯巴尼亞國（西班牙）使臣瑪斯到津，請立通商條約。五月初八日着派薛煥、崇厚作爲全權大臣，便宜行事。」清同治四年（1865）六月十七日，「比利時使臣金德到津，請立通商條約。七月十一日着派董恂、崇厚作爲全權大臣，便宜行事。」清同治五年（1866）八月十七日，「意大利亞（意大利）使臣阿明榮到津，請立通商條約。九月初一日着派戶部左侍郎譚廷襄作爲全權大臣，會同崇厚辦理。」清同治八年（1869）五月二十六日，「奧斯馬

加國（奧斯曼，奧地利）使臣畢慈到津，請立通商條約。六月十二日着派總理各國事務大臣董恂、崇厚作爲全權大臣，便宜行事。」〔註52〕

（同治）《續天津縣志》中對於在天津開埠過程中，西方各國列強爭相與清朝政府簽訂不平等條約，在天津設立租界的史實，進行了徹底和無情的揭露。其中有很多爲正史不載，或載之不詳，因而對於研究中國近代史，尤其是帝國主義侵華史具有重要的參考價值。同時顯示了志書編修者高度的愛國熱情，這也是十分難能可貴的。

（三）租界的出現

晚清之際風雲變幻，階級矛盾和民族矛盾相互交織，中國出現了前所未有，紛繁複雜的社會現象。西方帝國主義列強對華持續的侵略活動，人民群眾不斷的武裝反抗鬥爭，始終是這個時期中國社會的主要現象。晚清之際的直隸方志從整體上，比較注重對這兩條主旋律的反映。對於發生在直隸境內的有關事件和影響所及，相關區域的方志中都不同程度地給與記載，而事件發生地中心區域的各級志書記載尤詳。例如（同治）《續天津縣志》就記載了清代道光中期以後，至清同治八年（1869）間許多重要歷史事件的情況。其中既有太平天國北伐軍、西捻軍鏖戰津門，與清軍殊死搏鬥的英勇事迹，又有清朝統治者勾結帝國主義鎮壓人民，施行陰謀詭計和殘暴罪行的情況。既有對西方帝國主義侵略中國，攻佔大沽口炮臺，強迫中國簽訂《天津條約》，並以建造房屋、積存貨物爲名，強佔紫竹林爲租借地等罪行的記述，又有關於天津修築濠牆、炮臺，設置洋槍隊、機器局等方面的記載，所記載的內容十分豐富，具有鮮明的時代特色。

如在十九世紀六十年代第二次鴉片戰爭爆發以後，西方列強依靠武力，強迫腐敗的清政府簽訂了嚴重損害中國主權的《北京條約》等一些不平等條約，使中國的主權進一步遭到破壞，中國社會半殖民地化的現象進一步加深。其中《北京條約》就有涉及增開天津爲商埠，並在天津等口岸城市設立租界的條款，自此開始在天津出現九國租界的現象，這些租界也開始成爲著名的「國中之國」。關於此類事件的詳細情況，在清代直隸有關方志中都有具體的記載。如（光緒）《重修天津府志》中就詳細記載西方列強在天津設立租界的過程，以及各租界的管理情況。「租界：按各國訂約通商，均准於

〔註52〕 吳惠元修，蔣玉虹、俞樾纂：（同治）《續天津縣志》卷六「海防兵制 附海運、海道、海口通商，」清同治九年（1870）續修刻本。

口岸地方租地起屋，名爲『租界，』實爲永業。」徹底揭露西方列強借設立租界之名，企圖永遠霸佔中國領土的野心，這是難能可貴的。當時很多西方列強曾經先後在天津設立租界，「英法兩國在天津最早均有。」其管轄權「租界與各口情形無別，其租界內法制禁令一依西例。」西方列強在租界範圍內擁有絕對的權力，政治上享有獨立的司法裁判權，完全不受中國法律的約束。清朝政府「惟津海關道派員川駐，與領事館會辦彈壓稽查各事。」文中揭露中外反動勢力勾結起來，殘酷鎮壓中國人民反帝反封建鬥爭活動的罪惡行徑，同樣是難能可貴的。〔註53〕

關於當時西方列強在天津設置租界的具體方位和面積，（光緒）《續天津府志》中同樣有明確的記載。如關於天津英租界的情況：「英界東至海河，西至海大道，南至招商局東棧，北至法界，毗連計共四百四十畝，每畝每年應完制錢一千五百文，由英領事移交天津縣收抵地賦。」還有關於天津法租界的情況：「法界東至海河，西至紫竹林大街牌坊，南至英界毗連，北至海河，計共⎵畝，每畝每年應完制錢一千文，由法領事移交天津縣收抵地賦」等等。〔註54〕英法兩國是最早在天津設立租界的國家，以上文中詳細記載了在天津英法兩國租界的方位、面積、租金和繳款方式等方面的內容。清代直隸方志中記載的這些內容，對於研究近代西方帝國主義侵華史，具有十分重要的史料價值。

（四）「警政」等新生事物的產生

十九世紀末至二十世紀初，腐敗的清政府爲了繼續維持自己的統治地位，被迫在政治、經濟和文化等方面實施所謂的「新政，」其中舉辦警政，設立巡警部就屬於政治方面的舉措。對於這些舉措在直隸各地實施的情況，在許多清代直隸方志中也有具體的記載和反映。

如（光緒）《邢臺縣志》記載順德府邢臺縣巡警局於清光緒三十年（1904）創立，地址「設在南關北大街。」關於人員數量、裝備配置、經費支出的情況，當時設「管帶一員，薪水十兩，馬乾四緡，馬兵八名，馬八匹。步兵二十五名，每名月支餉制錢三千八百，馬乾同。」其經費源自「府捐十兩，縣

〔註53〕 沈家本、榮銓修，徐宗亮、蔡啓盛纂：（光緒）《重修天津府志》卷二十四「輿地六・公廨，」清光緒二十五年（1899）刻本。

〔註54〕 沈家本、榮銓修，徐宗亮、蔡啓盛纂：（光緒）《重修天津府志》卷二十四「輿地六・公廨，」清光緒二十五年（1899）刻本。

捐制錢四十緡，各行商捐制錢一百八十餘緡。」〔註55〕再如（宣統）《任縣志》記載順德府任縣巡警總局，設立於清宣統元年（1909），地點在「城隍廟西偏始建，教練所附焉。」關於各下屬分支機構的設立，「在鄉者，就各區之中分設四局。」〔註56〕（光緒）《祁州鄉土志》則記載保定府祁州於清光緒三十二年（1906）春正月，「編立巡警，共分十二區，共有四百四十三人。」並且建立相關的分屬機構，「各立巡目，四鄉各立巡警分所，城關設總局，置巡官，以節制分區」等。〔註57〕儘管清政府在政治上採取的各種「新政」措施，出發點仍然是企圖維持其腐朽統治。而從在直隸各地的實施情況看，客觀上卻是順應了時代的變化，社會的發展形勢。這些舉措帶來了社會領域內的一些變化，增添了新的設置，社會事務發生一定的變化，社會活動的內容得以豐富。清代直隸方志中有關此類內容的記載，體現了志書本身具有的「資治」功能，應該是值得肯定的。

三、教育

在十九世紀六十年代清政府開始舉辦的洋務運動中，開辦新式教育是其中的重要舉措。當時為了給新設立的軍用和民用企業，培養所需的各類專業人才，清政府在直隸一些洋務運動的中心，曾經設立大量的專業學校。再加上十九世紀末為了維持其腐朽統治，自清光緒二十四年（1898）開始，清政府採取多項措施推行「新政」，其中就涉及到廢除科舉，舉辦新式教育，興辦學堂，創立學部是其重要的內容之一。對於有關晚清直隸教育發展變化的具體狀況，不少直隸方志中也都有相應的記載。

（一）各類新式專業學堂的設立

設立各類新式學校，創辦新式教育是洋務運動中的重要舉措之一。清代直隸在十九世紀六十年代洋務運動中設立的各類新式專業學堂，目的也大都是配合洋務運動中各類企業的經營管理。如天津成為清代洋務運動在中國北方的中心，洋務派官僚曾經在那裡設立很多不同專業類型的新式學堂，為近

〔註55〕戚朝卿修，周祐纂：（光緒）《邢臺縣志》卷三「經政·兵防，」清光緒三十一年（1905）刻本。

〔註56〕謝晹麟修，陳智纂；王億年續修，劉書斿續纂：（宣統）《任縣志》卷二「建置志·公署，」清宣統二年（1910）修，民國四年（1915）續修鉛印本。

〔註57〕佚名纂修：（光緒）《祁州鄉土志》第三章「歷代兵事」第二十四節「巡警防盜，」抄本。

代企業培養各類實用的專業人才，也成為其辦學獨特的宗旨和特色。其中許多有關清代直隸方志中，對此類情況都有具體的記載和反映。

如（光緒）《重修天津府志》對洋務運動中李鴻章等在天津設立各類新型專業學堂的整體情況，曾經有大量的介紹。如其中電報學堂注重於通訊人才的培養，設於清光緒六年（1880），最初由於「北洋創設電線」，為滿足企業對於人才的需要，「後開招電報學生，以備更代，」電報學堂的地址「初在扒頭街賃屋為堂，後於（光緒）十二年（1886）九月建學堂於紫竹林租界。」其中最具影響力的應該屬於北洋大學堂的創立，該校位於海河南岸梁家園南，於清光緒二十一年（1895）八月設立。起初前津海關道周馥曾經擬設博文書院，課程設定為「會講中西之學，」並曾「購置地基一區，」但很快就因為經費不足而作罷。後來太常侍少卿盛宣懷擔任津海關道時，繼續籌辦這項工作，「乃請於北洋大臣總督王就原基捐建學堂一所，招考頭等、二等學生，並延中西積學之士分班教習，章程略仿西法，」預計需要「長年經費約五萬金有奇，」經費來源「由海口煤稅、米麥稅及招商、電報兩局捐款濟用，不領公帑。」〔註58〕文中對洋務派官僚在天津創設的各類新式學堂的名稱，創立過程包括時間、校址、生源、延聘教習，以及辦學經費來源等各方面的情況，進行了整體的介紹。同時由於這些新式專業學堂中所講授的知識，大多不同於傳統的封建思想和觀念，而是屬於實用性很強的專業知識。天津在洋務運動中所展現企業發展的某些活力，在於洋務派官僚們比較注重新式教育和先進的科學技術。開埠後天津城市經歷了中西文化的衝突，特別是在近代中國向西方學習、興辦新式教育的社會潮流，逐步成為傳播西方文化教育的橋梁和窗口。

清代直隸方志中記載的這類內容，顯示志書編修者的觀念也在不斷變化和更新，方志傳統「存史」的基本功能得以傳承。這些翔實的文獻資料，對於研究中國近代教育發展具有重要的參考價值。

（二）各類學堂的設置和分佈密度

十九世紀末至二十世紀初，清政府實施的各種「新政」舉措，體現在教育方面的主要是廢除科舉制度，創辦新式學堂，推廣新式教育。清光緒三十一年（1905）五月清政府曾經詔令各省督撫，將本省各地府、州、縣各類大

〔註58〕沈家本、榮銓修，徐宗亮、蔡啓盛纂：（光緒）《重修天津府志》卷二十四「輿地六・公廨，」清光緒二十五年（1899）刻本。

小「書院」等教育機構，一律改爲新型「學堂」，併兼習中西之學。〔註59〕對於當時直隸各地實施這類教育改革的情況，不少方志中都有相關的記載。從此開始，直隸方志「學校志」中記錄的，不再是以前專供科舉等封建教育的內容，而是能夠傳授一些新興的知識，開闊人們的眼界。

如（光緒）《臨漳縣志》中記載舊志中凡「學校」、「書院」、「社學」等門目，均載於「建置」之下，「今奉文改設『學堂』，乃合『學額』、『學田』，並改設、新設『高等』、『初等』各小學，爲『學校志』。」〔註60〕這些反映了清末直隸在實施「新政」中，進行教育改革的基本狀況。再如（宣統）《任縣志》詳細反映了該縣在清末「新政」中實施新式教育的整體狀況，其中包括各類新式公立學堂設置的時間、沿革過程、數量和分佈狀況。「官立高等小學堂，昔之渚陽書院也。書院建於光緒十五年（1889），二十九年（1903）改爲學堂，其時科舉未停，仍存號舍。三十一年（1905）乃一律改爲齋室，積屋之數總四十楹。其西爲操場，約一畝有奇。東爲兩等小學堂，明倫堂舊址也。三十一年（1905）改建堂室，共二十楹，勸學所附焉。初等小學堂始由官立，城鄉共二十四處，三十一年（1905）盡改爲公立，在城者四處，在鄉者八十八處。」〔註61〕《永年縣鄉土志》同樣記載清末該縣城鄉各類新式學堂設置的數量和坐落情況，其中縣「城內北關學堂：府師範學堂，在考院街，考棚改立。高等小學堂，在縣治東，紫山書院改立。模範小學，附高等學堂內。初等小學堂四所：一在東大街，一在西大街，一在南大街，一在北大街。府中學堂，在北關東。縣師範學堂，在北關東，清輝書院改立。」鄉下設立各類學堂的有關情況則是，「東區內學堂：初等小學堂現立共四所：一在王呂寨，一在陳寨，一在馬軍營，一在辛莊堡。」「西區內學堂：初等小學堂現立共十二所：一在南胡賈，一在八汪村，一在講武村，一在雙陵村，一在龍泉村，一在臨洺關，一在石碑口，一在鄧上村，一在間連王范邊，一在七里店，一在裴坡莊，一在方頭固。」「南區內學堂：初等小學堂現立共六所：一在南橋，一在南闇村，一在西王莊，一在連寨，一在南中堡，一在清涼寺。」「北區內

〔註59〕趙爾巽等撰：《清史稿》卷一零七 志八十二「選舉二‧學校二，」北京：中華書局，1977 年 2 月出版。

〔註60〕周秉彝修，周壽梓、李燿中纂：（光緒）《臨漳縣志》卷首「凡例，」清光緒三十年（1904）刻本。

〔註61〕謝昴麟修，陳智纂；王億年續修，劉書旂續纂：（宣統）《任縣志》卷二「建置志‧公署，」清宣統二年（1910）修，民國四年（1915）續修鉛印本。

學堂：初等小學堂現立共八所：一在許官營，一在北廓，一在固城，一在曲陌，一在趙目連，一在高嶽，一在北劉固，一在姚章村。」〔註62〕

　　清代直隸方志中記載清末直隸各地實施「新政」，廢除科舉，舉辦新式教育，創辦新式學堂的情況，保留了翔實而珍貴的文獻資料，對於研究中國的近代教育，無疑具有重要的參考價值。

四、社會生活及其習俗

　　對於各地日常民間生活方式和習俗情況的記載，歷來是方志中不可或缺的組成部分。古代方志一般通過「風土」、「民俗」、「歲時」等門目，記載各地的生活習慣、民情習俗、衣食住行等方面的內容。晚清時期隨着西方各種文化思想、生活方式，逐步傳入中國內地，直隸各地民間衣、食、住、行等，較之以都往發生很大變化，直隸方志中繼續因襲這些門目，廣泛記載社會生活、風俗人情、土產特色等方面的事物。

　　如順德府任縣以往「邑境多農，人尚勤儉，士皆安分自守。課讀而外，不憚農事躬親。因而學問一事，淺者多而深者少。」而「今則新學風行，行人爭若鶩爾。」原來「農則頗勤墾畝耕耘，以時穿井開渠，隨地灌溉，一邑普通之業繫於是焉。工少精巧，技安舊習。商不過本境貿易，少在外營生者。其衣、食、住三者，亦多布褐，食多粗糲，住則瓦屋少而土屋多。」而「近以習尚移入，服式稍改，或布或帛，漸易而洋，窄袖長裾，結束緊固，而計其多數，尚皆沿袞衣博帶之風。」因此「要之地方風俗，莫不由樸而華，因之物價踴騰，人工昂貴。守舊者憂世風之不古，維新者正喜民俗之漸開。」〔註63〕文中記載以往人們大多務農，生活崇尚節儉。讀書人一般安分守己，除了讀書之外，還經常從事農務勞作，因此文化水平整體比較膚淺，而今由於新學非常流行，人們紛紛趨之若鶩。以往務農者也能夠勤於農田的耕耘，按時鑿井開渠，及時灌溉，農業一直是該縣的主業。手工業者技藝難言精巧，安於現狀，缺乏創新。商人一般就在本縣境內經營，很少出外營生。在衣食住方面，人們多穿粗布的衣服，吃的多是五穀雜糧，住的多是土房，瓦房很少。當今社會風氣逐漸開放，新的生活方式不斷傳入，因此當地人的風俗習慣也悄然發生改變。少數人的服裝材質開始使用布或帛，款式講究窄袖、長

〔註62〕　佚名纂修：《永年縣鄉土志》「地理，」抄本。
〔註63〕　謝禹麟修，陳智纂；王億年續修，劉書斾續纂：（宣統）《任縣志》卷一「地理志·風俗，」清宣統二年（1910）修，民國四年（1915）續修鉛印本。

裙、緊身，而大多數人則依然是寬衣博帶。任縣當地的風俗習慣開始由崇尚樸素轉爲講究奢華，因而導致物價上漲的快速上漲，人們的生活開支不斷增加。所以當地觀念比較守舊的人擔憂世風日下，思想相對解放的人則很欣賞風俗習慣的改變。應該說清末任縣社會生產生活方式轉變的狀況，僅僅是當時直隸各地民風變化的一個縮影。

衣食住等生活方式的創新和改變，標誌着時代的不斷進步，人們思想觀念的逐步解放。同時反映出晚清西方的生活方式與觀念，對中國社會傳統的生活方式和習俗產生了巨大衝擊，表明直隸社會逐步進入開放的階段，中西兩種不同生活方式的融合日益加深，一種全新的生活方式開始形成。直隸方志中的此類記載，直接反映出編修者與時俱進的創新理念。

五、軍事

晚清直隸方志中對於有關各地軍事內容的記載，往往集中在兩個方面：一 中國近代史是一部遭受帝國主義侵略淩辱的歷史，同時又是一部人民群眾前赴後繼英勇鬥爭的歷史。清代方志中對發生直隸境內的中國近代上的重大事件，如太平天國革命運動、義和團運動、捻軍鬥爭等，凡有涉及者都有程度不同的記載。而對本地發生的民眾抗擊外侵和反抗內暴的鬥爭，一般記載更爲詳細。二 隨着西方列強的入侵不斷加深，再加上農民武裝起義活動的頻繁爆發，迫使清政府在直隸多地修建了許多重要的軍事防禦設施，尤其是在洋務運動中曾經集中大量的人力、物力和財力，修建很多新式的軍事學校、軍工企業和軍事設施。晚清直隸方志中對此類情況，也進行大量的介紹。

（一）西方列強勢力的入侵與人民群眾反帝反封建的武裝鬥爭

近代中國伴隨着西方帝國主義列強持續的對華侵略和擴張活動，封建統治階級對廣大下層民眾殘酷的剝削和壓迫，就是中國人民持續不斷開展的反帝反封建武裝鬥爭活動。直隸各地在清代曾經爆發了很多次大大小小，規模不等的農民起義和鬥爭活動，其中不乏像太平天國和義和團運動這樣大規模的武裝鬥爭活動，有關直隸方志中對這些歷史事件的反映，同樣是十分具體的。近代直隸方志中開始通過設立「兵事」、「事略」、「雜事」、「兵防」等門目，對有關農民起義鬥爭活動、外國入侵和本地防務等情況進行介紹，特別是在相關地區的方志中記述尤詳。

　　如有關直隸志書中就保存着大量，曾經發生在京津一帶第二次鴉片戰爭的文獻資料。如（光緒）《順天府志》記載清代咸豐八年（1858）「五月十七日，英吉利兵船抵大沽口外。二十五日，兵船十餘隻連檣而進，遍樹紅旗，直闖河口。直隸提督史榮椿在南岸中炮臺駐守，副將龍汝元在北岸前炮臺駐守，奮勇先登，親燃巨炮，擊中夷船。榮椿等先後中炮亡，合營悲憤，勇氣百倍，擊沉英船多隻，傷斃英兵數百名。」記載清咸豐八年（1858）五月英軍進兵大沽口，登陸北塘，駐守大沽炮臺的清軍將士不畏犧牲，奮起抗敵，先後擊沉英艦多艘，擊斃、擊傷英軍數百人。再如記載清咸豐十年（1860）八月「英、法兵自北塘登陸，通州、武清均被擾犯，勝保戰於八里橋，敗績。圓明園火。」記載清咸豐十年（1860）英法聯軍第二次在北塘登陸，向北京進攻，通州、武清都曾經受到襲擾。勝保所部清軍雖然在八里橋一帶進行過抵抗，但最後不幸潰敗，因此導致英法聯軍最終攻入北京，徹底揭露了侵略者火燒圓明園的史實。〔註 64〕這類有關外敵入侵情況的記載，在很多直隸方志中都能見到。再如《寧河縣鄉土志》記載清「光緒庚子（1900）聯軍闖入大沽口，於家堡屯住營防戰經晝夜，聯軍由塘沽陸至北塘，練勇接戰久之未克，居民未出境者盡遭蹂躪。」〔註 65〕反映清光緒二十六年（1900）八國聯軍闖入大沽口，在北塘一帶登陸，清軍作戰失利，導致周邊生靈盡遭塗炭的情況。

　　有關太平天國北伐軍在直隸堅持鬥爭的史實，在清代直隸方志中也有大量的記載。如（同治）《欒城縣志》記載清「咸豐三年（1853）九月粵逆林鳳祥等破欒城，知縣唐盛死之。」當時「粵逆已破柏鄉，知縣唐盛招募鄉勇，巡城防守，初三日巳刻破欒城，知縣唐盛遇害，典史陳虎臣禦賊於北城樓西，被槊死，驅鄉勇於西門極果寺，焚之。」〔註 66〕文中詳載清代咸豐三年（1853）九月，林鳳祥所部太平天國北伐軍在直隸境內作戰，攻佔欒城縣城，殺死負隅抵抗的知縣唐盛及典史陳虎臣，並消滅在此駐防的鄉勇。儘管志書編修者站在傳統封建地主階級的立場上，對太平軍極盡污蔑之能事，但我們還是從側面清晰瞭解到太平軍在本縣的戰果情況。義和團運動則是清末中國北方爆

〔註64〕萬青藜、周家楣修，張之洞、繆荃孫纂：（光緒）《順天府志》卷六十七「故事三・兵事，」清光緒二十一年（1895）刻本。
〔註65〕周登皞撰：（光緒）《寧河鄉土志》「歷史編」第三章「兵事」第七課，抄本。
〔註66〕陳詠修，張悖德纂：（同治）《欒城縣志》卷三「事略，」清同治十二年（1873）刻本。

發的一場大規模反帝愛國運動，這場運動波及的範圍很廣。其中關於義和團在直隸一帶的鬥爭情況，有關直隸方志中都有大量的介紹。據《安國縣新志稿》記載清光緒二十六年（1900）京津周邊義和團的活動情況，「畿輔亂民假白蓮教遺術，妄言神助，設壇傳習，曰『義和拳』。」他們「用乾坤坎離諸卦分立旗幟。……。呼噓跳擲，事同兒戲，乃信其可以威敵也。」分析義和團運動爆發的原因，認為一是清代「咸同之世，中外結好，禁弛，」統治者對民間秘密宗教活動的控制有所放鬆，二是隨着西方傳教士在直隸一帶傳教活動日益加劇，他們往往胡作非為，魚肉鄉里，當地「長史、南流、卓頭、劉莊等村，遂有教民桀驁者又藉勢恣橫，與平民失和，」民教之間的矛盾日趨激化，造成教案頻發，為義和團運動的爆發提供了有利的環境。「義和拳蠱惑鄉愚，以仇教為名，四月攻長史教堂，相持數日，拳匪麇集，遂毀教舍，戕教民，男女被殺七十餘人。」〔註 67〕具體介紹了當地義和團鬥爭的戰果。再如（光緒）《雄縣鄉土志》則整體介紹雄縣境內義和團的武裝鬥爭情況。清代光緒二十五年（1899）冬，保定府雄縣「張岡村人始習拳，知縣冬之陽捕其魁，稍斂迹。」隨着「明年（1900）省城焚教堂，大吏不禁，縣境拳匪乃日熾，」義和團鬥爭規模日益擴大，於是「及京師陷，官吏威令不行，拳民乃據城署，奪炮船，無復忌憚矣。」八月清廷聞訊派兵前來鎮壓，淮軍望雲亭、署提督呂本元率兵先後趕到，由於義和團戰士事先得到消息，早已堅壁清野。清軍無奈自欺欺人，「乃焚張岡等村，以亂事敉平聞，實則伏莽尚多。」當地義和團堅持長期的鬥爭活動，影響很廣，「五六年間，搶掠劫殺，層見迭出，皆其餘孽也，直至（光緒）三十一年（1905）。」〔註 68〕

對於本地防務情況的介紹，也是清代直隸方志中的一項重要內容。再如（光緒）《邢臺縣志》中除記載本地原有防務設置情況，包括駐防軍隊人數、種類，軍事設施如墩臺數量、設置方位等，同時還對本縣近代新型司法機關如巡警局等的設置情況，一一做了介紹。〔註 69〕

直隸方志中對發生在晚清直隸的外國入侵、國人禦侮、農民起義鬥爭活

〔註67〕 宋蔭桐纂修：《安國縣新志稿》「歷代兵事第七，」清光緒三十二年（1906）抄本。

〔註68〕 劉崇本纂修：（光緒）《雄縣鄉土志》「兵事錄第三，」清光緒三十一年（1905）鉛印本。

〔註69〕 戚朝卿修，周祐纂：（光緒）《邢臺縣志》卷三「經政・兵防，」清光緒三十一年（1905）刻本。

動，以及本地防務和近代司法機關情況的記述，內容十分豐富，並且具有鮮明的時代特點，體現了志書編修者應具備的創新意識。

（二）軍事學校、軍工企業、軍事設施的設立

十九世紀六十年代開始的洋務運動，曾經在直隸創立許多新式的軍事學校、軍工企業、軍事設施，其中以天津最具代表性。而天津最早的一批新式學校，也是伴隨洋務運動的興起而出現的，所培養的學生多為洋務企業服務的軍事、技術人才。如水師學堂，創立於清光緒七年（1881）三月，由直隸總督兼北洋大臣李鴻章創立於天津機器局內。李鴻章創建此校的原委在於，「中國駕駛兵輪船學堂創自福建船政，北洋前購蚊船所需管駕、大副、二副、管理輪機炮位人員，皆借才於閩省，往返咨調，動需時日。」同時因為正值清朝南北洋海軍處於成軍之際，「且南北洋現籌添購碰快鐵甲等船，需人正眾。」因此「擬設練船，選募北省丁壯，素諳風濤者上船練習，尤必以學堂為根本，乃可逐漸造就，取資不窮。」至於學校的選址，應該考慮於天津機器局內擇地建設，「俟落成後，參酌西國成規，揀派監督教習，招考學生入堂肄業，逐漸練習。」並擬令前任船政大臣、光祿寺卿吳贊誠「督同局員籌辦水師學堂練船事宜，兼督機器製造。」創辦學校的「所有一切用款，均由海防經費內核實開支。」再如武備學堂在唐家口柳墅舊址，於清光緒十二年（1886）八月奏請設立，「時海防練軍練習洋操，特於各軍調取少壯材武之士入堂學習洋語、洋文，並算學、陣式，以備異日將領之選。」開班時編制「約百二十人為率，延西人為教習。」根據形勢的發展，「嗣後京旗子弟，亦派送入堂，分班習練，規模益宏，」武備學堂在管理上統「由北洋大臣委道員總司其事。」〔註70〕由洋務派官僚李鴻章等奏請設立這些新式學校，借鑒西方的招生制度、課程安排，並且聘請外國教員，使這些學生不但學習到外國的語言文字和近代自然科學、軍事技術以及某些社會科學知識，而且得以瞭解西方資本主義國家的社會情況。洋務企業及資本主義工商業的創立和發展，對新式教育提出客觀需要，新式教育的舉辦對洋務企業和近代工商業發展，也曾經發揮過一定的促進作用。

除了創立許多重要的軍事學校外，鑒於天津本身所處的地理位置，促使清政府十分注重那裡的防務，因此洋務派官僚們曾經集中國內不少財力和物

〔註70〕沈家本、榮銓修，徐宗亮、蔡啓盛纂：（光緒）《重修天津府志》卷二十四「輿地六・公廨，」清光緒二十五年（1899）刻本。

力，先後在天津辦起了大沽船塢、軍械總局和天津機器局等重要的軍工企業。其中「大沽船塢，光緒五年（1879）北洋大臣李（鴻章）以天津海防重地，時有兵輪駐守，議建船塢以爲歲修之地。飭稅務司洋員德璀琳於大沽口內海神廟前購買民地，仿照西法辦理。逾年告成，遂派專員總理其事。」船塢內設碼頭、大木、輪機、熟鐵、熟鋼、鑄鐵、模樣、鍋爐、槍炮檢查等廠，以及供檢修用的船塢六座，供艦艇避凍用的船塢數座。軍械總局則「在南門內東城根。同治九年總督兼北洋大臣李（鴻章）初統淮軍至津，立有行營軍械所，旋以北洋經辦海防，廣置炮臺，所有水、陸、馬、步各營需用軍器，悉歸儲存支發，因改名『北洋軍械總局。』續於光緒二年（1876），建西沽藥庫於西沽信家臺。光緒十二年（1886），建大沽藥庫於大沽，各名曰『軍械分局』，統歸總局兼轄。」

天津開埠後，那裡海防的任務更爲繁重，清光緒元年（1875）清政府爲了統一管理和使用南北兩洋的海防經費，命「各直省撥定南北兩洋經費，分次解收北洋。」爲此直隸總督兼北洋大臣李鴻章在運使署內設立海防支應總局，「凡海軍水師及馬步諸軍，製造、轉運各局關於海防需用款目，皆歸收支，歲終奏銷，各部悉歸造報。」爲了便於北洋水師的管理和調動，強化天津海口的防備力量，清光緒九年（1883）十一月李鴻章又命津海關道於紫竹林法租界內，設立水師營務處海軍公所，「以備中外公宴會議之區，時值創辦海軍水師，兼爲營務公所，以候補道員總司其事，設有翻譯各官，其房舍參用洋式，凡百四十餘間。」〔註71〕這些大型軍工企業和機構的舉辦，不僅有利於加強天津沿海的防務，而且帶動當地社會經濟的快速發展。

第三節　清代直隸方志編修體例的創新

晚清直隸方志中記述的內容明顯增多，涵蓋的領域不斷擴大。由於近代社會的發展進步，社會上的各種事物日益增多，社會生活日益豐富，人們的活動區域日漸拓寬，視野更加開闊，必然使得志書中所反映自然與社會的內容增多，所保存各方面的資料更加豐富起來。近代地方志在記述的內容上，

〔註71〕 沈家本、榮銓修，徐宗亮、蔡啓盛纂：（光緒）《重修天津府志》卷二十四「輿地六・公廨，」清光緒二十五年（1899）刻本。

一般都大大增加了社會人文、社會經濟、自然地理、自然環境和自然科學等方面的記述。隨着近代社會的發展，時代的演進，方志在記述內容發生變更的同時，志書所含的資料越來越厚重。內容的增加使原有的門類難以包容，促進志書體例門類發生相應的變化，一方面，傳統的舊門目在消失，在變更改易；另一方面，新的門目不斷產生和增加。因此從方志門目的變動中，可以反映出清代直隸方志中蘊涵着極其豐富的內容和廣泛的領域，直接帶來體例上的創新和發展。

一、綱目門類的增加

隨着近代社會的不斷演進變化，清代直隸方志門類設置呈現的變化日益明顯。一些不合時代需要的舊門類逐步變更、消失，同時一些與近代社會政治、經濟、文化發展水平相適應的新類目，則不斷應運而生。

（一）經濟

有關晚清時期直隸方志中增加的門類，經濟範疇是其重點之一。其中主要有「旗租」、「錢幣」、「榷稅」、「鐵路」、「礦務」、「郵政」、「電報」、「實業」、「商務」等門目。如（同治）《畿輔通志》就從「經世致用」的宗旨出發，志書中增加「經政」、「旗租」、「錢幣」、「榷稅」等門類，豐富有關此種內容的記述，從而大大增強了自身的資治功能。「『建置』、『經政』為志乘之大端，歷來纂志者皆分別書之，……。今統歸『經政略』中。如『出賦』、『戶口』、『祿餉』、『鹽法』、『榷稅』、『漕運』、『鼓鑄』、『積貯』、『賑恤』，『戶政』也，則以『倉廠』附『積儲』，『錢局』附『鼓鑄』，『諸善局』及『經費』皆附『賑恤』之下。」「『旗租』、『差徭』為直隸大政，然『差徭』繁碎，本非典例，不得不略。『旗租』有章程可紀，附『田賦』之後。」〔註72〕故該志的卷九十五「略五十　經政二」增設「旗租」門，卷一百零二「略五十七　經政九」中增設「錢幣」門，卷一百零七「略六十二　經政十四」設置「榷稅」門等。而（光緒）《邢臺縣志》中同樣把「經政」設為新設門類，將鐵路、郵政、電報、警政等有關「新政」的內容，均收入該門類的有關條目，內容所及「凡舊志食貨、典禮二志所載，依次敘入，以清眉目，」而將「新政如學堂、蒙養學堂、鐵路、郵政、電報籌款諸務，以及錢糧之改徵，盈餘之酌提，牙帖、

〔註72〕李鴻章等修，黃彭年等纂：（同治）《畿輔通志》卷首「凡例，」清同治十年（1871）修，光緒十年（1884）刻本。

田房稅之充公，均據章程依類臚列，入之『經政』，以備稽考。」〔註73〕這些門類和內容的調整，在一定程度上反映出二十世紀初該縣實施「新政」的措施與效果。再如（光緒）《灤州志》中根據晚清時本地經濟和社會發展形勢的需要，相關門類和條目設置也發生了相應的改變和調整。該志記載「鐵路由津達關，灤爲中道，除境內橋站途軌外，其餘規制只存大略。至開不煤礦，非有鄰境兼轄之地，是其專屬，故一切較詳。」〔註74〕因此，是志不囿舊例，對在近代洋務運動中產生的鐵路、礦山等新事物，設目專敘。在卷十「建置志」下設「鐵路」一門，對清末開辦關東鐵路之緣起和經過有詳細記述。在卷十三「賦役志」下設「礦務」一門，對創辦開平煤礦的有關情況進行明確介紹。〔註75〕同時對原有的類目設置同樣進行了調整，如「舊志專立『漕運』一條，只屬實政，不裨實政。況近時輪舶、鐵軌無往不達，議漕運者必不及灤，改附古迹後，以存一時經制。」〔註76〕

鴉片戰爭之後，隨着中國國門的不斷開啓，中國和國際間的商貿交流日益加強，伴隨清末新型商品經濟活動的進一步發展，國內貿易市場的不斷擴大，中國對外貿易活動也逐步加強，直接帶動清末直隸一些重要海陸口岸，如天津、秦皇島、張家口等地的對外貿易規模日益擴大。（清）佚名輯《直隸風土記》的「交通」中，曾經對此做了大量的介紹。對外貿易規模的不斷發展，必然帶動城市的國際化程度大幅提高，刺激當地經濟和社會的發展速度不斷加快。而晚清時期直隸方志中記述的這些內容，都是屬於中國近代所產生的新生事物，在以前的舊志中是不曾出現的，因此其編修者對這些內容也以新的門類——「交通」進行了科學的概括和總結。〔註77〕

晚清直隸方志，特別是各地鄉土志中還出現了一個新的門類——「實業」，「實業」之下還分爲多個細目，對當地的社會經濟狀況廣爲記述。如（宣統）《晉縣鄉土志》創立「實業」這一新門類，「實業」之下分爲「士之舊業」、

〔註73〕戚朝卿修，周祐纂：（光緒）《邢臺縣志》卷首「凡例，」清光緒三十一年（1905）刻本。

〔註74〕楊文鼎修，王大本、吳寶善纂：（光緒）《灤州志》卷首「凡例，」清光緒二十四年（1898）刻本。

〔註75〕楊文鼎修，王大本、吳寶善纂：（光緒）《灤州志》卷首「目錄，」清光緒二十四年（1898）刻本。

〔註76〕楊文鼎修，王大本、吳寶善纂：（光緒）《灤州志》卷首「凡例，」清光緒二十四年（1898）刻本。

〔註77〕（清）佚名輯：《直隸風土記》「交通，」清末抄本。

「士之新業」,「農之舊業」、「農之新業」,「工之舊業」、「工之新業」,「商之舊業」、「商之新業」八個細目,對晚清正定府晉縣包括士、農、工、商社會經濟各方面的發展變化情況,進行詳細的記述和介紹。〔註78〕同時晚清直隸方志新增的另一個門類是「商務」。隨着晚清直隸各地間商貿交流日益密切,經濟的互補性明顯加強,志書的編修者已經意識到商貿交流的重要性,認為「當今之天下,商戰之天下也。商務之盛衰,足睹國勢之強弱,下至一鄉一邑之貧與富,亦莫不以此為比例差,」因此往往十分注意在志書中,加大對有關本地商貿交流和商品銷售內容的記述。〔註79〕「商務」門類一般涉及「物產製品本境行銷」、「物產製品運出外境行銷」、「他處貨物運入本境行銷」三類,分別對有關產品的種類和數量進行具體的介紹,這些內容統歸於「商務」門類之下。〔註80〕

另外清代直隸舊志往往通過「物產」等門類,反映各地社會基本的經濟狀況。晚清直隸方志,尤其是各地鄉土志中依然沿用「物產」的門類,但由於經濟發展變化的狀況,逐漸成為志書的一項重要內容,因此有關記述得更加詳細和具體,往往是「物產」之下再分為若干細目,分別加以敘述。如《昌黎縣鄉土志》中「物產」門類之下,又細分為「動物」、「植物」、「礦物」、「動物製造」、「植物製造」和「礦物製造」等若干細目,廣為記述。〔註81〕《宣化縣鄉土志》中同樣在「物產錄」門類下,再細分為「動物學」、「植物學」、「動物製造學」、「植物製造學」、「礦物製造學」若干類。〔註82〕

(二)政治

直隸舊志中有關政治方面的內容,往往散記於「皇言」、「職官」、「秩官」、「官署」、「選舉」、「大事記」等門類中。晚清直隸方志除部分志書中在門類中有所創新之外,其餘大多沿襲此成式,通過相似或相同的門類,零散記述社會的政治狀況、政治舉措等。所增設政治範疇的門類主要是「經政」,涵蓋的範圍也十分寬泛而具體,包括刑律、巡警防盜、恤政、祀典、學校、慶典、兵制、銓選、城池、公署、田賦、旗租、戶口、祿餉、鹽法、

〔註78〕 李翰如纂修:(宣統)《晉縣鄉土志》,民國四年(1915)石印本。
〔註79〕 秦兆階纂修:《贊皇縣鄉土志》「商務,」抄本。
〔註80〕 佚名纂修:《永年縣鄉土志》「商務,」抄本。
〔註81〕 童光照纂修:《昌黎縣鄉土志》「物產,」抄本。
〔註82〕 謝愷纂修:(光緒)《宣化縣鄉土志》卷首「序,」清光緒三十三年(1907)抄本。

錢幣、倉儲、漕運、榷稅、恤政、祀典、學校、慶典、兵制、銓選、城池、公署等門類，內容涉及到司法、刑律、警務、官員的選拔與俸祿、財政、經濟、教育、軍事、民政、漕運、鐵路、祭祀等很多領域。如（光緒）《邢臺縣志》所增設「經政」門類，涵蓋司法、軍事、經濟（電報、郵政）、鐵路等。其中順德府邢臺縣縣巡警局於清光緒三十年（1904）「設在南關北大街。」有關人員數量、裝備配置、經費支出的情況，當時設「管帶一員，薪水十兩，馬乾四緡，馬兵八名，馬八匹。步兵二十五名，每名月支餉制錢三千八百，馬乾同。」經費源自「府捐十兩，縣捐制錢四十緡，各行商捐制錢一百八十餘緡。」關於軍事方面的記載，涉及本地原有防務設置情況，包括駐防軍隊人數、種類，軍事設施如墩臺數量、設置方位等。關於經濟方面的記載，包括電報和郵政等。其中記載電報局於清光緒二十七年（1901）設於該縣城內，業務覆蓋範圍「電杆依驛路南自交界處第四千三百零三號起，至北界四千五百五十三號止，共二百五十一根，」費用為「每根需銀一兩八錢，報費、局用均由委員經理。」郵政局設於清光緒二十三年（1897），關於「信資、局費」等經費支出，則「由委員經理。」關於本縣鐵路建設方面的記載，包括鐵路的修築與通車時間，自清光緒二十八年（1902）開工，二十九年（1903）竣工通車。車站設置方面，「設西關尚德坊，」起止「北自蘭羊村東迤北交界起，又南至荊村鋪西，又南至白塔村東，又南至北小汪村東，又南至西關，又南至申家莊西，又南至西郭村東，又南至由留村東，又南至西康莊交界止。」鐵路總里程共「計長四十二里，」所需各項費用，「工程、車費均由公司經理。」〔註83〕而（同治）《畿輔通志》作為一省之志書，所設「經政」涵蓋的範圍更加寬泛，內容更加豐富，包括刑律、恤政、祀典、學校、慶典、兵制、銓選、城池、公署、田賦、旗租、戶口、祿餉、鹽法、錢幣、倉儲、漕運、榷稅、恤政、祀典、學校、慶典、兵制、銓選、城池、公署等二十餘個類目，涵蓋政治、財政、稅收、貨幣、經濟、法律、文化、教育、軍事等多個領域。〔註84〕

　　此外在晚清直隸方志中，政治範疇內所增設的門類除了「經政」還有單獨設置新門類的情況，只不過相對較少罷了。如（光緒）《祁州鄉土志》中記

〔註83〕戚朝卿修，周祐纂：（光緒）《邢臺縣志》卷三「經政，」清光緒三十一年（1905）刻本。

〔註84〕李鴻章等修，黃彭年等纂：（同治）《畿輔通志》卷首「目錄，」清同治十年（1871）修，清光緒十年（1884）刻本。

載清光緒三十二年（1906）春正月，保定府祁州「編立巡警，共分十二區，共有四百四十三人。」並且建立起相關的分屬機構，「各立巡目，四鄉各立巡警分所，城關設總局，置巡官，以節制分區」等，這些內容的記述主要集中在「巡警防盜」一門之中。〔註85〕

（三）教育

對於教育內容的記載，自古我國方志中早已有之，並且一般都作爲志書中必設的門類。由於我國古代教育制度在很長時間中主要是實施科舉制度，因此在古代方志中，往往通過「科舉」、「選舉」、「社學」、「義塾」、「學署」、「學田」等門目的設置，來反映各級教育機構、教育的施行及教育活動等整體情況，但是記載內容一向比較單一。中國近代社會中伴隨着科舉制度被廢除，新式學堂的設立，西方辦學制度和方法的傳入，多層次、多類型教育機構的興起，社會教育的發展等等，使近代直隸方志中教育內容的記載產生了新的變化，增添了新的記述內容，變得更加豐富起來。晚清直隸方志在門目設計上，一般也以「學堂」、「學校」立目，取代了「科舉」、「選舉」、「社學」、「義塾」、「學署」、「學田」等傳統門目，而記載的內容有一定的拓展，涉及領域也更加廣泛。如（光緒）《臨漳縣志》中記載舊志中凡「學校」、「書院」、「社學」等門目，均載於「建置」之下，「今奉文改設『學堂』，乃合『學額』、『學田』，並改設、新設『高等』、『初等』各小學，爲『學校志』。」〔註86〕這些反映了清末直隸在實施「新政」進行教育改革的基本狀況。

另外部分直隸方志仍將各類新式學堂，歸入到其它門類中。如（光緒）《重修天津府志》對洋務運動中李鴻章等在天津設立各類新型專業學堂的整體情況，曾經進行大量的介紹，如電報學堂和北洋大學堂等近代新式學校的創立，編修者將其歸入「輿地」類下的「公廨」目中。〔註87〕（宣統）《任縣志》詳細反映了該縣在清末「新政」中實施新式教育的整體狀況，其中包括各類新式公立學堂設置的時間、沿革過程、數量和分佈狀況，將其歸入「建置」門

〔註85〕 佚名纂修：（光緒）《祁州鄉土志》第三章「歷代兵事」第二十四節「巡警防盜，」抄本。

〔註86〕 周秉彝修，周壽梓、李燿中纂：（光緒）《臨漳縣志》卷首「凡例，」清光緒三十年（1904）刻本。

〔註87〕 沈家本、榮銓修，徐宗亮、蔡啓盛纂：（光緒）《重修天津府志》卷二十四「輿地六‧公廨，」清光緒二十五年（1899）刻本。

類中。〔註88〕而《永年縣鄉土志》中記載清末該縣城鄉各類新式學堂設置的數量和坐落情況，則將其歸入「地理」門類中。〔註89〕《祁州鄉土志》反映該州在清末「新政」中創辦新式學堂的情況，清光緒三十一年（1905）祁州共「勸立學堂九十座，」並將此內容歸入「巡警防盜」一門之中。〔註90〕

晚清直隸各地將舉辦各類新式學堂的狀況，歸入到不同的門類，這些門類既有傳統的「輿地」、「建置」、「地理」，還有新增的「學校」、「巡警防盜」中，反映出在中國方志由古代向近代過渡時期，人們對方志編修體例的認識在不斷深化過程中。

（四）軍事

舊志中往往通過「武備」、「兵額」、「鎮戍」、「兵燹」、「記事」、「災異」等門目，記載兵亂戰事等軍事領域中的內容。近代中國時期，由於內憂外患，兵禍戰亂頻繁，近代志書中反映相關內容的記載逐漸豐富。舊有門目已經因為不合時宜而逐步更易新增，近代方志中往往通過設立「兵事」、「兵防」等門目予以記述和表達。第二次鴉片戰爭是中國近代史上重大的歷史事件，當時的戰場就是主要集中在直隸一帶，其中火燒圓明園更是的焦點事件之一，對此有關清代直隸方志中也有詳細的記載。如（光緒）《順天府志》曾經通過設立「兵事」的門類，對此進行詳細的記述和表達。屬於軍事範疇（其中有些涉及經濟範疇的內容）的，還有「海防」、「海運」、「海道」和「海口通商」等門類。如（同治）《畿輔通志》中增加「海防」一門，該志的編修者認為根據晚清時期國內外的形勢和特點，考慮到民族危機的加劇，國防形勢的嚴峻，中外商貿交流的密切，「海防本入經政，然因時立制，應設海防略，專門附通商事宜。」是志分別在卷九十二「略四十七」和 卷九十三「略四十八」增設「海防」門，並附「通商事宜」目。〔註91〕

天津作為清代直隸的政治和經濟中心，在第二次鴉片戰爭後被正式辟為商埠，對西方國家逐步開放通商，成為中國近代史上重大的歷史事件，有關

〔註88〕 謝昂麟修，陳智纂；王億年續修，劉書旂續纂：(宣統)《任縣志》卷二「建置志‧公署，」清宣統二年（1910）修，民國四年（1915）續修鉛印本。
〔註89〕 佚名纂修：《永年縣鄉土志》「地理，」抄本。
〔註90〕 佚名纂修：(光緒)《祁州鄉土志》第三章「歷代兵事」第二十四節「巡警防盜，」抄本。
〔註91〕 李鴻章等修，黃彭年等纂：(同治)《畿輔通志》卷首「凡例，」清同治十年（1871）修，光緒十年（1884）刻本。

直隸方志中對此進行了詳細的介紹。如（同治）《續天津縣志》編修者認為根據當時的社會形勢，「兵制舊隸海防，今仍之。至近年海口通商，乃我朝招攜懷遠之至計，廟謨宏遠，規劃周詳。」因此在卷六專設「海防兵制，附海運、海道、海口通商」門類，「謹將前後奉頒諭旨，並一切章程纂入。」這種體例設置較（乾隆）《天津縣志》所設「海防，附海道、海運」門目，又附設了「海口通商」的門類，其中將咸同年間大沽海口的防務，洋槍隊的成立和訓練，晚清天津海上漕運的情況。再加上天津在開埠過程中，清政府被迫與德國、葡萄牙、荷蘭、丹麥、西班牙、比利時、意大利、奧匈帝國等西方列強訂立所謂「通商」條約，西方列強勢力紛紛侵入天津的情況，按照時間的順序，從清咸豐十一年（1861）至同治八年（1869）一一詳載，並將所有內容一同歸入到卷六「海防兵制，附海運、海道、海口通商」的門類中。〔註92〕

　　晚清直隸方志中涉及軍事領域門類的調整和變化，充分反映出中國近代社會發展變化，時代進步的特色。　姑且不論晚清直隸方志中這種門類的設置、調整和歸納，是否科學、合理，其本身都是對直隸方志編纂過程中，對社會上新生事物的一種反映，都與社會現實密切相關的，因此凸顯了志書編修者與時俱進的創新理念，這些無疑是值得我們肯定的。

二、修志機構組成人員成分的變化和分工的進一步明確

　　地方士紳始終是清代直隸各地方志編纂工作的主要參與者。在晚清時事嬗遞與士紳轉型的雙重因素影響下，直隸方志從編纂理論、體例門類、編纂方式到方志內容，都發生了很大的變化。伴隨着清代直隸修志理念的不斷創新，清代直隸方志內容的日益豐富，對參與修志人員整體素質和水平的要求也逐步提高，這些因素都直接促使晚清直隸修志機構人員成分不斷更新，分工也更加明確。

（一）人員成分的變化和分工的進一步明確

　　隨着清末民初社會劇烈變動，一部分直隸士紳開始轉型，出現新舊兼學的新型士紳，其知識結構、視野及價值觀念都相應發生變化，新型士紳開始成為直隸方志編纂的主體。如在（宣統）《任縣志》纂修機構中，從事各項編纂事務人員成分已經發生改變。其中既有「附貢」、「歲貢」「增生」、「文

〔註92〕吳惠元修，蔣玉虹、俞樾纂：（同治）《續天津縣志》卷首「凡例，」清同治
　　　　九年（1870）續修刻本。

童」等接受傳統儒學教育的知識分子，還有許多接受新思想啓蒙的新型知識分子，如「警務畢業生」劉國英、魏錦堂、武桂林等，他們出任一些重要角色，承擔其中重要的任務。這種現象在以前舊志的編纂機構中，是未曾出現的。〔註93〕再如在《雄縣鄉土志》的編纂機構中，編輯者爲雄縣高等小學堂教員、學部主事劉崇本，採訪者爲高等小學堂董事、增生郭乃文，謄錄者爲高等小學堂司事、童生王俊清，以及韓樹榮、董紀雲、陳樹棣等十三人，採訪兼謄錄者爲高等小學堂肄業生張佩卿、楊漢文、胡連彙、楊述文等十六人，採訪兼繪圖者爲高等小學堂肄業生楊玉琳。〔註94〕（光緒）《邢臺縣志》編修機構中除了傳統身份的士紳外，另有一些新型士紳身份的人擔任重要角色，如從事參閱的即有擔任中學堂教習的路克讓、趙駿聲，擔任小學堂學董的尹瓚。〔註95〕

這些具有新型身份的士紳，逐漸加入到志書編修機構中，必然推動志書從編纂理論、體例門類、編纂方式，到方志內容都發生前所未有的變化。在晚清直隸方志編纂機構中，既有接受傳統儒學教育的知識分子，還有許多接受新思想啓蒙的新型知識分子。這種現象的出現，充分反映出伴隨着中國近代社會的發展，清末直隸方志編修者的身份和素質正處在一個由舊向新的轉型階段。

晚清直隸方志的纂修組織機構中，伴隨着人員成分的變化，職責分工較之以往更爲科學和細緻，並且出現了一些前所未有的角色。如在志書纂修機構中最基礎，同時也是最重要的就是資料的搜集工作，從事此類工作的人員在舊志纂修中，所扮演的角色往往僅限於「採訪」之類。而在部分晚清的直隸方志中，這一情況已經發生改變。如（宣統）《任縣志》纂修機構中從事資料搜集工作的人，除保留這一角色外，還另設「調查」的角色。〔註96〕就「採訪」和「調查」而言，兩者之間既有聯繫，又有一定的區別。這種配置在晚清直隸方志編修中屬於首創之舉，既體現出晚清直隸志書編修者對這項工作

〔註93〕 謝昺麟修，陳智纂；王億年續修，劉書旂續纂：（宣統）《任縣志》卷首「修纂姓氏，」清宣統二年（1910）修，民國四年（1915）續修鉛印本。

〔註94〕 劉崇本纂修：（光緒）《雄縣鄉土志》卷首「敘，」清光緒三十一年（1905）鉛印本。

〔註95〕 戚朝卿修，周祐纂：（光緒）《邢臺縣志》卷首「修纂姓氏，」清光緒三十一年（1905）刻本。

〔註96〕 謝昺麟修，陳智纂；王億年續修，劉書旂續纂：（宣統）《任縣志》卷首「修纂姓氏，」清宣統二年（1910）修，民國四年（1915）續修鉛印本。

的重視程度進一步加大，又充分反映出晚清直隸修志機構組織更加完善，分工更加講究科學，合作更加緊密，從而使編纂組織的整體水平進一步得到提升。

（二）志書編修方法的規範化——方位感的明確和比例尺的運用

晚清直隸方志由於得益於近代思想觀念與科技的傳播，編修的科學性得到進一步增強。體現在近代社會進步的思想觀念日益得到傳播，西方近代科學技術一些方法開始得到應用，人們的視野逐步開闊，因此在清代直隸志書的編修活動中開始注意運用新型的近代科技成果。例如使用近代測試儀器設備進行實地測量圖繪，獲取比較準確的數據資料。運用西方一些先進的記錄方式與方法，進行人文、地文方面的記載。運用外國一些比較先進的自然科學表示方式，使志書的記載更加符合社會和自然的實際。像「經緯度」、「比例尺」、「日晷度」等名目及有關內容的記載，已經開始出現在志書中，使人感受到近代科學的氣息。

在晚清直隸方志編修的方式和方法上，人們開始注意吸收、運用西方近代科技文明。清代中前期不少直隸方志中對於輿地圖的方位感和圖例，往往標識得都不明確，規範性也有很多欠缺之處。「志乘首載『分野』，意存警戒，不知地球廣輪躔度，所歷不僅華夏，即以舊志所探，昴宿、懸象豈得專屬斯境，傅會影響無關實際。」隨着晚清西方各國科學技術，以及有關地理知識的不斷傳入，晚清直隸方志編纂過程中，開始採用近代科學儀器，運用近代數理計量和其它有關科技手段，進行測量、計量、繪圖和記載，所以此間志書編纂水平的不斷提高，體現之一就是「今從刪汰，以昭簡覆。」〔註97〕志書中「星野」、「分野」之類的門目稱謂相對減少，而代之以「疆域」、「疆里」、「疆界」之類的門目，進行一些有實際意義的記述。

如（光緒）《順天府志》作為晚清直隸的名志之一，在編纂方法上既繼承了章學誠的方志理論，同時又嚴格遵守張之洞擬定的《修書略例》，在地圖測繪和統計表的編製方面，注意吸收和採用近代的科學成果。如「圖地理須用目驗、實測，聘通算者為之，不得憑成書及約略揣度。」「人物以朝代為次，不分州縣。」「藝文門每書撰一提要，注明存、佚、未見、未刊四等，以時代

〔註97〕戚朝卿修，周祐纂：（光緒）《邢臺縣志》卷首「凡例，」清光緒三十一年（1905）刻本。

爲次，不分經、史、子、集。」「金石門以時代爲次，注見存、拓本、存目三類，各綴考釋。」「各門前爲小序一則」等具體的要求，在編修時都能夠得到一一貫徹。〔註98〕（光緒）《順天府志》編修上的這些特點，充分反映出晚清直隸方志在受近代科學方法影響下所取得的一些成果，也使其成爲我國近代洋務運動時期水平很高的一部志書。

再比如輿圖在我國方志編纂的演變過程中，歷來佔有重要的一席之地。「舊志輿圖僅具大概里數，方向多有未確，今以開方圖之，詳爲考訂，以期精詳。」〔註99〕晚清時期志書的繪圖水平不斷提高，其重要標誌就是，一方面輿圖的方位感和距離感十分明確。如（光緒）《延慶州志》中「諸圖惟疆域最關緊要，開方計里，不似舊志之粗率，若關隘、山嶺限於尺幅，難以道里計，亦必方向清楚，形勢瞭如指掌。」〔註100〕《延慶州志》卷首「疆域圖」（如下圖所示）已經初步具備西方現代地圖的雛形，方位感和距離感愈加明確，上北、下南、左西、右東標識得十分清晰，圖例標識得也相對準確。另外採用現代地圖的繪製方法，比例尺開始運用在方志輿圖繪製中，因此精確度逐步提高。而（光緒）《延慶鄉土志》中輿圖的繪製則更加明確，其輿圖直接採用 1：200000 比例尺，「州全境總圖」上書有：「按工部尺二十萬分之一比例」字樣。〔註101〕

〔註98〕萬青藜、周家楣修，張之洞、繆荃孫纂：（光緒）《順天府志》卷一百三十「序錄，」清光緒二十一年（1895）刻本。

〔註99〕戚朝卿修，周祐纂：（光緒）《邢臺縣志》卷首「凡例，」清光緒三十一年（1905）刻本。

〔註100〕何道增等修，張惇德纂：（光緒）《延慶州志》卷首「凡例，」清光緒六年（1880）刻本。

〔註101〕佚名纂修：（光緒）《延慶鄉土志》卷首「州全境總圖，」清抄本。

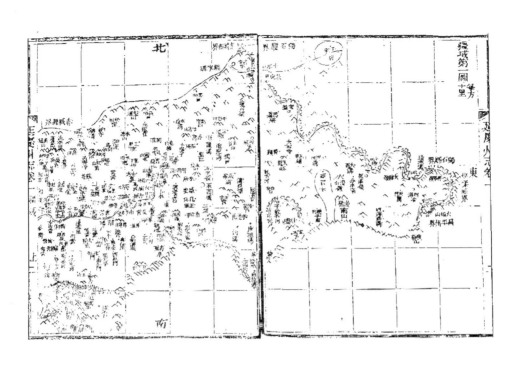

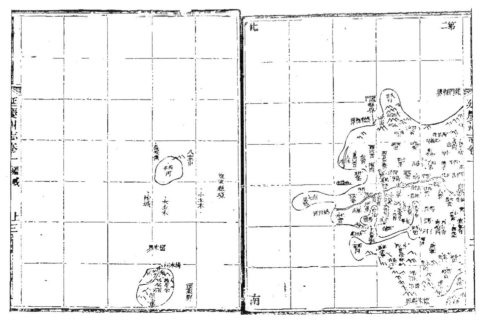

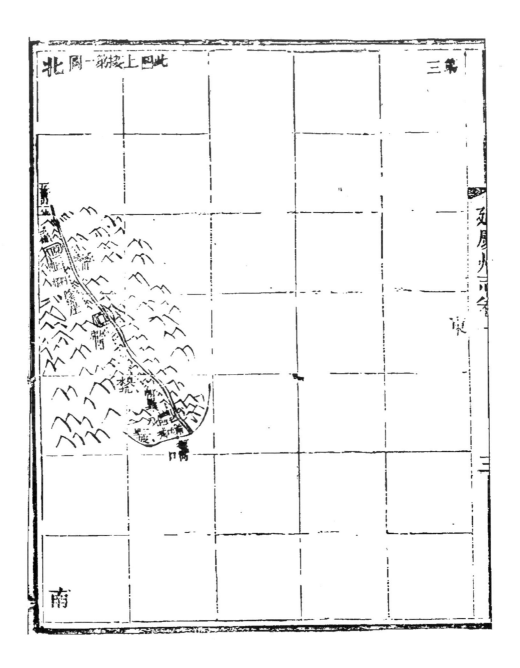

三、鄉土志的編纂

除省、府、州、縣、鎮志各級志書以外，晚清直隸各地還曾經出現大量各地學校作爲教材使用的鄉土志。由於「就近世之志乘觀之，徵文考獻既不足供國史之采擇，則志乘以外不得不另編鄉土志，廣於徵材，嚴於立例，非惟備國史之探也，且以供本邑教民之用。」〔註 102〕加之清末「自罷科舉，士不能以浮文進身，而科學尚矣。科學之目甚多，經、史、輿地、算術、圖畫、物理，此其要素也。推而廣之，五洲萬國各種圖籍，汗牛充棟，固非童稚所能驟學。設非有淺近課本爲之階梯，斷不能升堂入室，漸造高明之域。」〔註 103〕這兩方面的因素，爲當時鄉土志的編修提供了有利的土壤環境。於是在清光緒三十一年（1905），清政府學部特頒行編輯小學堂課本鄉土志的例目，對當時鄉土志的內容和體例統一進行規範。當時初等小學堂使用的教材，一般分爲歷史、地理、格致三科。鄉土志爲初級教材，故敘述內容多涉及本地風土經濟，文字多淺近通俗，體例設置往往也有別於一般的地方志。另外在形式上也有所區別，有的分章節講授，有的則徑用問答形式。

鄉土志是中國地方志的重要組成部分，它的出現是中國地方志發展過程中的一大進步。長期以來，傳統志書的編修只是強調「資政」與「教化」的社會功用，其中所謂的「教化」主要是側重訓導臣民的「忠君」思想，訓化「忠臣良民。」而在鄉土志的編輯上，強調的則是爲了使人從小產生愛鄉、愛國之情，萌發愛鄉、愛國思想，激發競爭自強精神，因此在客觀上起着一定的開啓民心，喚醒民族意識的作用。鄉土志的出現，對早期開啓童蒙的知識和思想起着積極的作用，對當時教育的發展產生積極的影響。同時，鄉土志還有重要的「存史」的價值。鄉土志的記述，往往可以深入到社會行政組織最基層的細微之地，通過它們，可以對中國社會的具體情況認識得更加深入與細緻，加之鄉土志中較多反映了各地自然地理、物產、經濟等方面的情況，在一定程度上改變了傳統志書中重人文、輕經濟等偏向，克服傳統志書的一些不足之處，有裨於某些領域的研究。

清代的鄉土志在光緒初年即有編撰，但大規模的編纂還是從清光緒三十一年（1905）清政府學部頒文後形成的，當時「發交各府、廳、州、縣，擇

〔註102〕劉師培撰：《劉師培全集》第 3 冊《左庵外集》卷 11「編輯鄉土志序例，」北京：中共中央黨校出版社，1997 年 6 月出版。
〔註103〕李翰如纂修：（宣統）《晉縣鄉土志》卷首「序，」民國四年（1915）石印本。

士紳博學能文者，按例考查，依目採錄，」要求「自奉文之日始，限一年成書，由各地方官徑將清冊郵寄京師編書局，一面錄副詳報本省督撫，以免轉折遲延。」〔註104〕據不完全統計直隸各地現存清末所編鄉土志共計二十八種，其中光緒朝二十種，宣統朝一種，年代不詳的七種。鄉土志的編纂不僅爲輸入西學，普及教育提供了通俗易懂的啓蒙讀物，也爲中國地方志增加了一個新的品種。 而且其中有些鄉土志的史料價值相對較高，如（光緒）《寧晉縣鄉土志》即是如此。是志記事至清光緒二十八年（1902），分爲十三門，其中「地理」門中分二十三個區，每區分別介紹古迹、祠廟、坊表等。記事按年代編排，較爲詳盡，其餘則寥寥數行。在清代寧晉縣志書自清康熙十八年（1679）編修後，直至清末便無再修，是志可以在一定程度上彌補其空白，因此具備較高的史料價值。

（一）體例特色

清末直隸編修的鄉土志很多，成書的速度也比較快。依照清朝《部頒鄉土志例目》的程序，一般要求體例整齊劃一，設置分爲三類十五門：一 歷史、政績錄、兵事錄和耆舊錄，二 人類、戶口、氏族、宗族和實業。三 地理、山、水、道路、物產、商務。加上當時初等小學堂使用的教材，也普遍分爲歷史、地理、格致三科，但由於其編纂者成分複雜，學識差異大，對鄉土志的看法不盡相同，從而導致鄉土志在體例形式上體現出多樣化的特點。主要有：

1.《例目》派

《例目》派是對應鄉土志例目而形成的鄉土志流派，稱爲鄉土志的主流。這類鄉土志主要依照頒發《例目》而編輯。《延慶鄉土志》記載該志「是編悉遵部頒《鄉土志例目》編輯，每章按《例目》制定次序，以清界限而醒眉宇。」〔註105〕而宣化縣知縣謝愷蒞任之初，「正擬搜輯新編，垂鏡後世，學務大臣鄉土志之檄適至，爰遴邑中文士，依《例目》採訪、分門。簿書偶暇，重加討論。略者補之，欲其信而有徵也；繁者削之，欲其簡而易明也；疑似者慎擇，而仍闕之，欲其就實避虛而不穿鑿也。」〔註106〕而《獲鹿縣鄉土志》則記載

〔註104〕張鳳臺修，李中桂纂修：《束鹿鄉土志》卷首「序，」民國二十六年（1937）《束鹿五志合刊》本。
〔註105〕佚名纂修：《延慶鄉土志》「例言，」清末稿本。
〔註106〕謝愷纂修：（光緒）《宣化縣鄉土志》「序，」清光緒三十三年（1907）抄本。

知縣嚴書勳「茲奉飭編輯鄉土志，即延邀鄉紳，屬以或考之古書，或採諸輿論。凡與本境所收關，此冊有聞而必錄。爰照奉發《例目》，按目考察，依例編輯，務求詞明事實，弗尚繁文，聯綴成篇，可供採菆蕘之一得。」〔註107〕

這些志書體例的特點十分鮮明，就是整齊劃一。如（光緒）《趙州鄉土志》正文分十五目：歷史、政績（包括興利、去害和聽訟）、兵事錄、耆舊（包括事業和學問）、人類、戶口、氏族、宗教、實業、地理、山、水、道路、物產（包括動物、植物、礦物、動物製造和植物製造）、商務。是志約二萬字，記事至清光緒二十七年（1901）。在內容上對清光緒二十三年（1897）孫傳栻修，王景美等纂（光緒）《直隸趙州志》的內容增刪節選，增清光緒二十三年（1897）以後人物及經濟、兵事資料，因此具有一定的史料價值。〔註108〕

清末全國出現鄉土志編輯的熱潮。由於編輯鄉土志迎合當時社會民眾愛國圖強的思想潮流，各界人士積極支持，加之清政府有明令，地方官吏奉行公務亦不敢怠慢，一時鄉土志大批湧現。光、宣間的鄉土志基本上也都是以《例目》為綱進行編輯的。

2. 教科書派

教科書派也是鄉土志中具有特色的類型。它是在鄉土志的體例結構設計基礎上，兼顧了《奏定初等小學堂章程》、《鄉土志例目》的有關規定，並參考西方教科書而出現的體例形式。從編纂形式看，又可以分為兩種類型：

（1）章節體

章節體是西方教科書的體例形式。清末直隸的鄉土志中有不少採用了這種新的體例，如（光緒）《祁州鄉土志》即是如此。是志專「為童蒙而設，僅掇其關於歷史、地理、格致之大者著之，餘概從省。」至於採用此種體例的原因，編修者認為「童蒙知識未開，措詞以淺顯為主，取其易曉而已，」「近今凡教科書，莫不分章斷節，仿東西洋歷史之例。茲編為學堂教科書草本，故亦改古史之體裁而從之。」〔註109〕

是志記事止於清光緒二十七年（1901），正文分十章七十一節，體例仿教科書式。其中第一章「本境源流」，記述祁州本地的歷史沿革，共七節；第二章「歷代名宦之政績」，記述清代及前朝在祁州本地任職的官員的事迹，共六

〔註107〕嚴書勳纂修：《獲鹿縣鄉土志》，抄本。
〔註108〕佚名纂修：（光緒）《趙州鄉土志》，清光緒末年修，抄本。
〔註109〕佚名纂修：（光緒）《祁州鄉土志》卷首「凡例，」抄本。

節；第三章「歷代兵事」，記述清代和前朝在祁州本地發生的戰事情況，共二十五節；第四章「歷代耆舊」，主要記述清代和前朝祁州籍官員的任職和政績，以及一些祁州籍文人的著述情況，共八節；第五章「戶口」，記述歷代至清代光緒年間祁州的人口變動情況，共三節；第六章「宗教」，記述祁州包括「回教」、「耶穌教」在內的宗教信仰狀況，共二節；第七章「實業」，記述祁州「士」、「農」、「工」、「商」的生產和生活情況，共四節；第八章「地理」，記述有關祁州地理方面的情況，共六節；第九章「河渠」，記述祁州的河流、治理及水利興修情況，共七節；第十章「物產」共三節，記述祁州的物產資源和加工製造行業的情況。

（2）課目體

這種志書的體例是章節體的變種，減少了結構的層次，志書的體例結構相對順暢。其中有部分以課為題，類似如今的小學教科書。如（宣統）《晉縣鄉土志》，是志記事止於宣統末年。撰者採用初等學校課本的形式，分歷史、地理、格致三大門，共編輯了一百六十課，約三萬九千餘字。對該縣的歷史沿革、政績耆舊、宗教信仰、地理交通、古迹祠廟，以及物產商務等進行簡明扼要的敘述。

《晉縣鄉土志》「歷史冊一」包括：第一章「歷史」凡十課，第二章「功績」凡十一課，第三章「耆舊」凡十九課，第四章「兵事」凡十一課，第五章「人種」凡二課，第六章「戶口」凡六課，第七章「民族」凡八課，第八章「宗教」凡四課，第九章「實業」凡九課。「地理冊二」包括：第一章「地理」凡六課，第二章「古迹」凡十課，第三章「祠廟」凡十課，第四章「雜事」凡七課，第五章「山水」凡三課，第六章「道路」凡四課。「格致冊三」包括：第一章「物產」凡十七課，第二章「製造」凡十三課，第三章「商務」凡十課。課本採用獨特的師生問答、師生遊覽等形式，對本縣幼童進行瞭解鄉土和熱愛鄉土的教育，這是鄉土志一種獨特的體例，具有一定的獨創性和可讀性。是志雖然作為教材而編纂，但對志乘之簡略失修，亦得賴以參考。〔註110〕

（3）章節和課目的融合體

此外清末直隸還有一些鄉土志的體例，既不屬於單一的章節體，又不屬於單一的課目體，而是融合兩種體例後，形成一種新的體例形式。其中既有

〔註110〕李翰如纂修：（宣統）《晉縣鄉土志》，民國十七年（1928）抄本。

部分內容以課為題，也有部分內容以章節為題。

如周登皞纂修的《寧河縣鄉土志》即是如此。是志記事止於清光緒三十三年（1907），凡三編，即歷史、地理、格致，共計三十三章，二百二十餘課。其中「歷史編」分為第一章「本境歷代沿革」共五課，第二章「政績」共十四課，第三章「兵事」共九課，第四章「耆舊」又分為第一節「事業」，共十九課；第二節「學問」共六課，第三節「名宦祠」共兩課，第四節「鄉賢」共十六課。第五章「人類」共一課，第六章「戶口」共二課，第七章「氏族」共十一課，第八章「宗教」共一課，第九章「實業」共四課。地理學編分為第一章「疆域」共三課，第二章「縣之若干區」共四課，第三章「古迹」共四課，第四章「津渡橋梁」共十二課，第五章「學堂」共一課，第六章「河泊」共十七課，第七章「道路」共九課。「格致學編」分第一章「毛屬」共十課，第二章「羽屬」共七課，第三章「鱗屬」共十二課，第四章「介屬」共五課，第五章「蟲屬」共五課。「動物製造學」共分一章三課。「植物學」分：第一章「木屬」共四課，第二章「果屬」共二課，第三章「穀屬」共六課，第四章「菜屬」共二課，第五章「蔬屬」共六課，第六章「花屬」共一課，第七章「草屬」共四課。「植物製造學」共分一章共四課，「礦物學」共分一章二課，「礦物製造學」共分一章二課，「商務學」共分一章七課。是志體例上既採用課目體，又注意結合章節體，如在「歷史編」第四章下分為四節，每一節又都含若干課，因此獨具特色。﹝註111﹞

是志雖然內容簡括，篇幅無多，但搜集保存的近代史史料卻比較豐富，補充了一些舊志不載或載而不詳的材料，增加了清光緒六年（1880）以後的新材料，其中尤以「歷史編」的內容更為充實，參考價值比較高。

（二）語句特色

針對小學教育的特殊性，清末直隸鄉土志編修者在語言的表述上推行多種創新。如秦兆階纂修的（光緒）《贊皇縣鄉土志》，就根據幼兒的生理和心理特點，因材施教，創編韻文。是志記事止於清光緒十五年（1889），全書分十五目，各類目之下，每課先用以四字韻文概述，再以文字重敘，就連敘編纂主旨的前言也用韻文。如「贊本小邑，僻處山陬；商務陸運，並不通舟。往來負販，車載騾駄；肩挑背荷，窮黎實多，」下以文字重敘，「贊邑不通水

﹝註111﹞周登皞纂修：《寧河縣鄉土志》「商務學」第一章「本經所產之物、所製之品」第七課「自他境運入本境之貨物，」清抄本。

－269－

路，商務概從陸運，或車載，或騾馱，且崎嶇山徑，多以肩挑背荷，亦可謂行路之難者矣」等等。〔註112〕讀之琅琅上口，易記難忘，容易接受。既能讓人對該地的歷史更深入的瞭解，其語句特色上還具有一定的文學欣賞價值。

（三）注重資料的真實性

在清末直隸各類鄉土志中，編纂方法上深受西學的影響，注重實證調查。其志書內容主要來自調查活動，因此更加準確可靠。鄉土志的實地調查，與清代直隸一般志書的調查採訪既有共性，又有區別。在採訪方式上，方志多自擬採訪條例，分派採訪人員進行採訪；鄉土志則係編者根據部頒《例目》，「依例目採訪。」〔註113〕清光緒三十一年（1905）夏六月，「直隸學務處檄各府州縣修鄉土志，並頒例目，徵博學能文之士，按目考察，依例採錄。」〔註114〕在採訪內容上，方志無所不採，而鄉土志則僅就方志所欠缺的方面進行調查，並注重資料的現實性，「是編皆就現時實際，按條填錄。」〔註115〕

清末直隸各類鄉土志整體上對社會現實的反映比較客觀，能夠辯證地看待地情、國情，不隱惡，不避諱，敢於揭短，以期改良、開化、文明。鄉土志對地方惡習、弊政的揭露，涉及面很廣，其中涉及最多的是生活習慣、迷信風俗，以及社會生產、思想觀念等。如（光緒）《昌黎縣鄉土志》中指出：該縣「織布編席，皆女人常業，墨守舊式，不知進取，」加上「近年洋貨暢銷，利權日減，苟不急圖變計，力求改良，恐此區區之營業，且有不足以謀自給者矣。」〔註116〕可謂目光銳利，正中社會時弊。

另外內容精當，篇幅簡短，也是清末直隸鄉土志的一大鮮明特色。它們少則數千字，多則數萬言，由淺入深，寓教於樂，且語言通俗易懂，具有濃厚的鄉土氣息。「措辭立意俱以淺顯，深文奧義，概置不錄，」〔註117〕即使如此，卻也絲毫不影響其本身獨特的史料價值。

清代雖然是中國編修方志的全盛期，不僅成書數量多，涉及地域廣，志書體例也日臻完善。但時至道、咸以後，列強入侵，吏治腐朽，社會衰敗，

〔註112〕秦兆階纂修：《贊皇縣鄉土志》「商務，」抄本。
〔註113〕謝愷纂修：《宣化縣鄉土志》謝愷「序，」清光緒三十三（1907）年抄本。
〔註114〕劉崇本纂修：《雄縣鄉土志》卷首「敘，」清光緒三十一年（1905）鉛印本。
〔註115〕童光照纂修：《昌黎縣鄉土志》卷首「凡例，」抄本。
〔註116〕童光照纂修：《昌黎縣鄉土志》「實業，」抄本。
〔註117〕陸寶善、陸是奎編：（光緒）《望都縣圖說》「例言，」清光緒三十一年（1905）刻本。

修志之事，遂爲之輟。當時全國的許多州、府、縣處於「舊志頗嫌簡陋，且距今百年未及修補，遠者無徵，近者復佚」的窘困狀況。〔註118〕保定府雄縣的情況即是如此，該縣修志創始於明代嘉靖年間教諭王齊，直到清康熙九年（1670）經知縣姚文變和邑人宋牧民等進行再修，僅編成（康熙）《雄乘》三卷。以後直至清光緒三十一年（1905），該縣也才有劉崇本所編（光緒）《雄縣鄉土志》十五卷刊行問世。雖然這類鄉土志的記述一般都顯得比較簡略，但對於考察清代當地社會各方面的狀況，卻具有十分重要的參考價值。

「鄉土志者，爲鄉土歷史、輿地、格致各種科學之濫觴，實即邑乘之別派，未有邑乘闕如，而鄉土志可臻詳覈者也。況人類、氏族、宗教、實業、商務各門，尤爲向者邑乘之所略，必欲一一盡求其詳實完美，此尤非咄嗟可以取辦者矣。」〔註119〕清末直隸鄉土志的適時問世，塡補了這一時期直隸各地修志活動的相對空白點，因而每每成爲各個部門官吏考察各地建置之沿革、山川之險夷，以及「史事如何，民風奚若」的首選文獻。

〔註118〕曾學傳纂修：（宣統）《溫江縣鄉土志》卷首「敘，」清宣統元年（1909）刻本。
〔註119〕劉崇本纂修：《雄縣鄉土志》卷首「敘，」清光緒三十一年（1905）鉛印本。

第七章 清代直隸方志興盛的
原因及影響

　　由於清代直隸各級政府的大力提倡和精心組織，很多文人學者的積極參與，加上各方面的經費保障，直隸方志的編纂較之前朝，整體上呈現出明顯的生機和活力，日益發展和成熟，並且在清代乃至中國方志發展史上占居着重要的一席之地。

第一節　清代直隸方志興盛的原因

　　清代直隸方志編修活動的興盛，得益於各方面的綜合推動。其中包括各級政府的大力支持，直隸一帶濃厚的經濟文化底蘊和氛圍，志書編纂組織系統的規範，以及經費保障等制度的逐步完善。

一、清代各級政府對修志活動的倡導和支持

　　由於清代直隸方志編修執行的是官修制度，因此清代直隸方志編修的興盛在很大程度上，得益於清代各級政府的積極倡導和支持。事實上清代全國範圍內方志編修的興盛，與清朝皇帝的指令性政策有一定關係。僅以一統志的撰修為例，一統志的纂修源於元朝，但是元、明兩代只各修一次，清代曾經三修一統志，表明清朝中央政府對修志的重視程度超過前代，從而帶動全國各地志書的編修活動。

　　清代直隸方志編修活動的興盛，與清朝皇帝的指令性政策有比較的密

切關係。「皇上允輔臣請修一統志，俾州縣各編輯以進，以備采擇。」〔註1〕皇帝詔修與省級督撫大員對方志的主動纂修，必然帶動清代直隸地區修志活動的熱絡。由於一統志的編修，必然要求各省提供大量的志書材料，因而一統志的編修直接帶動了省級志書的編修。而省志的編修，則需要下屬各府州縣提供豐富的志書材料，因而省志的纂修又直接帶動了府州縣各級志書的纂修。如清同治十一年（1872）直隸總督李鴻章續修《畿輔通志》，「諭合省丞倅牧令，各將所屬舊志一律興修。」〔註2〕各級地方政府機構的官員，也以開局修志而「沽名釣譽」，把修志作為自己仕途陞遷的途徑之一。「志一統者，必取材於郡國。志郡國者，必徵文於州縣。」〔註3〕圍繞清代康熙、雍正、同治三朝《畿輔通志》的多次纂修，直接帶動了直隸府州縣各級志書的多次編修。此間「省志實採於各府，府志實採於各州、各縣。縣之有志，鉅細兼賅，條分縷析。」〔註4〕由於清朝各級政府重視修志工作，所以各地「或以績學長官親總其事；或以本邑耆宿負重望，居林下，發心整理鄉邦文獻；或為長官者物色得人，隆其禮貌，專其委任，措手仰成，不予牽制，」因此「清代方志，多出鴻手。」〔註5〕考察中國歷代修志情況，也應該以清代為最著。

早在明代永樂十六年（1418），明朝政府就曾經頒佈《纂修志書凡例》二十一條，所以明志編修大多有凡例。清代方志編修情況更是如此，為了防止所屬各府、州、縣修志「參差不齊，未歸劃一」，清康熙二十九年（1690）河南巡撫閻興邦制訂《通飭修志牌照》二十三條，其中對各個類目的內容，詳略取捨，何須實地調查，何須探本索源，都作了比較明確的規定。這些「凡例」、「牌照」的制定和頒佈，在一定程度上可以保證志書的質量，所以總的來說清代志書比明代志書更進步一些。

〔註1〕任先覺修，楊萃纂：（康熙）《吳橋縣志》任先覺「序，」清康熙十九年（1680）刻本。

〔註2〕劉廎年纂修：（同治）《重修靈壽縣志》劉廎年「序，」清同治十三年（1874）刻本。

〔註3〕白爲璣修，馮樾纂：（康熙）《東光縣志》白爲璣「序，」清康熙三十二年（1693）刻本。

〔註4〕凌燮修，赫慎修、夏應麟纂：（光緒）《鉅鹿縣志》赫慎修「序，」清光緒十二年（1886）刻本。

〔註5〕傅振倫著：《中國方志學通論》第108頁，上海：商務印書館，民國二十四年（1935）十二月出版。

　　清代直隸部分州縣為配合省志的編修工作，提高志書的編修質量，都採取一些行之有效的措施。如大名府元城縣（今已併入大名縣）為配合《大清一統志》和《畿輔通志》編修活動的需要，曾經先後在清康熙年間、同治年間，兩次建立起相應的方志編修組織機構，明確其職能，並且為了進一步做好本地修志的資料搜集工作，除了安排人員進行採訪，還事先發佈採訪告示，就有關程序和事項進行具體的布置。如清康熙年間為配合《大清一統志》的編修，曾經發佈「徵修縣志示」，指出「凡茲地方城郭、署舍、建置、田賦、祥災、官師、政績、選舉、科第、忠臣、孝子、義夫、節婦、貞士、逸民、仙釋、流寓、祠宇、坊表、陵墓、藝文，有關名教，甚切吏治。除啟訪縉紳、學校外，合行曉諭村都里耆民、老人等知悉，即將所見所聞據實呈報，務在詳確，不得荒誕。限某月日赴縣投遞，以便查核。」此外修志中「一切棗梨之費，本縣預先捐俸採買，絲毫不派民間。」〔註6〕「告示」中明確所征集文獻資料的內容、來源等，並就修志的經費問題作了具體的說明。清同治年間為配合《畿輔通志》的纂修活動，元城縣就文獻資料的征集再次發佈「續修縣志示」，涉及的內容較以前更為明確和具體。首先在本地成立負責征集文獻資料的機構，「在於郡城設立總局，四鄉各立分局，」各機構的職責分別為「總局司其編訂，分局任其採訪，」所需經費「均出本縣捐廉，」人員「按月酌給薪水，」並且「延請博學能文之士在局專司其事，」至於「城關附郭為四鄉所不及者，則此採訪歸總局兼司之。」負責各機構間業務協調的工作，「則開州李學正之任也。」其次還就征集過程中的相關問題，提出具體要求，「仰闔邑紳耆士民人等一體知悉，其各盡乃心力，舉述遺聞，無論鄉僻荒陬，苟有見聞，舉以告局，總期集思廣益，有美必登，無微不顯。」並且公佈資料征集的有關程序，「爾紳民等務當博采周諮，隨時報明鄉局，各局紳將逐日所得若干條，按每月朔望轉報總局，一次由總局而本縣，由本縣而繕呈府憲，轉發提調，彙報省局。」另外作為本次資料征集活動的指導方針，還制訂相關的採訪條例，規定「所有奉頒採訪條款，一本係修志之準繩，業經照錄，分給各局，遵照辦理，並給各局縣志一部，府志則存諸總局。」〔註7〕可以看出清代元城

〔註6〕陳偉等纂修：（康熙）《元城縣志》卷首「徵修縣志示，」清康熙十五年（1676）刻本。

〔註7〕吳大鏞修，王仲蛙纂：（同治）《續元成縣志》卷首「續修縣志示，」清同治十一年（1872）刻本。

縣對於志書編纂過程中的文獻資料征集工作，歷來都是十分的重視。從清康熙年間到同治年間，對於文獻資料征集中的各個環節，都作了精心的組織和籌備，十分注重彼此之間的協調和配合，既大大提高了工作效率，又充分發揮了官修志書制度自身所具有的優勢。

「吏治之得失，資夫志乘之考鑒。歷久不修，益無所考。」〔註8〕志書編修成功與否，在某種程度上體現出本地的吏治是否清明，因此為強化地方志的「資治」功能，清代直隸許多地方還把志書能否及時纂修，提高到作為考察吏治的重要指標之一，給與充分的重視和關心。省志、府志、州縣志的多次續修，成為清代方志纂修興盛的一個重要表現，直接帶動了直隸地區修志活動的漸次推展。縱觀清代直隸地區的修志活動，總體可以分為四個階段，三個修撰熱潮，並且呈現不同的特點。

第一個階段是清順治至康熙朝，屬於清代直隸方志的第一個修撰熱潮。根據當時的國內形勢和社會環境，清統治者認為通過開展修志活動，既可以網羅一批漢族知識分子參加，以此減少漢人的反滿情緒，鞏固封建政權的社會基礎，又可以藉此掌握各地戶口、錢糧、山川形勢、兵防險要、風土民俗等情況，以維持和鞏固國家機器的運轉。為此清朝從順治年間開始即陸續着手修志活動，現存順治朝所修各類方志達197種，其中直隸一帶修志13種，居全國前列，位於河南、安徽、陝西、山西、山東之後。康熙朝共修省府州縣志現存達1354種，成為清代纂修志書最多的一朝，其中直隸地區（含京、津、冀）共150種，更是名列全國之首。

關於清初直隸各州縣修志的狀況，不少方志中都有相關的記載。如（康熙）《獻縣志》鄭大綱「後序」中，曾經記載河間府獻縣在康熙年間的修志活動。「邑侯劉公（此處指知縣劉徵廉），江右偉人也。……，顧瞻往乘，有克續前哲之思，因以縣務旁午未遑也。值朝廷簡命直省各郡邑志書纂修增補，各彙成編以備御覽。侯遂不禁怡然，曰：『吾志成矣！寧敢晷刻緩乎？』因謀及余之不敏，余亦為之欣欣然，喜得以附驥遠焉。隨相與聚紳衿，諮耆舊，詢黃髮，廣搜博訪，得邑中數十餘年事而增修之，上下考訂，信者載，疑者闕，有關政教者不厭詳，無益民生者多所略。且每具一稿，侯加意校核，潛心損益，即一字一句不敢涉偽。稿既脫，侯募梓鳩工，度費捐俸，以資剞劂，

〔註 8〕倪昌燮修，馮慶楊纂：（光緒）《吳橋縣志》倪昌燮「序，」清光緒元年（1875）刻本。

不數旬而工告竣。」〔註9〕文中記載的清康熙年間獻縣的修志情況，僅僅是當時直隸各地修志活動中的一個縮影。另外關於志書體例的問題，由於從清康熙十一年（1672）開始，清廷已經開始着手準備在全國範圍內纂修《大清一統志》，因此一統志所採用體例，也會對直隸各地方志產生比較大的影響。「康熙間，聖祖命儒臣開館纂修《明史》，特命督撫各修省志，其成式一以賈中丞秦、豫二志爲準。雍正間世宗因一統志歷久未成，復詔各省纂修通志，仍如前式。」〔註10〕當時直隸各州縣志普遍採用的體例，主要是參考大清一統志的成式，「餘並參考群書，略加損益」而成。〔註11〕

雍正至乾隆朝，屬於清代直隸方志的第二個修撰熱潮。在此期間清代國家社會經濟進一步得到恢復，並逐步走向繁榮，社會秩序日趨穩定，政治、經濟、文化、民族關係等許多方面，都取得了很大的成就。爲了突出表現這些成就，並爲以後的施政提供重要的參考，清朝統治者較之以往，更加注重地方志的編修。「今上（指雍正帝）御極之十年，車書渾一，海宇昇平，特煥綸音，取各省通志廣開記載，彙纂一統全書，以攬大卜之名勝於展玩間，寓山聖工采風問俗之遺意，厥典鉅矣。」〔註12〕清雍正七年（1729）春，清廷再次「詔天下重修通志，上之史館，以備大一統之采擇。畿輔爲首善之地，經劃區置，萬方皆取則焉。受命以後，督臣唐執玉、劉於義遞董其事，設局於保定府之蓮花池，延博學洽聞，明習典故之士，搜羅纂輯。」雍正十年（1732）李衛「復奉總督直隸之命，考詢斯志繕稿者已什有其七八，其敍山川、疆域、城郭、關津，以及貢賦、風俗、禮樂、刑政，英才之挺秀，物產之異宜，靡不臚悉具舉，其文典而核，其事切而當，洵可爲館閣取材之地。」〔註13〕

清乾隆八年（1743）一修《大清一統志》，和乾隆四十九年（1784）二修《大清一統志》相繼完成，並直接帶動全國各地方志的編修活動進入高

〔註 9〕劉徵廉修，鄭大綱纂：（康熙）《獻縣志》鄭大綱「後序，」清康熙十二年（1673）刻本。

〔註10〕徐時作修，胡淦等纂：（乾隆）《滄州志》卷首「凡例，」清乾隆八年（1743）刻本。

〔註11〕劉徵廉修，鄭大綱纂：（康熙）《獻縣志》卷首「凡例，」清康熙十二年（1673）刻本。

〔註12〕陸福宜修，多時珍纂：（雍正）《重修阜城縣志》多時珍「後序，」清光緒三十四年（1908）鉛印本。

〔註13〕唐執玉、李衛修，陳儀、田易纂：（雍正）《畿輔通志》李衛「序，」清雍正十三年（1735）刻本。

潮。至清代乾隆年間，全國已經是「下至府州縣，雖僻陋荒岨，靡不有志。」
〔註14〕據不完全統計，清雍正、乾隆兩朝纂修各類志書大略爲 1231 種，其
中直隸地區共 103 種，位列四川之後，與河南並列全國第二。同時隨着修
志活動的熱絡，修志內容日益豐富，志書數量不斷增加，體例也不斷完善，
名家和名志不斷湧現，中國古代方志學的理論開始確立，成爲這一階段直
隸修志活動的顯著特點，因此乾隆朝也成爲中國古代修志活動的鼎盛時期
之一。

　　嘉慶、道光至咸豐朝，屬於清代直隸修志活動的低潮期。從此時期開始，
由於清王朝的國力開始下降，階級矛盾日益尖銳，統治危機逐步加深，內憂
外患逐漸加劇，社會的動蕩不安直接波及文化事業的繁榮，導致志書編修銳
減，數量慢慢下降，到咸豐朝跌到谷底，咸豐朝也成爲清代直隸志書編修的
沉寂期。直隸一帶現存這一時期的各類志書也僅僅 36 種。即便如此，就當時
直隸志書的整體質量而言，仍然不乏一些亮點。如（嘉慶）《灤州志》記載當
時永平府灤州志書的編修情況，「灤志始刻於有明萬曆之歲，筆墨古峭，足爲
師法。惟用史氏編年體，星野、藝文，缺焉不備，官紳士庶，錯焉雜陳，不
無大醇小疵之病。而國朝康熙八年（1669）續修者僅於志後補苴其事，仍襲
前明窠臼。與我國家制度相越之處，未之更改，核諸志體似未盡善，且與時
政多未合焉。況自續志以來，又歷百四十年，刊版模糊，固不待言。而百四
十年天時、人事，顧可聽其湮沒不傳，寧非守土者之謬歟？」詳述自明代萬
曆朝至清代嘉慶朝二百多年間，灤州舊志的編修始末以及存在的各種缺陷，
強調當政者續修新志的重要性和緊迫性。於是創立志書的編修機構，搞好人
員的配備，成爲當務之急。「爰聘孝廉孫月槎夫子總其成，張君兆澧、馮君淦、
吳君岱分其職，外翰黃君步青、少府黃君珽董其役，石、吳、鄭、衛、白、
趙、宣、陳諸君子旁搜博采，細大不遺，共成是舉。」接着明確所修志書的
資料來源，制定科學的取捨標準，「恭惟我國家累洽重熙，化先畿輔，灤居五
百里內，每遇巡幸、覃恩、賞賚、蠲免，莫能悉數。又讀聖祖仁皇帝、高宗
純皇帝聖製詩文，宸翰輝煌，山川生色，敢不一一敬謹登錄，以昭我聖聖相
承曠典。至於天文，則考證於《天官》、《七政》之書，地理則引證於一統輿
圖之志，官師、營制則本《欽定大清會典》，丁糧、租稅則遵部頒《賦役全書》。

〔註14〕　張松孫、謝泰宸纂修：（乾隆）《蓬溪縣志》張松孫「序，」清乾隆五十一年
　　　　　（1786）刻本。

而歷任之賢吏、才吏，特加傳以表揚之。其紳士中之忠孝廉潔者，婦女中之節烈貞操者，亦無不加傳，以顯著其人。其他文人墨士一篇一詠，足備輶軒之採取者，莫不詳載焉。」〔註15〕文中具體介紹清嘉慶年間灤州修志的過程，其中涉及到編修機構的組織、人員的配備、資料來源及取捨標準等相關內容。應該說這類志書在當時直隸方志中，還是具有較高質量的。

同治、光緒至宣統朝爲第四個階段，也是清代直隸方志的第三個修撰熱潮。此間中國已經由封建社會逐步過渡到半封建半殖民地的社會，國力進一步下降，民族矛盾和階級矛盾更加尖銳，如何挽救民族危亡，救亡圖存成爲全社會上下共同努力的目標。同時清同治、光緒年間也被封建統治者標榜爲「中興」的時期，爲粉飾太平，清廷又大力督促地方修志。再加上中國逐步開始邁入近代化國家的行列，政治、經濟、文化、社會生活等各方面，都開始呈現出一些新的特點。這些因素體現在光緒朝後期方志編修活動之中，就是編修者的觀念開始轉變，身份也隨之發生變化，導致直隸方志的體例逐步創新，內容更加豐富多彩，數量大幅增加。據不完全統計，現存全國共修各類志書 1164 種，其中直隸地區共 132 種，位居全國之首。

清末直隸一帶的社會環境非常複雜，集中表現爲「民教訌，聯軍入，京津陷，經籍火於兵，案牘蕩然，部署一空，其典冊之散佚，事績之失傳，又不知凡幾。」於是借助編修志書，保留各類社會資源和信息，就成爲各州縣的當務之急，如定州直隸州所屬曲陽縣的情況就是如此。（光緒）《重修曲陽縣志》的主修周斯億即對那裡的修志情況瞭如指掌，說「予益歎修志之不容已也，而新政方殷，不遑他及。適同年海觀董君（該志主纂董濤）以名孝廉爲經世才，引見赴都，聞予之治曲也，繞道過訪，囑以所願，慨然見允，停車發篋，潑墨濡毫，取劉志而變通之，補闕汰濫，援經史以證傳聞，剔碑碣以搜掌故。一行之善，一技之長，苟或足資儆鏡，靡不收錄。又得同志諸紳博采周咨，繪圖彙集，閱十有五月脫稿，得卷二十，分子目廿有八。董君授予曰：『聊以應諾，待就正於來茲。』而趙紳等急倡捐以付梓。則是志也，董君纂之，諸紳眷合力成之。」〔註16〕曲陽縣在清末的修志活動，僅僅是當時直隸各地修志情況的一個眞實寫照。當時特殊的社會氛圍，較之以往已經發

〔註15〕吳士鴻修，孫學恒纂：（嘉慶）《灤州志》吳士鴻「序，」清嘉慶十五年（1810）刻本。

〔註16〕周斯億、溫亮珠修，董濤纂：（光緒）《重修曲陽縣志》周斯億「序，」清光緒三十年（1904）刻本。

生很大的改變，這種因素對於直隸各地方志的編纂活動，曾經產生過直接的推動作用。

二、直隸的經濟文化氛圍

自明代開始，北直隸地區的社會經濟逐步恢復和發展。清王朝更是興起於中國北方，進而統一全國的封建王朝，直隸一帶成為滿洲貴族統治的心臟地帶。從康熙朝開始，隨着政治中心地位的確立和不斷穩固，直隸一帶的經濟發展逐步恢復和發展，商品交流的規模日益擴大，到晚清伴隨經濟轉型速度的加快，商品貿易更加發達，文化事業日益繁榮。這些豐富的題材直接為直隸方志的編纂活動，提供了一個重要的平臺，打下了良好的基礎。

從地域上看，清代方志編修有一個顯著特點，就是北方許多省份，如直隸（包括河北、北京、天津）等省，方志的編修活動較之以往更為發達。僅從編纂數量來說，流傳至今在四百餘種，遠遠超過以往修志發達的江浙一帶，從而打破了自宋代以來，方志編修獨以江浙等省為盛的局面。這裡僅以《中國地方志聯合目錄》的統計為例，現存清代直隸各類方志共計三百八十九種（其中包括河北三百四十四種，北京二十九種，天津十六種），山東三百八十八種，而同期江蘇修志三百三十七種，浙江三百七十三種，安徽二百五十九種。之所以會出現這樣的現象，固有的政治因素雖然不可忽視，因為元明清三代皆建都於北京，地緣優勢明顯。更為重要的是伴隨着政治中心的北移，經濟發展的速度更加快捷，文化更加繁榮，這些都為志書的編修活動提供了更加堅實的平臺。

例如順德府鉅鹿縣在「明永樂間始析為縣，萬曆四十一年（1613）邑侯何公文極始創修縣志。國初兵燹之後，文獻凋零，斷簡殘編，舊志僅存。順治十八年（1661）邑侯王公鼎重修之，康熙二十年（1681）、五十一（1712）年邑侯陳公可宗，郎公鑑又兩次重修之。」回溯鉅鹿縣的修志源流，自明代萬曆朝至清康熙朝近一百年間，曾經開展三次修志活動。上次修志至今（清光緒十二年，1886），相距已經一百六十餘年，「其間川瀆之湮塞，城池之廢修，禮制之舉行，人才之培植，里社、戶口之繁盛，人情、風會之變遷，以至官師之政績，文武之科名，與夫名臣、碩儒、忠節、孝友、仁人義士、貞婦烈女之淹沒於下邑窮鄉間者，不知凡幾矣。」〔註17〕保定府蠡縣的修志情

〔註17〕 凌燮修，赫慎修、夏應麟纂：（光緒）《鉅鹿縣志》赫慎修「序，」清光緒十二年（1886）刻本。

況與順德府鉅鹿縣相似，（光緒）《蠡縣志》談到蠡縣的修志源流時，認為「蠡縣志莫詳所始，世所傳者以明兵備道錢君天錫所修之志為古本。國朝順治辛卯（八年，1651）知縣祖君建明續之，康熙庚申（十九年，1680）知縣耿君文岱又續之，迄今已幾二百年矣。其間建置之興廢，田賦之沿革，職官之去來，科目之履歷，忠臣孝子、名卿大夫、文宗詩伯、高人烈女之言行，其待採於史氏者，蓋不可勝數也。若竟無志以紀之，則舉此二百年人物事迹，竟聽其泯沒而不彰，豈非一邑闕事哉！」〔註18〕社會的快速發展，信息資源的不斷積累，題材的不斷豐富，續修新的志書已經成為全社會的共識和責任，「此守土者之責，亦此邦人士之羞也。」〔註19〕鉅鹿縣和蠡縣的修志情況，應該是清代直隸方志整體編修狀況的真實寫照。清代直隸經濟的快速發展，直接帶動本地文化事業的日益繁榮，為方志的編修提供大量的素材，豐富志書所記載的內容，從而為方志編修活動的興盛奠定堅實的基礎。同時方志編修的興盛，反過來也在一定程度上也進一步弘揚了鄉邦文化，對地方經濟的發展也有推動作用，兩者之間實際上屬於一種互動的關係。

　　民國著名方志學家傅振倫曾經說「大率國都所在，修志最多。宋之浙江，明初之江蘇，清之直隸是也。」〔註20〕這種看法確實有一定的道理。評判清代直隸某一地域的修志活動是否熱絡，或者一部方志編修水平的高下，必須立足於當時的政治、經濟、文化等現狀，從本地政治、經濟和文化的社會環境出發。應該說每一部清代直隸志書，都是某一時期直隸特定區域內政治、經濟、文化等方面的綜合反映。清代直隸一帶的文化事業日益繁榮，集中表現在北京作為國家的政治中心，天津作為中國北方新興的經濟中心，兩地都聚集了大量的文人才子，更加之這一帶文化積澱比較厚重，文風昌盛，出身功名、進階官宦的士人也很多。這些綜合性的因素直接促進清代直隸文化品位的提升，從而為方志的編修活動提供了肥沃的土壤。而清代直隸方志的不斷編修，也正是根植於這一深厚的基礎。

〔註18〕韓志超、何雲誥修，張瑢、王其衡等纂：（光緒）《蠡縣志》韓志超「序，」清光緒二年（1876）刻本。
〔註19〕凌燮修，赫愼修、夏應麟纂：（光緒）《鉅鹿縣志》赫愼修「序，」清光緒十二年（1886）刻本。
〔註20〕傅振倫著：《中國方志學通論》第 86 頁，上海：商務印書館，民國二十四年（1935）十二月出版。

三、編纂組織及經費保障等各項制度的逐步完善

相對系統化的組織，較充分的經費保障，集中體現出清代直隸方志官修制度自身的巨大優勢，也是清代直隸方志編修取得豐碩成果的重要保證。因為清代修志實行的是官修制度，修志活動多是由政府的倡導，修志者多奉文行事，不是個人行為，所以方志不同於一般的書籍，不同於個人的撰述，而是官修之書，是彙集多人勞動成果的結晶。因此一部志書的修成，往往要涉及方方面面，需要調動眾人的積極性，吸引眾人的廣泛參與。整個修志過程從經費籌措、搜集資料，到撰寫初稿，再到總纂，以及校對、梓刻、後勤保障的實現，每個環節都需要各方面人力的配合協調，缺一不可。

如（同治）《靜海縣志》中詳細記載清同治十一年（1872）天津府靜海縣的修志過程。由於當時正逢直隸續修《畿輔通志》期間，「飭所屬州縣採訪事實以聞，」因此「檄下靜海，邑賢侯為關中鄭柏崖先生（該志纂修者鄭士蕙）謂靜蕞爾邑，災祲屢告，閭里蕭條，不欲重勞民間，乃咨諏網羅，右握槧，左提鉛，躬操觚翰，以一人之身，而志局之採訪、分輯、總纂諸事備焉。或編撰已竟，再加考覈，務底精詳；或起草未終，公事倥傯，力難兼顧，則屬不佞。彌縫之積，數月之力，始得同條，共貫成一家言，錯而陳之，為目卅有奇，比而屬之，為卷凡八。」〔註 21〕記述該縣修志機構中的人員配置，以及編修過程中資料搜集、謀篇設目、詳加考訂、撰寫總纂各環節的運作情況。清代直隸方志編修中分工明確，各司其職，協同配合，從各環節上保證志書編修的順利進行，體現出編修者的智慧和力量。

清代的修志制度仍然以官修為主，意味着修志活動繼續由政府方面倡導和組織，因此無論是修志者的待遇，還是修志過程中所需要的經費，都要依靠中央和地方各級財政有力的保障和支持。在清代直隸各地，充足的財力支持是志書編纂活動得以順利開展的關鍵所在。清代直隸各地方志能夠一修再修，在很大程度上得益於官修制度的保障，以及各地政府的努力倡導和組織。

在整個清代直隸修志的過程中，官修制度決定經費來源的主渠道。通過由各級政府主持修志活動，所需的資金理應主要由各級政府提供。但畢竟由於清代直隸各地社會經濟發展水平參差不齊，某一時期或某些區域的志書編

〔註21〕 鄭士蕙纂修：（同治）《靜海縣志》卷八 郭光庭「重輯靜海縣志跋，」清同治十二年（1873）刻本。

纂活動，受制於地方經費不足的問題，只得設法尋求民間捐資的方式，作為解決問題的補充和輔助的手段。

清代直隸某些時期部分地區由於經費困難，而出現的民間捐資修志活動，曾經吸引了社會上下各階層的廣泛關注。大家參與的積極性高，捐資方式多樣，數量不等，但對於對當地志書編修活動的順利推展，的確發揮了不可或缺的作用。以官為主，官民結合成為清代直隸方志編修經費的重要來源。

清代直隸方志編修活動興盛的原因，得益於各方面的綜合推動。其中包括各級政府的首創是方志編修的前提，經濟和文化環境是方志編修不竭的源泉，眾手成志是方志編修的主要動力，充足的經費來源則是方志編修重要的物質保障。

第二節　清代直隸方志編修的影響

學術界歷來對清代直隸方志的纂修情況，仁者見仁，智者見智。到其優劣高下評論不一，褒貶互見，並沒有達成一個明確的共識。

一、民國以來學者對清代直隸方志纂修的評價

民國以來，學術界對清代直隸方志的評價毀譽參半，給與肯定和讚揚的有之，同時又不乏貶損和譏議者。

（一）梁啟超的評價

對於清代纂修的方志，著名學者梁啟超既有總的評價，又有分別論述。儘管他認為舊志十之八九，「皆由地方官奉行故事，開局眾修，位置冗員，鈔撮陳案，殊不足以語於著作之林」，但是它的史料價值仍然不可忽視。「以吾儕今日治史者之所需要言之，則此二三千種十餘萬卷之方志，其間可寶之資料乃無盡藏。良著固可寶，即極惡俗者亦未宜厭棄。何則？以我國幅員之廣，各地方之社會組織，禮俗習慣，生民利病，樊然淆雜，各不相侔者其夥。而疇昔史家所記述，專注重一姓興亡及所謂中央政府之囫圇畫一的施設，其不足以傳過去現在社會之眞相，明矣。又正以史文簡略之故，而吾儕所渴需之資料乃摧剝而無復遺，猶幸有蕪雜不整之方志，保存所謂『良史』者所吐棄之原料於糞穢中，供吾儕披沙揀金之憑藉，而各地方分化發展之迹及其比較，

明眼人遂可以從此中窺見消息，斯則方志之所以可貴也。」「方志雖大半成於俗吏之手，然其間經名儒精心結撰，或參訂商榷者亦甚多。」〔註22〕

可以看出梁啓超對於清代方志理論方面的論述，符合實事求是的原則，並具有廣泛的代表性和重要的學術價值。雖然其中並沒有直接談到清代直隸方志的內容，但其中還是體現出他對清代直隸方志深厚的研究功力。如他認為由清代陸隴其修，傅維杬纂（康熙）《靈壽縣志》，周震榮修，章學誠纂（乾隆）《永清縣志》，黃彭年等主纂的（同治）《畿輔通志》等，「皆出學者之手，斐然可列著作之林者，」屬於清代直隸方志中的上乘之作，代表着清代直隸方志很高的編修水平。〔註23〕

（二）壽鵬飛的評價

民國著名方志學家壽鵬飛認為編修「方志立言，當從平民立場，乃得痛陳疾苦，勿染官氣，……務在有裨地方風俗民生，」反映基層的社會現實。同時還要崇尚體要，就是記大事，不記瑣事；記有用，不記無用。只要「有關民生實用，疾苦利弊，雖小必志，」為民立言，為民修志，以安民治世，這是編修方志根本的出發點和要求。因此那些「清初（方志）作者，承明季人民水深火熱之後，仰體朝寧思治之心，往往有為民請命，痛陳疾苦之作。」其中直隸方志中就有此類的名志，「如紀克家《文安縣志》、姚某《雄縣志》，皆能道達民隱，抗言利病。而陸稼書《靈壽縣志》，尤以愛民為心，慈祥惻怛，開陳大計，安定民生，遂樹三百年之國本，良有以也。此皆得方志之真義，不愧開國之宏謨。」但是「逮乎乾嘉，海內康樂，忘厥創夷，其時作者，諱言時政得失，乃漸流於歌詠生平，堆砌詞章之習，庸猥膚陋，亂雜無章。……。志體之頹，於斯為甚。實齋既深厭之，乃特發明條例，以捄其敝。然其所見，僅在墨守家法，斤斤於一字一句之出入，而不為本義之闡明，不脫當時漢學門戶訓詁之習，所見蓋猶淺矣。」〔註24〕

壽鵬飛對清初社會經濟處於恢復時期，直隸方志編修過程中體現出的「以人為本」，緊密結合社會現實的觀念，給與充分的肯定。同時還對自乾嘉時期開始，隨着清朝社會經濟的日益繁榮，國力十分強盛，各種志書編纂中出現

〔註22〕 梁啓超著：《中國近三百年學術史》，上海：中華書局，民國二十五年（1936）出版。

〔註23〕 梁啓超著：《中國近三百年學術史》，上海：中華書局，民國二十五年（1936）出版。

〔註24〕 壽鵬飛著：《方志通義》，民國三十年（1941）據得天廬稿本鉛印。

的流於形式，追求文辭華麗，不注意結合社會現實的現象，甚至對章學誠方志學理論中存在的各種積弊，都發表了許多批評之見。他的這些看法有褒有貶，比較客觀。

二、科學認識清代直隸方志的歷史地位

清代繼承中國歷代修志的優良傳統，既是中國封建社會地方志編修的集大成者，又有自己的發展和創新。清代直隸方志作為清代方志編修的重要組成部分，由於其數量多，水平高而影響深遠，主要體現在志書的編修體例、編纂組織、經費保障等各項制度日臻完善。更重要的是，我國古代方志學理論的水平，在清代已經達到很高的層次。這些系統化的方志編修理論，在清代以前歷代方志的編修中，都是未曾出現過的。

清代直隸方志編修理論的集大成者，當屬著名方志學家章學誠關於方志學理論的系統論述，突出反映在他所主纂的（乾隆）《永清縣志》等方志和有關方志學論文中。他對於方志的源流、性質、體例、作用和編纂方法等問題，都曾經進行過深入的探討，從而建立起一套較為完整、系統、科學的方志學理論體系。「永清密邇神京，地編赤縣名，從唐立界，自宋分沿革紛拏，事名隱顯，舊志荒落，史傳抵牾。自順治戊戌之年（十五年，1658），迄乾隆己亥之歲（四十四年，1779），年逾百二，人隔高曾，見聞既少，搜羅名迹，半多附會，若不及時撰輯，何以傳信？來兹用當簿書之餘，適逢紳士之請，延儒啓局，考事徵文，體例釐分，綱條粗舉，自乾隆四十二年（1777）六月開館，迄乾隆四十四年（1779）四月成書，謹將編次二紀，三表，三圖，六書，政略一十，列傳共二十五篇為永清縣志稿，裝潢三冊，恭呈憲鑒。其紀傳詩文，取其有關縣事者，別為文徵五卷，自為一書，附志而行。」〔註25〕

清乾隆四十二年（1777）五月，章學誠應永清縣知縣周震榮之聘，主持編纂《永清縣志》。對於這段經歷，他在撰寫《周篔谷別傳》（周震榮字篔谷）時，曾經追述乾隆「丁酉（乾隆四十二年，1777）、戊戌（乾隆四十三年，1778）之間，館余撰《永清志》，以族志多所掛漏，官紳採訪，非略則擾。因具車從，橐筆載酒，請余周歷縣境，侵遊以盡委備。先是憲司檄徵金石文字上續通志館，永清牒報荒僻，無徵久矣。至是得唐、宋、遼、金刻畫一十餘通，咸著

〔註25〕周震榮修、章學誠纂：（乾隆）《永清縣志》「稟帖：順天府南路廳永清縣知縣周震榮請稟，」清乾隆四十四年（1779）刻本。

於錄。又以婦人無闖外事，而貞節孝烈，錄於方志，文多雷同，觀者無所興感，則訪其見存者，安車迎至館中，俾自述生平。其不願至者，或走訪其家，以禮相見，引端究緒。其間悲歡情樂，殆於人心如面之不同也。前後接見五十餘人，余皆詳爲之傳，其文隨人變易，不復爲方志公家之言。」〔註26〕這表明章學誠編修方志，既重視搜集現有的各種文獻資料，又重視實地調查，將兩者有機地結合起來，而不主張閉門造車，或單純抄錄古典文獻。

章學誠的方志學理論是對中國古代地方志編纂水平，發展到一定階段的精闢概括和總結，對直隸各地，乃至清代全國方志編修產生廣泛的影響。「蓋乾隆以前之方志，大牛沿明人康、韓之習，義例踏駁，未臻純美。迨會稽章實齋，陽湖孫、洪、方、董諸先生出，而後志例燦然明備，體裁彌復雅潔。」〔註27〕因此梁啓超說：「地方的專史就是方志的變相。最古的方志，要算《華陽國志》了。以後方志愈演愈多，省有省志，縣有縣志。近代大史家章實齋把方志看得極重，他的著作，研究正史的與研究方志的各得其半。方志，從前人不認爲史，自經章氏提倡後，地位才逐漸提高。」〔註28〕因此「『方志學』之成立，實自實齋始也。」〔註29〕中國方志學理論的形成和完善，來源於長期的修志實踐經驗的積累，而方志學理論的日益完善，反過來對修志實踐具有強大的指導推動作用。

清代直隸方志在中國方志學的發展史上，佔據着承上啓下的地位。一方面清代中期直隸方志的纂修水平，已經達到古代方志編修的最高水平，另一方面晚清直隸方志已經呈現出近代新方志的一些雛形，主要表現爲直隸方志編修的功能、體例以及內容等方面，對後世方志編修產生了深刻而廣泛的影響。同時還應該清醒地看到儘管清代直隸方志編纂取得過一定的成就，但是由於多種主客觀因素的影響，也難免存在着許多弊端，其中主要有以下幾個方面：

〔註26〕 章學誠：「周筦谷別傳」參見《章氏遺書》卷十八，民國十一年（1922）吳興劉氏嘉業堂刻本。

〔註27〕 張主敬等修，楊晨纂：（光緒）《重修定興縣志》鹿傳霖「序，」清光緒十六年（1890）刻本。

〔註28〕 梁啓超著：《中國歷史研究法補編》第 47 頁，上海：商務印書館，民國二十二年（1933）六月出版。

〔註29〕 梁啓超：《清代學者整理舊學之總成績‧方志學》，參見《中國近三百年學術史》，上海：中華書局，民國二十五年（1936）出版。

（一）官方組織和嚴密控制修志活動造成的負面影響。

雖然清代直隸方志纂修活動非常熱絡，數量最多，品種豐富，但是整體還是顯得缺乏亮點，精品數量不夠突出。

造成這種現象的原因是多方面的。我們知道清代直隸方志纂修制度，以官修為主，官修志書本身既有很大的優勢，同時弊端也是十分突出的。集中表現為就清代直隸方志的編纂過程而言，其中不少志書都是由地方官吏開局藉眾手而成，但在整體質量上卻顯得比較粗糙簡陋，更談不上發凡起例與史家法度。這些官吏多數屬應命而修，他們旨在完成任務，臨時召集一批地方士紳，草率從事，既無文筆，又無史法，更不知方志是何種著作，故而談不上發凡起例，因此在當時為數不少的官修志書中，都曾經出現「乃依舊志，」或者「凡舊志所載諸事，不敢妄減一字，惟補其闕，增其略，正其誤」之類的現象。〔註30〕一般都是依樣畫葫蘆，有的則將舊志重抄上報。「其一時遊宦之士，偶爾過從，啟局殺青，不逾歲月，討論商榷，不出州閭者，尤不可問矣。」從而導致編修過程中弊端百出，「官家為志，殊少公心。一書之成，官吏、紳士、文人必題以序跋，冀傳不朽。其足以玷書簡者，無論矣。」「敷衍功令，苟率完事，」志書質量不高，粗製濫造成為當時清代直隸官修志書中存在的突出現象。〔註31〕

清代著名方志學家章學誠曾經提出州縣設立「志科」的主張，雖然最終未被政府所採納，但清廷鼓勵地方各級政府廣修方志，而且可以利用地方經費，來提倡文教卻是不爭的事實。而各級地方長官以開局修志而「沽名釣譽」，亦是陞遷途徑之一。縱使自己並非士林中人，也必忝居主修之名，而網羅學識宏博之士為之纂修，故署名主（監）修，並不負實際責任。在清代有許多著名專家學者曾經參與各類方志的纂修，如顧炎武、章學誠、洪亮吉、毛奇齡、孫星衍、陸隴其、戴震、杭世駿等，其所修方志雖然為官方所延聘，卻有一定的價值。其他方志監修者，若未能延聘飽學之士，主理纂修工作，多是重量不重質，故有貶之者云：「清代官修方志，大都成於俗吏之手，內容一般比較粗略。」〔註32〕

〔註30〕　張朝琮修，鄔棠等纂：（康熙四十三年）《重修薊州志》卷首「凡例，」清康熙四十三年（1704）刻本。

〔註31〕　傅振倫著：《中國方志學通論》第 54 頁，上海：商務印書館，民國二十四年（1935）十二月出版。

〔註32〕　來新夏著：《方志學概論》第 82 頁，福州：福建人民出版社，1984 年出版。

（二）體例上要求整齊劃一帶來的弊端十分明顯，難以出現突破和創新

清代直隸官修志書，都有一套固定的程序和成式，因此難免造成各地所編修志書千篇一律，面目如一。導致修志人員，不是從本地實際情況出發擬定篇目，不在本地區應寫內容上下功夫，而是以應付爲出發點，在名目上作文章。對此流弊，章學誠曾經提出中肯的批評：「近行志乘，去取失倫，蕪陋不足觀採者，不特文無體要，即其標題，先已不得史法也。如採典故而作考，則天文、地理、禮儀、食貨數大端，本足以該一切細目。而今人每好分析，於是天文則分星野、占候兩志，於地理又分疆域、山川爲數篇，連篇累牘，動分幾十門類。」〔註33〕

對於清代方志的體例門目設計，章學誠還指出「今之州縣志書，多分題目，浩無統攝也。如星野、疆域、沿革、山川、物產，俱地理志中事也；戶口、賦役、征榷、市糴，俱食貨考中事也；災祥、歌謠、變異、水旱，俱五行志中事也；朝賀、壇廟、祀典、鄉飲、賓興，俱禮儀志中事也。凡百大小，均可類推。篇首冠以總名，下乃縷分件悉，彙列成編，非惟總萃易觀，亦且謹嚴得體。此等款目，直在一更置耳。而今志猥瑣繁碎，不啻市井泉貨注簿，米鹽淩雜，又何觀焉。」〔註34〕他的這些見解是很有道理的，如果篇目分列太多，又無統攝，閱讀起來，就會十分不便，所以這種體例本身的缺陷很突出。這類現象實際上在直隸方志的編纂中也是大量存在的，如清代中前期編修的直隸方志中，很多都是照搬《大清一統志》的體例，其門類設置和《大清一統志》大同小異，不能因地制宜設置門目，因此難以有新的突破，這些在一定程度上反映出不少志書編修者思維存在很大的局限性。

更加之不少修志人員專業素質低下，知識匱乏，業務水平不高，「志館之設，地方官吏每奉行故事，搪塞憲令，」因而匆忙開局編修，便「濫置多員。及著手編輯，則抄集陳案，擅改前志。計日成書，因陋十簡。規矩蕩然，體裁無準。摘比似類書，注記如簿冊。質言似胥吏，文語若尺牘。泛塡排偶之辭，間雜帖括之句。甚或沿家乘之陋，造作宮閥。本是押衙，而但書爲光祿

〔註33〕 章學誠：「修志十議」，參見《文史通義》卷八「外篇三，」清道光十二年（1832）刻本。

〔註34〕 章學誠：「與甄秀才論修志第二書」，參見《文史通義》卷八「外篇三，」清道光十二年（1832）刻本。

大夫；本是主簿，而但書杜國。事多杜撰，致斯訛謬。稽之於史，多無佐證。固未必皆鑿空虛造，第不明古人官制，易有此失耳。又有取材依據政書案牘，不考事實。文廟祭器，邑雖無其半，而志必錄其全」等等種種亂象迭出，志書編修的整體質量可見一斑。〔註35〕

（三）整體觀念上比較保守，書善不書惡的現象依然突出。

　　民國時期方志名家傅振倫曾經指出：「彰善癉惡，史家之法，故華袞與鐵鉞，二者並施：有循吏傳，則有酷吏傳；有忠義傳，則有叛逆傳。顧史備勸懲，善惡兼舉，而已往方志，則意在表揚，惟善是歟。是以舊志人物、風俗，有褒無貶，人物最甚。……。一般方志，幾莫不如此。」〔註36〕「至若預修之士，一人入局，必欲使祖父族黨，一一廁名卷中。」「徇私曲筆，不明史德，」是清代官修方志中的另一大弊端。〔註37〕應該說傅振倫所指出的這種現象，在清代直隸方志中是普遍存在的，其中雖然也有極少數例外，如「雖然（康熙）《棗強志》官師，善惡畢紀。（光緒）《曲陽縣志》亦美惡同登，固不乏史識卓越之人，然究不多見，」〔註38〕產生的影響也是十分有限的。

　　這種現象導致的後果，往往就是「近世纂修，往往賄賂公行，請託作傳，全無徵實。」〔註39〕清代著名學者方苞曾經批評直隸官修郡州縣志編修中，普遍存在的這個問題，認為「其識之明，未必能辨是非之正，而恩怨勢利請託，又雜出於其間，則虛構疑似之迹，增飾無徵之言，以欺人於冥昧者不少矣。」〔註40〕雖然清廷在各地推展修志活動中，曾經試圖扭轉這一傾向，如在清雍正六年（1728）曾經下令各府於「所屬紳衿之內，每府選擇一二人送至省會，設局纂修。但恐本省紳衿不無徇私情弊，必於外省聘一素有學行者

〔註35〕　傅振倫著：《中國方志學通論》第 53 頁，上海：商務印書館，民國二十四年（1935）十二月出版。

〔註36〕　傅振倫著：《中國方志學通論》第 6 頁，上海：商務印書館，民國二十四年（1935）十二月出版。

〔註37〕　傅振倫著：《中國方志學通論》第 54～55 頁，上海：商務印書館，民國二十四年（1935）十二月出版。

〔註38〕　傅振倫著：《中國方志學通論》第 6 頁，上海：商務印書館，民國二十四年（1935）十二月出版。

〔註39〕　章學誠：「答甄秀才論修志第一書」，《文史通義》卷八「外篇三，」清光緒二十五年（1899）三味堂刻本。

〔註40〕　方苞：「畿輔名宦志序，」參見《方望溪先生全集・文集》卷四，上海：商務印書館，民國二十四年（1935）出版萬有文庫本第 1 冊第 70 頁。

總理大綱，庶事無缺濫，而責有專司，」〔註41〕但是採取這種措施的整體效果並不明顯。再加上清代文網的嚴密，清廷實施軟硬兩手的文化專制政策，導致官府對地方志纂修活動的控制也大大加強，雖然能夠促使地方志纂修的體例完備而統一，注釋明確，但是在內容收錄上卻受其負面影響更大，志書的階級性、政治性更為明顯。這些問題和現象在不少清代直隸方志的編修過程中，也都是普遍存在的。

由此造成清代直隸方志的編修者們大都小心翼翼，如履薄冰，既對內容的審查甚為嚴謹，而又諱忌隱惡，在一些政治事件和人物傳記上，大多是書美不書惡。凡有損於本地聲譽的事情，或者是朝廷忌諱的事情，方志中一般均採取迴避不書的態度。如在（光緒）《豐潤縣志》編修者的筆下，鄭源璹儼然成為一個廉政愛民，政績卓著的清官。而在《清史稿》纂修者的筆下，鄭源璹則恰恰成為一個貪婪腐化，政績乏善可陳的一個貪官。同一個人物在兩種文獻的記載中，形象卻大相徑庭，這些突顯清代直隸許多方志編修過程中，存在着「記善不記惡」的弊端。

正確認識清代直隸方志的歷史地位具有重要的意義。清代直隸方志既是中國古代方志編修活動發展到鼎盛階段的產物，其成果為研究中國古代方志的編修，提供了很多有價值的佐證。又是中國近代方志編修活動開端的重要標誌之一，具有一定的象徵意義。晚清方志包括直隸方志在內編纂出現的變化，為中國方志學的進一步發展提供了鋪墊和橋梁。而民國時期方志編纂的發展和成就，正是在這一基礎上取得的。

〔註41〕 清世宗胤禛批，允祿、鄂爾泰等編：（雍正）《硃批諭旨》卷七十三之三，清雍正十年（1732）至乾隆三年（1738）武英殿刻，朱墨套印本。

結　語

　　直隸地區在明代曾經被稱爲「北直隸」，清代順治初年改稱「直隸」，在有清一代始終佔有特殊的地位，因爲清代不同於明代，它是一個興起於中國北方，進而由此統一全中國的封建王朝。直隸地區成爲其統治的中心地帶，因而具有重要的地位，這種地位體現在政治、經濟、文化、軍事等多方面。而地方志號稱「一方之全史」，所記載內容涵蓋本地的政治、經濟、文化、軍事和社會等多個領域，範圍廣泛，種類繁多，內容豐富，因此清代直隸方志對於本地區歷史的研究，具有十分重要參考價值。

　　直隸地區修志活動始於秦漢時期，歷史悠久，源遠流長，在中國方志編修發展史上屬於最早的地區之一。清代直隸方志的編纂組織水平，是考察清代直隸方志質量高低的重要指標之一。清代直隸修志實行的是官修制度，修志活動多由各級政府倡導，修志者多奉文行事。清代直隸地區的各級官吏歷來對於本地的修志工作十分重視，由他們主修，並親自組織由文人學者參與的各級修志機構，曾經發揮過重要的作用，從而使志書編修活動能夠完整而有序地展開，並在當時逐漸成爲一種模式和規範。方志作爲官修之書，彙集多人勞動成果的結晶。清代直隸志書編修機構中分工明確，一般都由纂修人（包括主修、協修）、採訪人、總理人、繕寫人、讎校人、校刻人等負責各個工作環節的人員組成。這些人員各有專長，既有分工，又有相互協作。從所承擔的角色看，從主修、主纂、同修、同纂，到採訪、繕寫、校對等。儘管名稱不一，但從搜集資料、編輯整理、繕寫謄錄、校對，至經費籌集、後勤管理各項工作程序上，卻是能夠各司其職，形成了一個嚴密有序的整體運作體制。清代直隸方志編修具有系統完備的工作流程，從體例制定、材料搜集、

整理、編輯，到編纂完成、志稿審定、刻印出版，涉及到諸多方面的事務，需要大量擔負不同職責人員的廣泛參與。相對系統化的組織，集中體現出清代直隸方志官修制度自身的巨大優勢，也是清代直隸方志編修取得豐碩成果的重要保證。

充裕的經費保障，是清代直隸修志活動得以順利推展的重要保證。清代的修志制度以官修爲主，意味着修志活動繼續由政府方面倡導和組織，因此無論是修志者的待遇，還是修志過程中所需要的經費，都要依靠中央和地方各級政府財政有力的保障和支持。清代直隸各地方志能夠一修再修，在很大程度上得益於官修制度的保障，以及各地政府的努力倡導和組織。

在整個清代直隸修志的過程中，官修制度決定經費來源的主渠道。通過由各級政府主持修志活動，所需的資金理應主要由各級政府提供。但畢竟由於清代直隸各地社會經濟發展水平參差不齊，某一時期或某些區域的志書編纂活動，受制於地方經費不足的問題，只得設法尋求民間捐資的方式，作爲解決問題的補充和輔助的手段。清代直隸某些時期部分地區由於經費困難，而出現的民間捐資修志活動，曾經吸引了社會上下各階層的廣泛關注。大家參與的積極性高，捐資方式多樣，儘管數量不等，但對於當地志書編修活動的順利推展，的確發揮了不可或缺的作用。以官爲主，官民結合成爲清代直隸方志編修經費的重要來源。

清代直隸秉承中國歷代的修志傳統，依託於本地經濟的持續恢復和發展，文化事業的日益繁榮，加上中央政府對於各地修志活動的不斷推動，方志編修活動逐步推展。在此基礎上，隨着方志編纂理念的逐步確立，編纂方法和體例結構也日益規範化，志書整體的編纂水平不斷提高。清代直隸方志在遵循《大清一統志》體例的前提下，注意結合其它地方志書編修體例的特點，並因地制宜，制定適合本地志書的體例原則和門目類別，成爲清代直隸許多府州縣志書體例設置的一個鮮明特色。同時清代直隸繼承宋、元、明方志的體例，並有所發展，採用平目體、綱目體、紀傳體、三書體、三寶體、編年體等多種方志體例結構。其中以採用平目體、綱目體、紀傳體者居多，只是在具體設置篇目時，互見異同。清代直隸在方志纂修過程中要求盡量徵引原始文獻，考訂異同，言之有據。既要注重實地調研，廣泛佔有可靠的一手資料，言之有據，又要秉持公正直筆的原則，科學劃分綱目門類體例，具備實質性的內容。同時力求語言簡明、扼要、流暢、嚴謹，行文格式規範。

這些都能體現出清代直隸方志編修文風中，具有豐富的科學內涵和嚴謹的風格。

　　清代直隸修志活動頻繁，體現在不僅成書之眾，數倍於以往歷代，而且種類眾多，較前代也更為豐富。清代直隸方志大都以一定行政區域為編纂範圍，既有一個省的「通志」，又有府志、州志、廳志、縣志、都邑志、鄉土志、里鎮志、村志、屯志、衛志、關志。此外還有按記述內容劃分的志書，如都邑、山川、寺廟、名勝等專志。而居主流地位的，仍舊是官修的府、廳、州、縣志、都邑志、鄉土志等。

　　清代直隸方志中除闡述方志學的基本理論外，更加之清代直隸一帶山川縱橫，名勝眾多，礦藏資源豐富，動植物種類很多，為人們日常生產和生活提供了便利的條件。同時由於那裡自然環境複雜，各種自然災害頻仍，又給人民的生命和財產安全造成很大的威脅，防災減災的任務繁重。這些內容在清代直隸方志中，反映得十分具體和明確。

　　清代直隸方志作為「一方之百科全書，」所記載的內容是非常豐富的，涵蓋的領域也是十分寬泛的。清代直隸方志中有關各地經濟史資料方面的記載，是清代直隸方志內容重要的組成部分，也成為清代直隸方志編修的特色之一。清代直隸方志中的各地經濟史資料，不僅種類豐富，而且數量很大，在一定程度上反映出清代直隸方志編修者注重經濟，關注民生的思路。清代直隸方志中除了記述大量社會經濟史方面的資料，還包括政治、軍事、文化教育、宗教、社會風俗、醫療衛生等方面的內容，這些記載同樣具有很重要的學術研究價值。志書中對於直隸各地的歷史沿革、自然地理、政治、經濟、社會風俗、文化、宗教、醫療、人物等各方面的內容，都能夠按照旨趣相同的特點分類記載。同時由於各地社會經濟發展不平衡，記述對象各異，地情特點不一，人文環境各有差異，其結果必然是呈現異彩紛呈，絢麗多姿的局面，使清代直隸的地域特點得到充分的展示。

　　清代直隸首次編纂的志書，無論體例結構、門類設置，還是內容編次，都草創了後世修志的規範，其後的續志是在前志基礎上的進一步發展和完善。自清代開始，直隸方志的編修逐漸制度化，並呈現出連續性的特徵。關於清代直隸方志續修的意義、體例和方法，以及新志與舊志的關係等問題的研究，也隨之逐步展開。如何處理繼承與創新的關係，成為方志續修過程中面臨的一個關鍵問題。對此進行相關的研究和考察，可以為當今的修志提供

參考和借鑒。同時在清代直隸方志的編修過程中，續修的新志和舊志都是相對而言的。正是因為有舊志和前志作為基礎，才具備方志續修或增修的前提和條件。續志以前志的體例、內容為規範，較之前志，往往有所因革，正訛誤，取善補遺，刪除舊的內容，增加新的內容。在某種意義上來說，後志是對前志的繼承、創新和完善。

　　清代直隸方志編修過程中徵引資料豐富，記述內容廣泛，以其反映的地域特色，而具有獨特的史料價值。整體而言，清代直隸地區方志的史料價值，相對集中在經濟史、地方史和社會史三個方面上。而這些體現在為正史拾遺補缺的獨特作用上。當今研究清史可供使用的文獻資源，既包括如《清實錄》、《大清會典》、「清朝三通」、《籌辦夷務始末》等來自官方的正史文獻，也包括如報紙、清人筆記類等許多非正史的文獻資料。直隸方志與這些文獻相比，本身所具備的可補其它史籍之缺、漏、簡、淺、疏、忽的功能，應該是值得充分重視和利用的。對於清代一些重要社會問題的記述，直隸方志顯得更加完整和具體，可以詳其所略，補其所缺，在史料價值上都具有自己的獨到之處。

　　清代直隸方志因其地方特色性、資料原始性、綜合傳承性等特徵，而體現出獨特的史料價值，成為清史研究中最基本的資料來源、考訂依據和立論基礎。清代直隸方志具有補正史之不足，續前人之漏列，補其所無，增其所有，詳今略古的優勢，從而獨具特色，這是其它任何正史文獻不能比擬的。清代直隸方志和其它各地方志一樣，史料取材都是古今並載，而尤重於近代，符合「詳今略古」、「古為今用」、「史志結合」的方針。這是因為方志素材來自當地、當時的現實生活，並記錄保存了歷史的真實性，所以它的舛誤之處，遠比正史文獻為少。清代直隸方志中記述的內容都是在一定時期內，經過多種變化，各方面都相對穩定的地情，而且在編纂過程中對史實進行了反覆的核對、篩選，因此真實性、準確性也都是比較突出的。

　　自從清道光二十年（1840）鴉片戰爭開始，中國開始從封建社會逐步向半殖民地半封建社會過渡，政治、經濟、文化、社會生活諸方面都持續受到西方列強的滲透和衝擊。殘酷的社會現實，促使很多有識人士對於救亡圖存的方式，開始進行深度思考。於是注重經濟，發展實業，作為一條救國救民重要的途徑，逐步成為社會各界人士廣泛的共識，因此這一思想在不少直隸方志的編修過程中得以充分體現。

　　闡述清代直隸方志編修中的創新和發展，主要從修志觀念、志書體例和內容等方面得以充分體現。清代是中國方志編修及方志學發展過程中的一個重要階段，特別是晚清時期伴隨着中國社會的逐步轉型，西方進化論觀念不斷深入人心。同時關注經濟，發展實業。這種現實的社會環境，促使許多直隸方志編修者更加注重發揮其本身具備的教化功能，注重結合社會現實，在「詳今略古」修志傳統的基礎上，修志理念開始向「變法維新」、「振興實業」的思想方向轉變，目的就在於喚起全社會的憂患意識，改革積弊，救國救民，救亡圖存。這些觀點已經突破和超越了以往舊志編纂中僅僅側重於資政輔治、訓化臣民，和供史籍取材等要旨的桎梏，不僅是方志基本功能的一次昇華，而且是中國方志學發展過程中由古代向近代轉型的一個重要標誌。

　　晚清直隸部分方志的創新理念，就是編修者在編修志書的過程中，本着繼續維護清王朝統治地位的思想基礎上，順應社會發展的趨勢，更加注重適應社會發展現實的需要，更加注重有關經濟與國計民生方面內容的記載，更加注重新興門目的編製。具體表現為：政治上代表封建洋務派的利益，謳歌洋務運動，為洋務派人物樹碑立傳。經濟上主張采用西方近代科學技術，發展近代工商業。軍事上一方面主張借助帝國主義的力量鎮壓人民革命運動，另一方面又主張海口設防，注意鞏固邊疆，抵禦外來侵略，文化上則注意吸收西方的科學文化成果，即所謂「新學，」但又不忘保存中國傳統的封建文化，即所謂「舊學，」修志的中心思想就是「中體西用。」這些內容在一部分直隸方志中體現得十分明確。

　　隨着晚清直隸地區修志理念的創新，近代社會科技不斷進步，社會生活內涵日益豐富，社會活動領域逐步拓寬，人們的視野更加開闊。這些必然導致直隸地區新編纂的各類志書中，反映自然與社會現實情況的內容大量增加，所徵引的各類文獻資料更加豐富。加之近代時期的中國社會發生了革故鼎新的巨大變化，飽受內憂外患交織，時局動蕩不安的磨難，經歷了思想觀念鬆懈，社會百象新出的發展，伴隨着自然科學的發展和對其認識的深化，中國近代社會中發生諸多的大事和要事，產生了很多的新鮮東西，這些事物反映出中國社會變動的軌跡，折射出中國近代社會的時代特點。晚清直隸方志對這些大事、要事和新鮮事物的搜集記載，使得其保存的資料具有明顯的時代烙印。

　　晚清直隸方志中記述的內容明顯增多，涵蓋的領域不斷擴大。由於近代

社會的發展進步，社會上的各種事物日益增多，社會生活日益豐富，人們的活動區域日漸拓寬，視野更加開闊，必然使得志書中所反映的自然與社會的內容增多，所保存各方面的資料更加豐富起來。近代地方志在記述的內容上，一般都大大增加了社會人文、社會經濟、自然地理、自然環境和自然科學等方面的記述。隨着近代社會的發展，時代的演進，方志在記述內容發生變更的同時，志書所含的資料越來越厚重。內容的增加，使原有的門類難以包容，促進志書體例門類發生相應的變化，一方面，傳統的舊門目在消失，在變更改易；另一方面，新的門目在孕育，不斷產生和增加。因此從方志門目的變動中，可以反映出清代直隸方志中蘊涵着極其豐富的內容和廣泛的領域，直接帶來志書體例上的創新和發展。

晚清時期除了志書體例上的創新和發展，晚清直隸各地還曾經出現大量各地學校作爲教材使用的鄉土志。鄉土志是中國地方志的重要組成部分，它的出現是中國地方志發展過程中的一大進步。長期以來，傳統志書的編修只是強調「資政」與「教化」的社會功用，其中所謂的「教化」，主要是側重訓導臣民的「忠君」思想，訓化「忠臣良民。」而在鄉土志的編修上，強調的則是爲了使人從小產生愛鄉、愛國之情，萌發愛鄉、愛國思想，激發競爭自強精神，因此在客觀上起着一定的開啓民心，喚醒民族意識的作用。鄉土志的出現，還對早期開啓童蒙的知識和思想起着積極的作用，對當時教育的發展產生積極的影響。鄉土志除具有「教化」功能外，還具有重要的「存史」的價值。鄉土志的記述，往往可以深入到社會行政組織最基層的細微之地，通過它們，可以對中國社會的具體情況認識得更加深入與細緻，加之鄉土志中較多反映了各地自然地理、物產、經濟等方面的情況，在一定程度上改變了傳統志書中重人文、輕經濟等偏向，克服傳統志書的一些不足之處，有裨於某些學術領域的研究。

地方士紳始終是清代直隸各地方志編纂工作的主要參與者。在晚清時事嬗遞與士紳轉型的雙重因素影響下，直隸方志從編纂理論、體例門類、編纂方式到方志內容，都發生了很大的變化。伴隨着清代直隸修志理念的不斷創新，清代直隸方志內容的日益豐富，對參與修志人員的整體素質和水平要求也逐步提高，這些因素都直接促使晚清直隸修志機構人員成分不斷更新，分工也更加明確。

清代直隸方志興盛有多種原因，並且對後世方志編修產生深遠的影響。

正確認識清代直隸方志的歷史地位具有重要的意義。清代直隸方志既是中國古代方志編修活動發展到鼎盛階段的產物，其成果爲研究中國古代方志的編修，提供了很多有價值的佐證。又是中國近代方志編修活動開端的重要標誌之一，具有一定的象徵意義。晚清方志包括直隸方志在內編纂出現的變化，爲中國方志學的進一步發展提供了鋪墊和橋梁。而民國時期直隸方志編纂的發展和成就，正是在這一基礎上取得的。

目前學術界有關清代直隸方志整理的著述較多，每種著述收錄的清代直隸方志的數量多寡、內容詳略程度各不相同。其中以中國科學院北京天文臺主編，中華書局 1985 年 1 月出版的《中國地方志聯合目錄》，河北大學地方志研究室編著，河北人民出版社 1989 年 5 月出版的《河北歷代地方志總目》，以及由金恩輝、胡述兆主編，臺北漢美圖書有限公司 1995 年 12 月出版的《中國地方志總目提要》爲主要知見書目代表，具有一定的權威性。據《河北歷代地方志總目》統計，清代直隸地區現存志書達 477 種，另外還有佚書 48 種。《中國地方志聯合目錄》統計直隸地區現存的各類清代方志爲 430 種。《中國地方志總目提要》統計直隸地區現存的各類清代方志爲 440 種。這些重要的方志書目文獻中關於清代直隸方志數量、卷數、編修者、刊刻時間以及版本情況的記述，都存在許多缺漏和錯誤之處。筆者在繼承學術界既有成果的基礎上，經過多年認眞的梳理，並參考其它有關文獻的記載，對現存的清代直隸方志種類、纂修者、卷數、版本、存佚情況，做一次比較全面的整理和考證。經過本人的考辨，並結合有關文獻的記載，大體確定現存清代直隸各類地方志文獻應爲 519 種，另外還有佚書 75 種，數量均高於學術界以往有關文獻中的記載。

附　錄

　　根據由河北大學地方志研究室編著的《河北歷代地方志總目》的統計，清代直隸地區（含京、津、冀）所修現存志書達 477 種，另外還有佚書 48 種。而據《中國地方志聯合目錄》統計直隸地區現存的各類清代方志爲 430 種，《中國地方志總目提要》統計直隸地區現存的各類清代方志爲 440 種。本人經過認眞的梳理，詳細的考證，發現這三種重要的知見書目文獻在卷數、編修者、刊刻時間、版木情況等方面，都不同程度存在許多缺漏和錯誤之處。在垷有條件下，經過逐一梳理、考辨和更正，大體確定現存清代直隸各類地方志文獻應爲 519 種，另外還有現存佚書 75 種。

　　本人根據河北大學地方志研究室編著的《河北歷代地方志總目》，以及《中國地方志聯合目錄》和《中國地方志總目提要》等文獻的有關記載，並參考其它有關文獻的記載，按照當時的行政區域進行梳理，從包括志書卷數、編修者、編修刊刻時間、版本及存佚情況等方面，瞭解清代直隸各地修志情況，特編製《清代直隸府州縣地方志編修情況統計表》、《現存清代直隸專業志表》、《現存清代直隸志略表》和《清代直隸方志佚書表》。表中對有關問題作了詳細的考證，並對有些記載和內容予以充實，發揮了糾謬補缺的作用。

　　另外從類別的劃分上，總表一以地域範圍劃分，總表二突出清代直隸志書「專」的性質和特點，兩者相互彰顯，反映了清代直隸方志的特色。總表三體現清代直隸方志種類之豐富，總表四介紹清代直隸方志編修的沿革過程。由於歷史上行政區域變化很大，在《清代直隸府州縣地方志編修情況統計表》中部分州縣除了沿用清代的地名外，還特意標注現今的地名。這些不僅彌補了有關資料的缺失，而且爲當今學術研究者的利用提供了極大的便

利。當然由於資料和個人眼界所限，這些表中統計的疏漏之處肯定在所難免，權供方志和清史研究者參考。

總表一　清代直隸府州縣地方志編修情況統計表

區　域	書　名	卷　數	纂修者	版　本	存佚情況	資料來源
直隸省	(康熙)《畿輔通志》	四十六卷	于成龍修，郭棻纂	清康熙十年(1671)、二十二年(1683)刻本、抄本	存	中國地方志聯合目錄(簡稱聯合目錄)、中國地方志總目提要(簡稱總目提要)、河北歷代地方志總目(簡稱河北總目)
	(雍正)《畿輔通志》	一百二十卷	唐執玉、李衛修，陳儀、田易等纂	清雍正十三年(1735)刻本、清乾隆間《四庫全書》本	存	同上
	(同治)《畿輔通志》	三百卷首一卷	李鴻章等修，黃彭年等纂	清同治十年(1871)修　光緒十年(1884)刻本、宣統二年(1510)石印本、民國二十三年(1934)上海商務印書館館影印本	存	同上
	《直隸風土記》	不分卷	佚名輯	清末少本	存	國家圖書館編：《鄉土志抄稿本選編》，線裝書局 2002 年 7 月第 1 版
	《河北地理雜抄》	不分卷	紀昀家纂修	清綠綜瀾抄本	存	河北總目，國家圖書館編：《鄉土志抄稿本選編》，線裝書局 2002 年 7 月第 1 版

		志名	卷數	纂修者	版本	存佚	著錄
正定府	正定縣（原真定縣）	（順治）《真定縣志》	十四卷	陳謙纂修	清順治三年（1646）刻本、清康熙間補刻本、臺灣成文出版社影印	存	同上
		（光緒）《正定縣志》	四十六卷卷首一卷末一卷	慶之金、賈孝彰修，趙文濂等纂	清光緒元年（1875）刻本、民國三十年（1941）鉛印本	存	同上
	晉州（現晉州市）	（康熙）《晉州志》	十卷	郭建章修，關永清纂	清康熙十四年（1675）修 抄本	存	同上
		（康熙）《晉州志》	十卷	郭建章原本，康如璉續修，劉士麟續纂	清康熙三十九年（1700）刻本、清咸豐十年（1860）補刻本	存	同上
		（光緒）《晉州志》	六卷節烈列冊一卷	義鋪纂修	抄本	存	總目提要、河北總目
		（宣統）《晉州鄉土志》	不分卷	李翰如纂修	民國四年（1915）石印本、民國十七年（1928）抄本、臺灣成文出版社出版民國十七年（1928）抄本影印	存	聯合目錄、總目提要、河北總目
	獲鹿縣（現鹿泉市）	（乾隆）《獲鹿縣志》	十二卷	韓國贊修，石光璧纂	清乾隆元年（1736）刻本、抄本	存	同上
		（乾隆）《獲鹿縣志》	九卷卷首一卷	周啟榮纂修	清乾隆四十六年（1781）稿本	存	同上
		（光緒）《獲鹿縣志》	十四卷卷首一卷末一卷	俞錫綱修，曹鑠纂	清光緒七年（1881）刻本、民國二十八年（1939）獲鹿縣志編纂委員會增訂鉛印本	存	同上

府	縣	志名	卷	纂修者	版本	存佚	收藏
		（光緒）《獲鹿縣鄉土志》	二卷	嚴書勳編	抄本	存	同上
正定府	行唐縣	（康熙）《行唐縣志》	十二卷	王鶴修，薛琇等纂	清康熙十九年（1680）刻本	存	同上
		（乾隆）《行唐縣新志》	十二卷	戾振義修，王正回等纂	清乾隆九年（1744）刻本	存	同上
		（乾隆）《行唐縣新志》	十二卷	吳高增纂修	清乾隆二十八年（1763）刻本，乾隆三十七年（1772）文有試增刻本	存	同上
		（同治）《續修行唐縣新志》	十卷	崔笏端纂修	清同治間修 抄本	存	同上
	靈壽縣	（康熙）《靈壽縣志》	十卷末一卷	陸隴其修，傅維杬纂	清康熙二十五年（1686）刻本，臺灣成文出版社影印本	存	同上
		（同治）《靈壽縣志》	十卷末一卷	陸隴其原本，劉廣年續纂修	清同治十三年（1874）刻本，民國十八年（1929）重印本、臺灣成文出版社影印本	存	同上
	藁城縣（現藁城市）	（康熙）《藁城縣志》	十二卷	賴於宣修，張丙宿纂	清康熙三十七年（1698）刻本，清康熙五十九年（1720）閻堯熙增刻本，民國二十三年（1934）鉛印《藁城縣志四種》本	存	同上
		（光緒）《藁城縣志續補》	十一卷	朱紹谷修，張毓溫纂	清光緒二年（1876）修 七年（188?）刻本，民國二十三年（193?）鉛印《藁城縣志四種》本	存	同上

府	縣	志書	卷數	纂修者	版本	存佚	著錄
正定府	井陘縣	(雍正)《井陘縣志》	八卷	鍾文英纂修	清雍正八年(1730)刻本，光緒元年(1875)刻本，臺灣成文出版社影印本	存	同上
		(光緒)《續修井陘縣志》	三十六卷	常善修，趙文濂纂	清光緒元年(1875)刻本，臺灣成文出版社影印本	存	同上
	新樂縣(現新樂市)	(康熙)《新樂縣志》	二十卷	(明)張正蒙修；(清)林華皖續修，郗應華等續纂	明萬曆刻，清康熙續刻本	存	同上
		(乾隆)《新樂縣志》	十卷	(明)張正蒙修，陳寶纂	明萬曆十九年(1591)修刻，清康熙乾隆遞修本	存	河北總目
		(乾隆)《新樂縣志》	二十卷	廉廷飈纂修	清乾隆二十二年(1757)刻本	存	聯合目錄、總目提要、河北總目
		(光緒)《重修新樂縣志》	六卷首一卷	雷鶴鳴修，趙文濂纂	清光緒十一年(1885)稿本，清光緒十一年(1885)刻本，民國二十八年(1939)鉛印本，臺灣成文出版社影印本	存	同上
	無極縣	(康熙)《重修無極志》	二卷	高必大修，穆員元纂，張天綬增補	清康熙元年(1662)修康熙刻本，清康熙十九年(1680)張天綬增刻本，清康熙四十九年(1710)再增刻本，抄本	存	同上
		(乾隆)《無極縣志》	十一卷末一卷	黃可潤纂修	清乾隆十三年(1748)修二十二年(1757)刻本，清光緒十九年(1893)補刻本	存	同上

府	縣	書名	卷數	纂修者	版本	存佚	收藏
正定府		（光緒）《無極縣續志》	十一卷首一卷末一卷	曹鳳來纂修	清光緒十九年（1893）刻本，臺灣成文出版社影印本	存	同上
	贊皇縣	（康熙）《贊皇縣志》	九卷附錄一卷	李同清修、白鶴標、張文東纂	清康熙十一年（1672）刻本	存	同上
		（乾隆）《贊皇縣志》	十二卷首一卷末一卷	黃岡竹纂修	清乾隆十六年（1751）刻本，清光緒二年（1876）刻本，抄本	存	同上
		（光緒）《續修贊皇縣志》	二十九卷首一卷	史夢雲、周蔭塏修、趙萬泰等纂	清光緒二年（1876）刻本，臺灣成文出版社影印本	存	同上
		（光緒）《贊皇鄉土志》	不分卷	秦兆黻編纂	抄本	存	同上
	元氏縣	（順治）《元氏縣續志》	不分卷	祖永傑修、智鳳書纂	清順治六年（1649）刻本，臺灣成文出版社影印本	存	同上
		（乾隆）《元氏縣志》	八卷末一卷	王人雄纂修	清乾隆二十三年（1758）刻本	存	同上
		（光緒）《元氏縣志》	十四卷首一卷末一卷	胡岳修、趙文廉、王鈞如纂	清光緒元年（1875）刻本	存	同上
	欒城縣	（康熙）《欒城縣志》	四卷	王珖修、賀匯旌纂	清康熙二十二年（1683）刻本	存	同上
		（道光）《欒城縣志》	十卷首一卷末一卷	桂超萬、李釿修、高繼珩纂	清道光二十六年（1846）刻本	存	同上
		（同治）《欒城縣志》	十四卷首一卷末一卷	陳詠修、張悖德纂	清同治十一年（1872）刻本	存	同上

府	縣	志名	卷數	修纂者	版本	存佚	備註
正定府	平山縣	(康熙)《平山縣志》	五卷	湯聘修、秦有容纂	清康熙十二年（1673）刻本	存	同上
		(咸豐)《平山縣志》	八卷	王滌心修、郭程先纂	清咸豐二年（1852）刻本，清咸豐四年（1854）刻本，清光緒二年（1876）重印本	存	同上
		(光緒)《續修平山縣志》	六卷首一卷	郭奇中、唐世祿修，魯述文、畢音纂	清光緒二年（1876）刻本，清光緒二十四年（1898）重印光緒二年本	存	同上
		(光緒)《平山縣續志》	八卷末一卷	熊壽錢修，周煥章纂	清光緒二十四年（1898）刻本	存	同上
		(光緒)《平山縣鄉土志》	不分卷	方汝霖纂修	抄本	存	同上
宣化府	宣化府	(康熙)《新續宣府志》	不分卷	姜際龍纂修	清康熙十三年（1674）修 康熙間抄本	存	同上
		(乾隆)《宣化府志》	四十二卷首一卷	王者輔修，王畹、吳廷華纂	清乾隆八年（1743）刻本	存	同上
		(乾隆)《宣化府志》	四十二卷首一卷	王者輔原本，張志奇續修，黃可潤續纂	清乾隆二十二年（1757）刻本	存	同上
	宣化縣	(乾隆)《口北三廳志》	十六卷首一卷	黃可潤纂修	清乾隆二十三年（1758）刻本，臺灣成文出版社影印本	存	同上
		(康熙)《宣化縣志》	三十卷	陳坦纂修	清康熙五十年（1711）刻本，乾隆間增刻本	存	同上

宣化縣	（光緒）《宣化縣鄉土志》	不分卷	謝愷纂修	清光緒三十三年（1907）抄本，民國十二年（1923）石印本，臺灣成文出版社影印本	存	同上
	（康熙）《宣鎮下北路志》	十卷	王治國修，楊國士纂	清康熙間抄本，抄本	存	同上
赤城縣（原龍門縣）	（康熙）《龍門縣志》	十六卷	章焞纂修	清康熙五十一年（1712）刻本，乾隆間重印本，臺灣成文出版社影印本	存	同上
	（乾隆）《赤城縣志》	八卷首一卷	孟思誼修，張曾炳纂	清乾隆十二年（1747）刻本，乾隆二十四年（1759）訂本，光緒七年（1881）重印乾隆二十四年本，民國鉛印本，抄本	存	同上
	（同治）《赤城縣續志》	十卷	枚年貽等纂修	清同治十一年（1872）修稿本，光緒七年（1881）刻本，光緒九年（1883）重訂刻本，民國鉛印本	存	同上
懷來縣	（康熙）《懷來縣志》	十八卷首一卷	許隆遠纂修	清康熙五十一年（1712）刻本，雍正六年（1728）重印康熙五十一年本	存	同上
	（光緒）《懷來縣志》	十八卷首一卷	朱乃恭修，帝之纂	清光緒八年（1882）刻本，臺灣成文出版社影印本	存	同上
蔚州	（順治）《蔚州志》	二卷	李英纂修	清順治十六年（1659）刻本	存	同上

宣化府

		志名	卷數	修纂者	版本	存佚	備註
宣化府	（現蔚縣）	（乾隆）《蔚縣志》	三十一卷	王育榞修、李舜臣纂	清乾隆四年（1739）刻本	存	同上
		（乾隆）《蔚州志補》	十二卷首一卷	楊世昌修、吳廷華、楊大獻纂	清乾隆十年（1745）刻本，臺灣成文出版社影印本	存	同上
		（光緒）《蔚州志》	二十卷首一卷	楊之金修、楊篤纂	清光緒三年（1877）刻本，臺灣成文出版社影印本	存	同上
	保安州（現涿鹿縣）	（康熙）《保安州志》	二卷	寧完福修、朱光纂	清康熙十一年（1672）刻本	存	同上
		（康熙）《保安州志》	十二卷圖一卷	梁永祚修、張永曙纂	清康熙五十年（1711）刻本、抄本	存	同上
		（道光）《保安州志》	八卷首一卷	楊桂森纂修	清道光十五年（1835）刻本、清光緒三年（1877）重印本	存	同上
		（光緒）《保安州續志》	四卷	尋鑾音、張毓生纂修	清光緒三年（1877）刻本，臺灣成文出版社影印本	存	同上
		（光緒）《保安鄉土志》	不分卷	佚名纂	抄本，臺灣成文出版社影印本	存	同上
	西寧縣（現陽原縣）	（康熙）《西寧縣志》	八卷首一卷	張元國纂修	清康熙五十一年（1712）刻本	存	同上
		（同治）《西寧縣新志》	十卷首一卷	韓志超、寅康修、楊篤纂	清同治十二年（1873）修 光緒元年（1875）宏州書院刻本，臺灣成文出版社影印本	存	同上
	懷安縣	（乾隆）《懷安縣志》	二十四卷	楊大昆修、錢戩、曾纂	清乾隆六年（1741）刻本	存	同上
		（光緒）《懷安縣志》	八卷首一卷末一卷	陰祿祥修、程變奎纂	清光緒二年（1876）刻本	存	同上

府	縣／州	書名	卷數	纂修者	版本	存佚	收藏
宣化府	萬全縣	（康熙）《宣鎮西路志》	四卷	劉先衡、錢永祺纂修	清康熙十九年（1680）修 康熙抄本	存	同上
		（乾隆）《萬全縣志》	十卷首一卷	左承業纂修	清乾隆七年（1742）修 十年（1745）刻本	存	同上
		（道光）《萬全縣志》	十卷首一卷	左承業原本，施彥士續纂修	清道光十四年（1834）增刻乾隆云，民國十九年（1930）重印乾隆七年本，臺灣成文出版社影印本	存	同上
	延慶州（現延慶縣）	（康熙）《延慶州志》	九卷續補一卷	程日豫修，程光祖纂，袁澄、於嘉楨續編	清順治十年（1653）刻 康熙十九年（1680）增刻本	存	同上
		（乾隆）《延慶州志》	十卷首一卷	李鍾俾修、穆元肇、方世熙纂	清乾隆七年（1742）刻本，民國二十七年（1938）鉛印本	存	同上
		（乾隆）《延慶衛志略》	一卷	李士宣修、周頎、動纂	清乾隆十年（1745）修 乾隆抄本、抄本、臺灣成文出版社影印	存	同上
		（光緒）《延慶州志》	十二卷首一卷末一卷	何道增等修，張惇德纂	清光緒七年（1881）刻本，民國七年（1918）鉛印本，臺灣成文出版社影印本	存	同上
		（光緒）《延慶州鄉土志》	不分卷	（清）佚名編	清末抄稿本、抄本	存	同上

地區	志名	卷數	纂修者	版本	存佚	備註
承德府	(乾隆)《欽定熱河志》	一百二十卷	和珅、梁國治纂修	清乾隆四十六年(1781)刻本、清乾隆間《四庫全書》本、清抄本、民國二十三年(1934)重印本、民國二十三年(1934)《遼海叢書》本、1966年臺北文海出版社影印本	存	同上
	(嘉慶)《熱河志略》	不分卷	和瑛纂修	清嘉慶二十年(1815)修 清抄本	存	同上
承德府	(道光)《承德府志》	六十卷首二十六卷	海忠纂修	清道光十一年(1831)刻本、清光緒十三年(1887)廷傑、李世黃重訂本、清抄本、民國三年(1914)重印本、臺灣成文出版社影印本	存	同上
圍場縣	(光緒)《圍場廳志》	十六卷首一卷	查美蔭、謝霖博纂修	稿本	存	同上
平泉縣	(雍正)《八溝廳備志》	二卷	張鏐纂修	清抄本	存	總目提要、河北總目
順天府	(康熙)《順天府志》	八卷	張吉午等纂修	清康熙抄本	存	聯合目錄、總目提要、河北總目
順天府	(光緒)《順天府志》	一百三十卷附錄一卷	萬青藜、周家楣修，張之洞、繆荃孫纂	清光緒十一年(1885)修稿本、光緒十二年(1886)刻本、光緒十五年(1889)重校本、光緒二十八年(1902)補刻本	存	同上

		卷數	纂修者	版本	存佚	著錄
順天府	宛平縣（現併入北京市豐臺等區）	（康熙）《宛平縣志》	六卷	王養濂修，李開泰、張文纂	清康熙二十四年（1685）刻本，民國抄本	存	同上
		（康熙）《昌平州志》	二十六卷首一卷附藝文補遺一卷	吳都梁修，潘問奇等纂	清康熙十二年（1673）澹然堂刻本；民國抄本	存	同上
	昌平州（現北京市昌平區）	（光緒）《昌平州志稿》	十二卷	佚名纂修	清光緒初年草稿本	存	總目提要‧河北總目
		（光緒）《昌平州志》	十八卷	吳履福修，繆荃孫、劉治平纂	清光緒五年（1879）修稿本，清光緒十二年（1886）刻本，民國二十八年（1939）鉛印本，臺灣丈文出版社影印本	存	聯合目錄‧總目提要‧河北總目
		（光緒）《昌平州志》	六卷	麻兆慶纂修	清光緒十八年（1892）刻本，臺灣成文出版社影印本，清抄本	存	同上
		（光緒）《昌平州志稿》	不分卷	麻兆慶纂修	清光緒九年（1883）抄本	存	河北總目
		（光緒）《昌平外志補稿附稿一卷校勘記一卷》	不詳	麻兆慶纂修	1963年據南京大學圖書館藏繆荃孫鈔藏臺風堂傳鈔本	存	總目提要

府	縣	志名	卷	修纂	版本	存佚	聯合目錄、總目提要、河北總目
順天府	懷柔縣（現北京市懷柔區）	（康熙）《懷柔縣新志》	八卷	吳景梁修、潘其燦纂	清康熙六十年（1721）刻本、民國二十四年（1935）鉛印本、臺灣成文出版社出版影印本、民國抄本	存	聯合目錄、總目提要、河北總目
	密雲縣	（康熙）《密雲縣志》	十八卷	趙弘化修、王廷棟纂	清康熙六年（1667）修十二年（1673）刻本	存	同上
		（雍正）《密雲縣志》	六卷	薛天培修、陳弘謨纂	清雍正元年（1723）刻本	存	同上
		（光緒）《密雲縣志》	六卷首一卷	丁符九、趙文粹修、張鼎華、周林纂	清光緒七年（1881）刻本	存	同上
	順義縣（現北京市順義區）	（康熙）《順義縣志》	二卷	韓淑文纂修	清康熙十三年（1674）修康熙間刻本	存	同上
		（康熙）《順義縣志》	五卷	黃成章修、張大備纂	清康熙六十一年（1722）刻本、抄本、清抄本、民國四年（1915）鉛印本	存	同上
	平谷縣	（康熙）《平谷縣志》	三卷	任在陞修、李柱明纂	清康熙六年（1667）刻本	存	同上
	平谷縣（現北京市平谷區）	（雍正）《平谷縣志》	三卷	任在陞修、李柱明纂、項景倩續修	清雍正六年（1728）增刻本	存	同上
		（乾隆）《平谷縣志》	三卷	任在陞修、李柱明纂、項景倩續修、朱克閎再續修	清乾隆四十二年（1777）再增補刻本、抄本	存	同上

府	地區	書名	卷數	修纂者	版本	存佚	備註
順天府	通州（現北京市通州區）	（康熙）《通州志》	十二卷	吳存禮修，陸茂騰纂	清康熙三十六年（1697）刻本	存	同上
		（雍正）《通州新志》	九卷	黃成章纂修	清雍正二年（1724）刻本	存	同上
		（乾隆）《通州志》	十卷首一卷末一卷	高天鳳修，金梅纂	清乾隆四十八年（1783）刻本，清道光十八年（1838）李宜範補訂本	存	同上
		（光緒）《通州志》	十卷首一卷末一卷	高建勳等修，王維珍等纂	清光緒五年（1879）刻本，清光緒九年（1883）十五年（1889）遞增刻本，民國三十年（1941）鉛印本	存	同上
	房山縣（現北京市房山區）	（康熙）《房山縣志》	十卷	佟有年修，齊推纂	清康熙四年（1665）刻本	存	同上
		（康熙）《房山縣志》	十卷續志一卷	佟有年修，齊推纂，羅在公續修	清康熙三十七年（1698）增刻本	存	同上
		（乾隆）《房山縣志》	一卷	張世法纂修	清乾隆四十一年（1776）刻本，抄本	存	同上
		（咸豐）《房山志料》	不分卷	高孀雲纂修	清咸豐間纂，清養恬齋刻本（又名「澹奚至存稿」刻本）	存	同上
	良鄉縣（現併入北京市房山區）	（康熙）《良鄉縣志》	八卷	李慶祖修，張瑮纂	清康熙十二年（1673）修 康熙抄本	存	同上
		（康熙）《良鄉縣志》	八卷	楊嗣奇修，見聖等纂	清康熙三十九年（1700）刻本，抄本	存	同上

府	縣	志書名	卷數	纂修者	版本	存佚	備註
順天府	大興縣（現北京市大興區）	（光緒）《良鄉縣志》	八卷	陳嘳、范履福修，黃儒荃纂	清光緒十五年（1889）刻本	存	同上
		（康熙）《大興縣志》	六卷	張茂節修，李開泰等纂	清康熙二十四年（1685）刻本，抱芬樓抄本，民國抄本	存	同上
	寶河縣	（乾隆）《寶河縣志》	十六卷	關廷牧修，徐以觀纂	清乾隆四十四年（1779）刻本	存	同上
		（光緒）《寶河縣志》	十六卷	丁符九修，談松林纂	清光緒六年（1880）刻本，1983年天津古籍書店復印光緒六年本	存	同上
		（光緒）《寶河縣鄉土志》	不分卷	周登皞編	抄本	存	同上
	武清縣（現天津市武清區）	（康熙）《武清縣志》	十卷	鄧欽楨修，耿錫胤纂	清康熙十年（1671）修 十四年（1675）刻本	存	同上
		（乾隆）《武清縣志》	十二卷首一卷末一卷	吳翀修，曹涵、趙昱纂	清乾隆七年（1742）刻本，民國二十八年（1939）王文琳鉛印本	存	同上
		（光緒）《武清縣志》	十卷首一卷末一卷	蔡壽臻修，錢錫宗纂	清光緒七年（1881）修 稿本，抄本	存	同上
		（光緒）《武清志拓》	六卷	蔡壽臻輯	抄本	存	同上
		（光緒）《武清縣城鄉總冊》	一卷	蔡壽臻編	朱筆稿本	存	總目提要

府	縣（書名）	卷數	纂修者	版本	存佚	著錄
順天府	寶坻縣（現天津市寶坻區）(康熙)《寶坻縣志》	八卷	牛一象修，范首蕃纂	清康熙十二年（1673）刻本	存	聯合目錄、總目、提要·河北總目
	(乾隆)《寶坻縣志》	十八卷	洪肇楙修，蔡寅斗纂	清乾隆十年（1745）刻本，清抄本，民國六年（1917）查美蔭石印本，臺灣成文出版社影印云	存	同上
	薊州（現薊縣）(康熙)《薊州志》	八卷	董廷恩纂修，路滋續修	清康熙十八年（1679）抄本	存	同上
	(康熙)《薊州志》	八卷	張朝琮修，鄔棠等纂	清康熙四十三年（1704）刻本	存	同上
	(道光)《薊州志》	十卷首一卷	沈銳修，華過纂	清道光十一年（1831）刻本，咸豐二年（1852）補刻本，臺灣經世書局影印本	存	同上
	東安縣（現廊坊市安次區）(康熙)《東安縣志》	十卷	王士美、李大章等修，張墀等纂	清康熙十二年（1673）修十六年（1677）刻本，民國二十四年（1935）《安次縣舊志四種合刊》本	存	同上
	(乾隆)《東安縣志》	二十二卷	李光昭修，周琰纂	清乾隆十四年（1749）刻本，民國二十四年（1935）《安次縣舊志四種合刊》本，臺灣成文出版社影印本	存	同上
	三河縣（現三河市）(康熙)《三河縣志》	二卷	陳珀嘉纂修	清康熙十二年（1673）修康熙抄本	存	同上
	(乾隆)《三河縣志》	十六卷首一卷	陳昶修，王大信等纂	清乾隆二十五年（1760）刻本，民國二十四年（1935）鉛印本	存	同上

府	縣	志名	卷數	纂修者	版本	存佚	收藏
順天府	香河縣	（康熙）《香河縣志》	十一卷	劉深纂修	清康熙十七年（1678）刻本、抄本	存	同上
	固安縣	（康熙）《固安縣志》	九卷	吳孟桂等纂修	清康熙間修 抄本	存	同上
		（康熙）《固安縣志》	八卷首一卷末一卷	鄭善述修、潘昌纂	清康熙五十三年（1714）刻本	存	同上
		（咸豐）《固安縣志》	八卷	陳崇砥修、陳福嘉、吳三峰等纂	清咸豐五年（1855）修 九年（1859）刻本、臺灣成文出版社影印本	存	同上
		（光緒）《固安縣志》	不分卷	劉峙纂修	民國抄本	存	同上
		（光緒）《固安縣鄉土志》	不分卷	劉峙纂修、李芳園增補	清光緒末年編 抄本	存	同上
	文安縣	（康熙）《文安縣志》	四卷	崔啟元修、王胤芳、邵秉忠纂	清康熙十二年（1673）刻本	存	同上
		（康熙）《文安縣志》	八卷	楊朝麟修、胡泝纂	清康熙四十二年（1703）刻本、抄本	存	同上
	保定縣（現並入霸州市）	（康熙）《保定縣志》	四卷首一卷	成其範修、柴經國纂	清康熙十二年（1673）刻本	存	同上
	大城縣	（康熙）《大城縣志》	八卷	張象燦修、馬㶴纂	清康熙十二年（1673）刻本、抄本	存	同上

府	縣（州）	志書	卷數	修纂者	版本	存佚	收藏
順天府		（光緒）《大城縣志》	十二卷首一卷	趙炳文、徐國楨修，劉鍾英、鄧毓怡纂	清光緒二十三年（1897）刻本	存	同上
	永清縣	（康熙）《永清縣志》	十五卷	萬一甯、喬俊纂修	清康熙十五年（1676）刻本	存	同上
		（乾隆）《永清縣志》	二十五篇附文徵五篇	周震榮修，章學誠纂	清乾隆四十四年（1779）刻本，臺灣學生書局影印本，清嘉慶十八年（1813）補刻本，清道光七年（1827）重刻本，民國十九年（1930）攝複印本，民國三十年（1941）鉛印本，抄本，清道光十三年（1833）《章氏遺書》本，民國十一年（1922）《章氏遺書》本，民國二十五年（1936）《章氏遺書》本	存	同上
		（光緒）《續永清縣志》	十四卷	李秉鈞、吳欽修，魏邦鑾纂	清光緒元年（1875）刻本，民國三十年（1941）鉛印本，抄本	存	同上
	霸州（現霸州市）	（康熙）《霸州志》	十卷	朱廷梅修，孫振宗纂	清康熙十三年（1674）刻本	存	同上
		（同治）《霸州志》	八卷	周乃大修，朱文纂	清同治十三年（1874）修稿本	存	同上

府	縣	志名	卷數	纂修	版本	存佚	備註
永平府	永平府	(康熙)《永平府志》	二十四卷首一卷	路邁修，宋琬纂、常文魁纂續纂修	清康熙二年（1663）修 十八年（1679）續修刻本	存	同上
		(康熙)《續補永平府志》	一卷	唐敬一纂修	清康熙十二年（1673）修 康熙修抄本	存	同上
		(康熙)《永平府志》	二十四卷首一卷	宋琬纂修，張朝琮增修、徐香、胡仁濟增纂	清康熙五十年（1711）刻本	存	同上
		(乾隆)《永平府志》	二十四卷首一卷末一卷	李奉翰、顧學潮修，王金英纂	清乾隆三十九年（1774）刻本，清同治十二年（1873）補刻本	存	同上
		(光緒)《永平府志》	七十二卷首一卷末一卷	游智開修，史夢蘭纂	清光緒五年（1879）敬勝書院刻本、臺灣學生書局影印本	存	同上
	遷安縣（現遷安市）	(康熙)《遷安縣志》	二卷	王永命纂修	清康熙十二年（1673）修 康熙抄本	存	同上
		(康熙)《遷安縣志》	八卷	張一誇修，郭聯纂	清康熙十八年（1679）刻本	存	同上
		(乾隆)《遷安縣志》	三十卷	燕臣仁修，張傑纂	清乾隆二十二年（1757）刻本	存	同上
		(道光)《灤陽紀略》	不詳	鮑繼培纂修	清道光二十二年（1842）刻本	存	河北總目
		(同治)《遷安縣志》	十八卷首一卷末一卷	韓耀光修，史夢蘭纂	清同治十二年（1873）文峰書院刻本、清光緒十一年（1885）牛昶煦補刻本	存	聯合目錄、總目提要、河北總目
	昌黎縣	(康熙)《昌黎縣志》	八卷	王日翼修，高培纂	清康熙十四年（1675）刻本，乾隆二十八年（1763）增刻本	存	同上

府	縣	志書	卷數	修纂者	版本	存佚	備註
永平府	昌黎縣	(同治)《昌黎縣志》	十卷	何崧泰等修，馬恂、何爾泰纂	清同治五年（1866）刻本	存	同上
		(光緒)《昌黎縣鄉土志》	不分卷	童光昭纂修	抄本	存	同上
	盧龍縣	(順治)《盧龍縣志》	六卷首一卷	李士模修，馬備纂	清順治十七年（1660）刻本	存	同上
		(康熙)《增補盧龍縣志》	六卷首一卷	李士模原本，衛立鼎增修	清康熙十九年（1680）增刻本	存	同上
		(光緒)《盧龍縣志採訪稿》	不分卷	戌堂編	清光緒二年（1876）稿本	存	同上
	臨榆縣（現秦皇島市山海關區）	(乾隆)《臨榆縣志》	十四卷首一卷	鍾和梅纂修	清乾隆二十一年（1756）刻本	存	同上
		(光緒)《臨榆縣志》	二十四卷首一卷	趙允祐修，高錫疇纂	清光緒四年（1878）刻本	存	同上
	撫寧縣	(康熙)《撫寧縣志》	十二卷	劉馨修，王運恒纂	清康熙十八年（1679）刻本	存	同上
		(康熙)《撫寧縣志》	十二卷	趙端修，徐廷輝纂	清康熙二十一年（1682）刻本	存	同上
		(光緒)《撫寧縣志》	十六卷首一卷	張上龢修，史夢蘭纂	清光緒三年（1877）刻本，臺灣成文出版社出版社影印本	存	同上

府/州/縣	朝代·志名	卷數	修纂者	版本	存佚	著錄
永平府 · 樂亭縣	（乾隆）《樂亭縣志》	十四卷首一卷	陳金駿纂修	清乾隆二十年（1755）刻本	存	同上
	（光緒）《樂亭縣志》	十五卷首一卷末一卷	蔡志修等修，史夢蘭纂	清光緒三年（1877）刻本、臺灣成文出版社影印本	存	同上
灤州（現灤縣）	（康熙）《續灤志補》	一卷	侯紹岐修，高士麟纂	清康熙八年（1669）刻本	存	同上
	（康熙）《灤志》	八卷	孫宗元修，劉元煙等纂	清康熙十二年（1673）修 康熙抄本	存	同上
	（康熙）《灤志補》	一卷	馬如龍修，高士麟纂	清康熙十八年（1679）刻本	存	《聯合目錄》、《總目提要》
	（嘉慶）《灤州志》	八卷首一卷末一卷	吳士鴻修，孫學恒纂	清嘉慶十五年（1810）刻本	存	《聯合目錄》、《總目提要》、《河北總目》
	（光緒）《灤州志》	十八卷首一卷	楊文鼎修，王大本等纂	清光緒二十二年（1896）修稿本、清光緒二十四年（1898）刻本、臺灣成文出版社影印本	存	同上
保定府	（康熙）《保定府志》	二十九卷	紀弘謨等修，郭棻纂	清康熙十九年（1680）刻本，乾隆間增刻本	存	同上
	（光緒）《保定府志稿》	二十卷	鄭士蕙纂修	清光緒五年（1879）修 稿本	存	聯合目錄、河北總目
	（光緒）《保定府志》	七十九卷首一卷	李培祜、朱靖旬修，張豫塏等纂	清光緒七年（1881）修 十二年（1886）刻本	存	《聯合目錄》、《總目提要》、《河北總目》

府	縣	志書	卷數	修纂者	版本	存佚	備註
保定府	滿城縣	（康熙）《滿城縣志》	十卷	裴國禎修，劉之源纂	清康熙十九年（1680）刻本	存	同上
		（乾隆）《滿城縣志》	十二卷	張煥纂修，賈永宗增修	清康熙五十二年（1713）刻、乾隆十六年（1751）增刻本、清乾隆、道光遞增刻本	存	同上
	清苑縣	（康熙）《清苑縣志》	十二卷首一卷	時來敏修，郭棻等纂	清康熙十六年（1677）刻本、清抄本	存	同上
		（同治）《清苑縣志》	十八卷首一卷	李達源修，諸崇儉纂	清同治十二年（1873）刻本、民國二十八年（1939）重印本	存	同上
	涿州（現涿州市）	（康熙）《涿州志》	十二卷	劉德弘修，楊如樟纂	清康熙十六年（1677）刻本	存	同上
		（乾隆）《涿州志》	二十二卷首一卷	吳山鳳纂修	清乾隆三十年（1765）刻本、光緒元年（1875）重印本	存	同上
		（同治）《涿州續志》	十八卷	石海修，臺端衡纂	清同治十一年（1872）修 光緒元年（1875）刻本、臺灣成文出版社影印本	存	同上
	定興縣	（康熙）《定興縣志》	十卷	張其珍修，向新民纂	清康熙十二年（1673）刻本	存	同上
		（乾隆）《定興縣志》	十二卷	王錫璁纂修	清乾隆四十四年（1779）刻本	存	同上
		（光緒）《定興縣志》	二十六卷首一卷	張主敬等修，楊晨纂	清光緒十六年（1890）刻本、清光緒十九年（1893）校定本、民國二十一年（1932）重印本、臺灣成文出版社出版社影印本	存	同上

府	縣	志名	卷數	修纂者	版本	存佚	藏地
保定府	容城縣	(康熙)《容城縣志》	八卷	趙士麟修、李進光纂	清康熙十二年(1673)修 康熙刻本	存	同上
		(乾隆)《容城縣志》	八卷	王克淳纂修	清乾隆二十六年(1761)刻本	存	同上
		(咸豐)《容城縣志》	八卷	詹作周、裴福德修，王振鋼纂	清咸豐七年(1857)刻本	存	同上
		(光緒)《容城縣志》	八卷	俞廷獻、曹鵬修，吳思忠纂	清光緒二十二年(1896)刻本，臺灣成文出版社影印本	存	同上
	新安縣（安州，現安新縣）	(康熙)《安州志》	十卷	王朝佐修、房循孅纂	清康熙十九年(1680)刻本，清抄本	存	同上
		(道光)《安州志》	十九卷	彭定澤修、俞湘纂	清道光二十六年(1846)修 稿本、抄本	存	同上
		(康熙)《新安縣志》	八卷	王家楨、夏炸煥修，高景等纂	清順治間刻 康熙十九年(1680)夏炸煥增刻本	存	同上
		(乾隆)《新安縣志》	八卷	高景原本、孫孝芬增修，張麟甲增纂	清乾隆八年(1743)增刻本，抄本	存	同上
	蠡縣	(順治)《蠡縣志》	十卷續志四卷	(明)錢天錫纂修、(清)祖建明續修	明崇禎十四年(1641)刻本，清順治八年(1651)刻本	存	同上
		(康熙)《蠡縣續志》	一卷	耿文岱纂修	清康熙十九年(1680)刻本	存	同上
		(光緒)《蠡縣志》	十卷	韓志超、何雲詁修，張繪、王其衡等纂	清光緒二年(1876)刻本，臺灣成文出版社影印本	存	同上

府	縣	志名	卷數	纂修者	版本	存佚	備註
保定府	博野縣	(康熙)《博野縣志》	四卷	王國泰修、劉馨纂	清康熙十五年(1676)刻本	存	同上
		(乾隆)《博野縣志》	八卷首一卷末一卷	吳鬱修、朱基、尹啟銓纂	清乾隆三十一年(1766)刻本	存	同上
	阜平縣	(乾隆)《阜平縣志》	四卷首一卷	鍊尚易纂修	清乾隆三十年(1765)刻本、抄本	存	同上
		(同治)《阜平縣志》	四卷首一卷	勞輔芝修、張錫三纂	清同治十三年(1874)刻本、抄本	存	同上
	唐縣	(康熙)《唐縣新志》	十八卷	王政修、張珽纂	清康熙十一年(1672)刻本	存	同上
		(雍正)《續唐縣志略十類》	不分卷	王佫纂修	清雍正十二年(1734)刻本、抄本	存	同上
		(乾隆)《唐縣志》	不分卷	吳泰來修、黃文連纂	清乾隆五十二年(1787)刊本、臺灣成文出版社影印本	存	河北總目
		(光緒)《唐縣志》	十二卷首一卷	陳詠修、張厚德纂	清光緒四年(1878)刻本、光緒三十二年(1906)重印本、臺灣成文出版社影印本	存	縣合目錄、總目提要、河北總目
	新城縣(現高碑店市)	(康熙)《新城縣志》	八卷首一卷	高基重修、馬之驌纂	清康熙十四年(1675)刻本	存	同上
		(道光)《新城縣志》	十八卷首一卷	李廷啟修、王振鍾等纂	清道光十六年(1836)修稿本、清道光十八年(1838)刻本、抄本、光緒二十年(1894)刻本	存	同上
		(光緒)《續修新城縣志》	十卷	張丙嘉修、王鍔纂	清光緒二十一年(1895)紫泉書院刻本	存	同上

府	縣	志書名	卷數	纂修	版本	存佚	備註
保定府	雄縣	（康熙）《雄乘》	三卷	姚文燮纂修	清康熙十年（1671）刻本，清康熙二十年（1681）補刻本，舊抄本、抄本	存	同上
		（光緒）《雄縣鄉土志》	十五卷	劉崇本編	清光緒三十一年（1905）鉛印本、臺灣成文出版社影印本	存	同上
	安肅縣（現徐水）	（康熙）《安肅縣志》	四卷	梁府修、陳公定纂	清康熙十三年（1674）刻本	存	同上
		（乾隆）《安肅縣志》	十六卷	張鈍修、史元善等纂	清乾隆四十三年（1778）刻本，清嘉慶十三年（1808）石梁補刻本	存	同上
	高陽縣	（雍正）《高陽縣志》	六卷	嚴宗嘉修、李其旋纂	清雍正八年（1730）刻本	存	同上
		（光緒）《高陽縣鄉土志》	不分卷	王達吉纂修	抄本	存	同上
	祁州（現安國市）	（康熙）《祁州志》	十卷	（明）郭應響纂修、（清）梅朗中增修	明崇禎元年（1628）刻本 清康熙十九年（1680）增刻本	存	同上
		（乾隆）《祁州志》	八卷	羅以桂、王楷修，張萬銓、刁錦纂	清乾隆二十一年（1756）刻本，同治、光緒間補刻本、臺灣成文出版社影印本	存	同上
		（光緒）《祁州續志》	四卷	趙秉恆修、劉學海等纂	清光緒元年（1875）修 八年（1882）刻本，臺灣成文出版社影印本	存	同上
		（光緒）《祁州鄉土志》	不分卷	（清）佚名纂	抄本	存	同上

府	縣	書名	卷數	纂修者	版本	存佚	總目
保定府		(光緒)《安國縣新志稿》	不分卷	宋蔭桐纂修	清光緒三十二年（1906）抄本，民國間補抄稿本，臺灣成文出版社影印本	存	總目提要、河北總目
	望都縣（原慶都縣）	(康熙)《慶都縣志》	六卷	李天機修，秦毓琦等纂	清康熙十七年（1678）刻本，抄本，臺灣成文出版社影印本	存	聯合目錄、總目提要、河北總目
		(乾隆)《望都縣新志》	八卷	陳洪書修，王錫侯、陳啟光纂	清乾隆三十六年（1771）刻本	存	聯合目錄、河北總目
		(光緒)《望都縣新志》	十卷補遺一卷	陳洪書原本，李兆珍重訂	清光緒三十年（1904）刻本，臺灣成文出版社影印本	存	聯合目錄、總目提要、河北總目
		(光緒)《望都鄉土圖說》	不分卷	陸寶善編	清光緒三十一年（1905）鉛印本	存	聯合目錄、總目提要
	完縣（現順平縣）	(康熙)《完縣志》	十卷	劉安國修，王斌纂	清康熙十二年（1673）刻本	存	聯合目錄、總目提要、河北總目
		(雍正)《完縣志》	十卷	朱襐德修，田瑗纂	清雍正十年（1732）刻本，油印本，臺灣成文出版社影印本	存	同上
		(光緒)《完縣鄉土志》	不分卷	朱運目編	清光緒三十二年（1906）抄本	存	同上
	束鹿縣（現辛集市）	(康熙)《保定府祁州束鹿縣志》	十卷	劉昆修，陳崇纂	清康熙十年（1671）刻本，民國二十六年（1937）《束鹿五志合刊》本，臺灣成文出版社影印本，竺墨林抄本	存	同上
		(乾隆)《束鹿縣志》	十二卷	李文耀修，張鍾秀纂	清乾隆二十七年（1762）刻本，民國二十六年（1937）《束鹿五志合刊》本	存	同上

府	縣	志書名	卷數	修纂者	版本	存佚	藏所
保定府	束鹿縣（現辛集市）	（嘉慶）《束鹿縣志》	十卷首一卷	李符清修，裴顯相、沈樂善纂	清嘉慶四年（1799）刻本，民國二十六年（1937）《束鹿五志合刊》本	存	同上
		（同治）《續修束鹿縣志》	八卷	宋陳壽纂修	清同治七年（1868）刻本，民國二十六年（1937）《束鹿五志合刊》本，臺灣成文出版社影印本、抄本	存	同上
		（光緒）《束鹿縣鄉土志》	十二卷	張鳳臺修，李中桂纂	清光緒三十二年（1906）鉛印本，民國二十六年（1937）《束鹿五志合刊》本，臺灣成文出版社影印本、抄本	存	同上
天津府	天津衛	（康熙）《天津衛志》	四卷首一卷	薛柱斗修，高必大纂	清康熙十四年（1675）刻本，清康熙十七年（1678）補刻本，抄本，民國二十三年（1934）鉛印本，臺灣成文出版社影印本	存	同上
	天津府	（乾隆）《天津府志》	四十卷	李梅賓、程鳳文修，吳廷華、汪沆纂	清乾隆四年（1739）刻本	存	同上
	天津府	（光緒）《重修天津府志》	五十四卷首一卷末一卷	沈家本、榮銓修，徐宗亮、蔡啟盛纂	清光緒二十一年（1895）修二十五年（1899）刻本，臺灣學生書局出版社影印本	存	同上
	天津縣	（乾隆）《天津縣志》	二十四卷	朱奎揚、張志奇修，吳廷華等纂	清乾隆四年（1739）刻本，同治九年（1870）重印本，民國十七年（1928）補刻本	存	同上

府	縣（州）	書名	卷數	修纂者	版本	存佚	著錄
天津府	天津縣	（同治）《續天津縣志》	二十卷首一卷	吳惠元修，蔣玉虹、俞樾纂	清嘉慶末年修 同治九年（1870）續修刻本，民國十七年（1928）補修刻本，臺灣學生書局出版影印本	存	同上
		（道光）《津門保甲圖說》	不分卷	不著撰人	清道光二十六年（1846）刻本	存	天津圖書館
	滄州（現滄州市）	（康熙）《滄州新志》	十五卷	祖澤潛修，王耀祖纂	清康熙十三年（1674）刻本，十九年（1680）增刻本	存	聯合目錄、總目提要、河北總目
		（康熙）《滄州新志》	十五卷	閔三元續修，蕭載續纂，佘其僞訂正	清康熙十九年（1680）刻本	存	總目提要
		（乾隆）《滄州志》	十六卷	徐時作修，胡淦等纂	清乾隆八年（1743）刻本，臺灣成文出版社影印本	存	聯合目錄、總目提要、河北總目
		（咸豐）《重修滄州志稿》	十四卷	沈如潮修，董友藥、葉圭綬等纂	清咸豐間修 稿本、抄本	存	同上
	靜海縣	（康熙）《靜海縣志》	四卷	閻甲胤修，馬方伸纂	清康熙十二年（1673）刻本，清抄云	存	同上
		（同治）《靜海縣志》	八卷	鄭士蕙纂修	清同治十二年（1673）刻本	存	同上
	鹽山縣	（康熙）《鹽山縣志》	十二卷	朱鳳鸞修，錢國壽纂	清康熙十年（1671）刻本，康熙十二年（1673）黃貞麟續修刻本	存	同上
		（同治）《鹽山縣志》	十六卷首一卷末一卷	王福謙、江毓秀修，潘震乙纂	清同治七年（1868）京都文采齋刻本	存	同上

府	縣	志名	卷數	纂修	年代、版本	存佚	河北總目
天津府	興濟縣（併入青縣現）	（康熙）《興濟縣志》	二卷	程字纂修	清康熙五年（1666）刻本、抄本	存	縣合目錄、總目提要、河北總目
	青縣	（康熙）《青縣志》	四卷	楊霞修、姚景圖纂	清康熙十二年（1673）刻本	存	同上
		（嘉慶）《青縣志》	八卷	沈縣芳修、倪鎔纂	清嘉慶八年（1803）刻本、同治五年（1866）補刻本	存	同上
		（光緒）《重修青縣志》	十卷	江貢琛修、茹位林纂	清光緒八年（1882）刻本、清抄本	存	同上
	南皮縣	（康熙）《南皮縣志》	八卷首一卷	馬士瓊修、吳維哲、黃得福纂	清康熙十二年（1673）刻本、十九年（1680）劉址增刻本	存	同上
		（光緒）《南皮縣志》	十五卷首一卷末一卷	殷鈞森修、汪寶樹、傅金鏕纂	清光緒十四年（1888）刻本、抄本	存	同上
河間府	河間府	（康熙）《河間府志》	二十二卷	徐可先纂修	清康熙十七年（1678）刻本	存	同上
		（乾隆）《河間府新志》	二十卷首一卷	杜甲、周嘉露修、黃文蓮、胡天遊纂	清乾隆二十五年（1760）刻本	存	同上
	景州（現景縣）	（康熙）《景州志》	四卷	張一魁纂修	清康熙十一年（1672）刻本、清抄本	存	同上
		（康熙）《續補景州志》	四卷	張鳴珂纂修	清康熙十九年（1680）刻本	存	同上
		（乾隆）《景州志》	六卷首一卷	屈成霖纂修	清乾隆十年（1745）刻本	存	同上

府	志書	卷數	纂修者	版本	存佚	備註
河間府	（康熙）《河間縣志》	十二卷	袁元修，楊九有纂	清康熙十三年（1674）刻本	存	同上
	（乾隆）《河間縣志》	六卷	吳山鳳修，黃文蓮、梁志恪纂	清乾隆二十五年（1760）刻本	存	同上
	（同治）《續修河間縣志稿》	不分卷	游杏邨纂修	清同治十一年（1872）修稿本	存	同上
	（康熙）《吳橋縣志》	十卷	任先覺修，楊萃纂	清康熙十二年（1673）刻本，十九年（1680）鹿廷瑄增刻本	存	同上
	（光緒）《吳橋縣志》	十二卷	倪昌燮修，馮慶楊纂	清光緒元年（1875）瀾陽書院刻本，臺灣成文出版社影印本	存	同上
	（康熙）《東光縣志》	八卷	白為璣修，馮樾纂	清康熙三十二年（1693）刻本，道光二十年（1840）補刻本	存	同上
	（光緒）《東光縣志》	十二卷首一卷	周植瀛修，吳海源纂	清光緒十四年（1888）刻本	存	同上
	（康熙）《肅寧縣志》	一卷	王玄翼纂修	清康熙十一年（1672）刻本	存	同上
	（乾隆）《肅寧縣志》	十卷	尹侃、范森修，談有典纂	清乾隆二十一年（1756）刻本，臺灣成文出版社影印本	存	同上
	（康熙）《交河縣志》（現併入泊頭市）	七卷	牆鼎修，黃亢纂	清康熙十二年（1673）刻本，道光目增繪刻本	存	同上

府	縣	志書名	卷數	修纂者	版本	存佚	備註
河間府	任丘縣（現任丘市）	（康熙）《任丘縣志》	四卷	姚原灝修、邊之銅纂	清康熙十九年（1680）刻本	存	同上
		（乾隆）《任丘縣志》	十二卷首一卷	劉統修、劉炳、王應鯨纂	清乾隆二十七年（1762）刻本，清道光十七年（1837）重印本，臺灣成文出版社影印本	存	同上
		（道光）《任丘縣志續編》	二卷	鮑承燾修、瞿光縉、邊士圻纂	清道光十七年（1837）刻本，臺灣成文出版社影印本	存	同上
	獻縣	（康熙）《獻縣志》	八卷	劉徽廉修、鄭大綱纂	清康熙十二年（1673）刻本，清抄本	存	同上
		（乾隆）《獻縣志》	二十卷圖一卷表一卷	萬廷蘭修、戈濤纂	清乾隆二十六年（1761）刻本，咸豐七年（1857）重印本	存	同上
		（咸豐）《初續獻縣志》	四卷	李昌祺纂修	清咸豐七年（1857）刻本，臺灣成文出版社影印本	存	同上
		（同治）《獻縣志》	不分卷		清同治間續修，光緒二十二年（1896）抄本	存	河北總目
		（光緒）《獻縣鄉土志》	不分卷	（清）佚名編	清光緒末年修，抄本	存	聯合目錄、總目提要、河北總目
	阜城縣	（康熙）《重修阜志》	二卷	曹邦宜修、多弘馨纂	清康熙十一年（1672）刻本，抄本，臺灣成文出版社影印本	存	同上
		（雍正）《阜城縣志》	二十二卷首一卷	陸福宜修、多時珍纂	清雍正十二年（1734）抄本，清雍正十三年（1735）刻本，清光緒三十四年（1908）鉛印本，臺灣成文出版社影印本	存	同上

府	縣	書名	卷數	修纂	版本年代	存佚	備註
河間府	故城縣	（康熙）《故城縣志》	六卷	吳友聞修；柴應辰纂	清康熙十一年（1672）刻本，康熙十九年（1680）增刻本	存	同上
		（雍正）《故城縣志》	六卷	蔡維義修；秦永纂 清	清雍正五年（1727）刻本	存	同上
		（光緒）《續修故城縣志》	十二卷首一卷	丁燦修、王埏德纂；張溁續修，范翰文續纂	清同治十二年（1873）修 光緒十一年（1885）續修刻本，民國十年（1921）重印本，臺灣成文出版社影印本	存	同上
順德府	順德府	（康熙）《順德府志》	四卷	段作霖修；朱定纂	清康熙十九年（1680）刻本	存	同上
		（乾隆）《順德府志》	十六卷	徐景曾纂修	清乾隆十五年（1750）刻本	存	同上
	邢臺縣	（康熙）《邢臺縣志》	十二卷	高顯修；李京纂	清康熙十一年（1672）刻本	存	同上
		（乾隆）《邢臺縣志》	十八卷首一卷	劉蔭裘修；李曦纂	清乾隆六年（1741）刻本，清抄本	存	同上
		（嘉慶）《邢臺縣志》	十卷首一卷	竇燕燕修；沈連生續修	清嘉慶十四年（1809）修 清道光七年（1827）續修刻本，清同治一一年（1872）重印本	存	同上
		（光緒）《邢臺縣志》	八卷首一卷	戚朝卿修；周祜纂	清光緒三十一年（1905）刻本，臺灣成文出版社出版社影印本	存	同上
	唐山縣（現隆堯）	（康熙）《唐山縣志》	四卷	孫讜修；張鵬翮纂	清康熙十二年（1673）刻本，十九年（1680）朱魁鼇束啓宗增刻本，抄本	存	同上
		（光緒）《唐山縣志》	十二卷首一卷末一卷	蘇玉修、杜讚、李飛鳴纂	清光緒七年（1881）刻本，民國石印本	存	同上

府	縣	志名	卷數	纂修者	版本	存佚	備註
順德府	鉅鹿縣（現巨鹿縣）	（順治）《鉅鹿縣志》	八卷	王鼐纂修，陳可宗續修，郎鑒再續修	清順治十八年（1661）刻 康熙十九年（1680）續刻 康熙五十一年（1712）再續刻本	存	同上
		（光緒）《鉅鹿縣志》	十二卷首一卷	淩燮修，赫慎修、夏應麟纂	清光緒十二年（1886）刻本，臺灣成文出版社影印本	存	同上
	任縣	（康熙）《任縣志》	十二卷	李正修、謝元震纂	清康熙十二年（1673）刻本，清康熙十九年（1680）、二十五年（1686）、三十年（1691）程軒舉、王原祁、賀勳等續修遞增刻本	存	同上
		（宣統）《任縣志》	八卷	（清）謝昌麟修、陳智章修；（民國）王愷年續修，劉書旗續纂	清宣統二年（1910）修 民國四年（1915）續修鉛印本，臺灣成文出版社影印本	存	同上
	沙河縣（現沙河市）	（康熙）《沙河縣志》	八卷	談九乾纂修	清康熙二十七年（1688）刻本	存	同上
		（乾隆）《沙河縣志》	十卷首一卷末一卷	杜灝纂修	清乾隆二十二年（1757）刻本	存	同上
		（道光）《續增沙河縣志》	二卷	魯傑纂修	清道光二十五年（1845）刻本	存	同上
	內丘縣	（康熙）《內丘縣志》	四卷	汪廷鼎修、和羹纂	清康熙七年（1668）刻本	存	同上
		（道光）《內丘縣志》	四卷	汪廷鼎原本、施彥士續纂修	清道光十二年（1832）增刻重印本，臺灣成文出版社影印本	存	同上
		（光緒）《內丘縣鄉土志》	不分卷	盧聘卿修、田爾硯、郝慎岡纂	清光緒間抄本	存	同上

府	縣	書名	卷數	纂修者	版本	存	備註
順德府	廣宗縣	（康熙）《廣宗縣志》	十二卷	吳存禮修・喬承寵纂	清康熙三十二年（1693）刻本	存	同上
		（嘉慶）《廣宗縣志》	十二卷附錄二卷	李師舒纂修	清嘉慶七年（1802）刻本	存	同上
		（同治）《廣宗縣志》	十二卷	羅觀駿修・李汝紹纂	清同治十三年（1874）刻本	存	同上
	平鄉縣	（康熙）《平鄉縣志》	六卷	趙瑜修，趙培基纂，卞三長續修	清康熙十一年（1672）刻本	存	同上
		（乾隆）《平鄉縣志》	十二卷	楊喬纂修	清乾隆十六年（1751）刻本	存	同上
		（同治）《平鄉縣志》	十二卷首一卷	蘇桂桂纂修	清同治七年（1868）刻本，光緒十二年（1886）吳沂增刻本，民國三十一年（1942）鉛印光緒本	存	同上
	南和縣	（康熙）《南和縣志》	八卷	韋兆蕙修・周鎬修	清康熙六年（1667）刻本	存	同上
		（乾隆）《南和縣志》	十二卷首一卷	周萼煥纂修	清乾隆十四年（1749）刻本，清抄本，臺灣成文出版社影印本	存	同上
		（光緒）《南和縣志》	十二卷首一卷	王立勳修・李清芝等纂	清光緒十九年（1893）修抄本	存	同上
		（光緒）《南和縣鄉土志》	二卷	佚名編	清光緒間抄本	存	同上

府	州縣	志書	卷數	修纂者	版本	存佚	收藏
廣平府	廣平府	（康熙）《廣平府志》	二十卷	沈奕琛修，申涵盼纂	清康熙十五年（1676）刻本	存	同上
		（乾隆）《廣平府志》	二十四卷	吳合纂修	清乾隆二年（1737）修 十年（1745）刻本	存	同上
		（光緒）《廣平府志》	六十三卷首一卷	吳中彥修，胡景桂纂	清光緒二十年（1894）刻本，臺灣學生書局影印本	存	同上
	磁州（現磁縣）	（康熙）《磁州志》	十二卷	任塾纂修	清康熙三十三年（1694）寧致堂刻本	存	同上
		（康熙）《磁州志》	十八卷	蔣擢修，樂玊聲纂	清康熙四十二年（1703）刻本，四十八年（1709）增刻本，清同治十三年（1874）補刻本	存	同上
		（同治）《磁州志》	六卷首一卷	程光瀅纂修	清同治十三年（1874）刻本	存	同上
		（光緒）《磁州鄉土志》	不分卷	佚名編	清光緒間抄本		同上
	永年縣	（康熙）《永年縣志》	十九卷首一卷	朱世緯纂修	清康熙十一年（1672）刻 雍正十一年(1733)侯可大增補 乾隆十年（1745）王玲再增補本	存	同上
		（乾隆）《永年縣志》	四十四卷首一卷	孔廣棣纂修	清乾隆二十二年（1757）刻本	存	同上
		（光緒）《永年縣志》	四十卷首一卷	夏詒鈺纂修	清光緒三年（1877）刻本，臺灣成文出版社影印本	存	同上
		（光緒）《永年縣鄉土志》	三卷	佚名編	抄本	存	同上

府	縣	志書名	卷數	修纂者	版本年代	存佚	備註
廣平府	曲周縣	（順治）《曲周縣志》	四卷	李時茂修，趙承吉纂	清順治十三年（1656）刻本	存	同上
		（乾隆）《曲周縣志》	十九卷	勞宗發修；王令遠纂	清乾隆十二年（1747）刻本	存	同上
		（同治）《曲周志》	二十卷	存祿修，劉自立纂	清同治八年（1869）刻本	存	同上
	魏縣	（康熙）《魏縣志》	四卷首一卷	李尚斌修，王錫命纂	清康熙二十二年（1683）刻本	存	同上
		（雍正）《魏縣志》	四卷首一卷	馬襄修，劉翔議纂	清雍正五年（1727）刻本	存	同上
	成安縣	（康熙）《成安縣志》	十二卷	王公楷修，張星纂	清康熙十二年（1673）刻本	存	同上
		（嘉慶）《成安縣志》	十二卷	孫培曾修，宋鳳翼纂	清嘉慶七年（1802）刻本，道光八年（1838）增刻本	存	同上
	涉縣	（順治）《涉縣志》	八卷	劉瀚修；李若轁纂	清順治十六年（1659）民國抄本	存	聯合目錄、河北總目
		（康熙）《涉縣志》	十二卷	黃澤修；竇舜常纂	清康熙五十三年（1714）刻本	存	聯合目錄、總目提要、河北總目
		（嘉慶）《涉縣志》	八卷	戚學標纂修	清嘉慶四年（1799）刻本	存	同上
	雞澤縣	（順治）《雞澤縣志》	十卷	吳應文纂修	清順治四年（1647）刻本	存	同上
		（康熙）《雞澤縣志》	十卷	姜招纂修	清康熙十二年（1673）刻本	存	同上

府	縣	志書名	卷數	修纂者	版本	存佚	備註
廣平府	雞澤縣	(乾隆)《雞澤縣志》	二十卷	王光燮修，王錦林增訂	清乾隆二十年（1755）修 三十一年（1766）增訂刻本、抄本、1969年臺灣成文出版社影印本	存	同上
		《雞澤縣鄉土志略》	一卷	佚名編	民國四年（1915）抄本	存	同上
	邱縣	(康熙)《邱縣志》	八卷	張珽修、劉爾浩纂	清康熙間刻本、清抄本	存	同上
		(雍正)《邱縣志》	八卷	王輅修、韓思聖纂	清雍正六年（1728）刻本	存	同上
		(乾隆)《邱縣志》	八卷	黃景曾修、靳淵然等纂	稿本、清乾隆四十七年（1782）刻本、民國二十二年（1933）濟南平民日報社鉛印本、臺灣成文出版社影印本、抄本	存	
	肥鄉縣	(雍正)《肥鄉縣志》	六卷	王建中修、宋錦纂	清雍正十年（1732）刻本	存	同上
		(同治)《肥鄉縣志》	三十六卷補遺一卷	李鵬展修、趙文濂纂	清同治六年（1867）刻本	存	同上
	臨漳縣	(雍正)《臨漳縣志》	六卷首一卷	陶穎發纂修、陳大玠增修	清康熙三十年（1691）刻 雍正九年（1731）增刻本	存	同上
		(咸豐)《臨漳縣志》	六卷	張濟南纂修	清咸豐十年（1860）刻本	存	同上
		(同治)《臨漳縣志略備考》	四卷	駱文光纂修	清同治十三年（1874）刻本、臺灣成文出版社影印本	存	同上
		(光緒)《臨漳縣志》	十八卷首一卷	周秉彝修、周壽梓、李耀中纂	清光緒三十年（1904）刻本	存	同上

府	縣	志書名	卷數	纂修者	版本年代	存佚	著錄
廣平府	武安縣（現武安市）	（康熙）《武安縣志》	十八卷	黃之孝修、李喆纂	清康熙五十年（1711）刻本	存	同上
		（乾隆）《武安縣志》	二十卷圖一卷	蔣光祖修、夏兆豐纂	清乾隆四年（1739）刻本，臺灣成文出版社影印本	存	同上
		（光緒）《武安縣鄉土志》	不分卷	錢祥保編	清光緒三十二年（1906）刻本	存	聯合目錄、河北總目
	邯鄲縣	（順治）《邯鄲縣志》	二卷	韓思敬纂修	清順治辛丑刻本	存	聯合目錄、總目提要、河北總目
		（康熙）《邯鄲縣志》	十二卷	張慎發纂修	清康熙十二年（1673）刻本	存	同上
		（雍正）《邯鄲縣志》	十二卷	鄭芳坤纂修	清雍正八年（1730）刻本	存	同上
		（乾隆）《邯鄲縣志》	十二卷首一卷	王炯纂修	清乾隆二十一年（1756）刻本	存	同上
		（光緒）《邯鄲縣志》	八卷	英棨、周錫章纂修	清光緒元年（1875）稿本	存	同上
	廣平縣	（康熙）《廣平縣志》	五卷	夏顯煜修、王蓊巽纂	清康熙十五年（1676）刻本	存	同上
		（光緒）《廣平縣鄉土志》	五卷	曾嶧莘、楊蔭溎編	清光緒三十二年（1906）抄本	存	同上
	清河縣	（康熙）《清河縣志》	十八卷	盧士傑纂修、錢啟文等續修	清康熙十七年（1678）刻 康熙五十七年（1718）增刻 乾隆二年（1737）再增刻本	存	同上
		（同治）《清河縣志》	十八卷	王鏞修、郭兆蕃等纂	清同治十一年（1872）刻本	存	同上
		（光緒）《清河縣志》	四卷	黃汝香等纂修	清光緒九年（1883）刻本，臺灣成文出版社影印本	存	同上

府	縣	志書名	卷數	纂修者	修纂年代	存佚	版本
廣平府	威縣	(順治)《威縣續志》	一卷	袁天秩修，張璞纂	清順治三年(1646) 刻本	存	同上
		(康熙)《威縣志》	十六卷	李之棟纂修	清康熙十二年(1673) 刻本	存	同上
大名府	大名府	(康熙)《大名府志》	三十二卷	周邦彬修，郗煥元纂	清康熙十一年(1672) 刻本	存	同上
		(咸豐)《大名府志》	二十二卷首一卷續志六卷末一卷	朱煐等纂修，武蔚文續纂，郭程先續纂，高繼珩增補	清咸豐三年(1853) 刻本、抄本	存	同上
	大名縣	(康熙)《大名縣志》	二十卷	顧咸泰修，王達五纂	清康熙十五年(1676) 刻本	存	同上
		(乾隆)《大名縣志》	四十卷首一卷	張維祺修，李棠纂	清乾隆五十四年(1789) 刻本	存	同上
	元城縣(現併入大名縣)	(康熙)《元城縣志》	六卷首一卷	陳韋等纂修	清康熙十五年(1680) 刻本	存	同上
		(同治)《元城縣志》	六卷首一卷	吳大鏞修，王仲姓纂	清同治十一年(1872) 刻本、抄本、臺灣成文出版社影印本	存	同上
東昌府(清朝時屬山東省)	館陶縣	(康熙)《館陶縣志》	十二卷	鄭先民修，耿願魯纂	清康熙十四年(1675)刻本，光緒十九年(1893)刻本、抄本	存	同上
		(雍正)《館陶縣志》	十二卷	趙知希修，張興宗增修	清雍正五年(1727)修 十三年(1735)續修 乾隆元年(1736)刻本，清光緒十九年(1893)刻本，民國二十年(1931)鉛印本，臺灣成文出版社影印本	存	同上

		志書名	卷數	修纂者	版本	存佚	備註
		（光緒）《館陶縣鄉土志》	八卷	孫方陸修，宋金鏡、熊廷獻纂	清光緒三十四年（1908）鉛印本，臺灣成文出版社影印本	存	同上
	冀州（現冀州市）	（康熙）《冀州志》	十卷	李顯忠修，耿德曙、陳淳纂	清康熙十四年（1675）刻本，康熙二十四年（1685）增刻本	存	同上
		（乾隆）《冀州志》	二十卷續編一卷	范青暘纂修	清乾隆十二年（1747）刻本	存	同上
冀州直隸州	衡水縣（現衡水市）	（康熙）《衡水縣志》	六卷	蕭鳴鳳修，孫可憲纂	清康熙十九年（1680）刻本	存	同上
		（乾隆）《衡水縣志》	十四卷	陶叔獻纂修	清乾隆三十二年（1767）刻本	存	同上
	襄強縣	（康熙六年）《襄強縣志》	四卷	（明）王鶴鳴修，陶萬象纂；（清）胡夢龍增修，單惺等增纂	明萬曆四十四年（1616）刻　清康熙六年（1667）增刻本	存	同上
		（康熙十九年）《襄強縣志》	四卷	董廷榮修，江澄纂	康熙十九年（1680）刻本	存	同上
		（乾隆）《襄強縣志》	八卷首一卷末一卷	單作哲纂修	清乾隆十七年（1752）刻本	存	同上
		（乾隆）《續襄強縣志》	不分卷	任搶纂修	清乾隆四十年（1775）刻本	存	總目提要
		（嘉慶）《襄強縣志》	二十卷	任衡蕙修，楊元錫纂	清嘉慶九年（1804）刻本	存	縣合目錄、總目提要、河北總目

州	縣	書名	卷數	修纂者	版本	存佚	來源
	襄強縣	(同治)《襄強縣志補正》	五卷	方宗誠纂修	清同治十三年（1874）修 光緒二年（1876）刻本，光緒五年（1879）（1876）刻 光緒五年（1879）增刻本、臺灣成文出版社影印本	存	同上
	武邑縣	(康熙)《武邑縣志》	六卷	許維橒修、束圖南纂	清康熙三十三年（1694）刻本	存	同上
	武邑縣	(同治)《武邑縣志》	十卷首一卷	彭美修、龍文彬纂	清同治十一年（1872）刻本、臺灣成文出版社影印本	存	同上
	新河縣	(康熙)《新河縣志》	十卷	王汝翰等纂修	清康熙十八年（1679）刻本，民國抄本	存	同上
	新河縣	(道光)《新河縣志》	十卷	衛緒渙修、左毓鐸纂	清道光十六年（1836）修 抄本	存	聯合目錄·河北總目
冀州直隸州	新河縣	(光緒)《新河縣志》	十六卷	趙鴻釣修、沈家煥纂	清光緒二年（1876）刻本，清宣統元年（1909）補刻本	存	聯合目錄·總目提要·河北總目
	南宮縣（現南宮市）	(康熙)《南宮縣志》	十二卷	胡胤銓纂修	清康熙十二年（1673）刻本，雍正五年（1727）增補本	存	同上
	南宮縣（現南宮市）	(道光)《南宮縣志》	十六卷	周栻修、陳柱纂	清道光十一年（1831）刻本	存	同上
	南宮縣（現南宮市）	(光緒)《南宮縣志》	十八卷	戴世文修、喬國楨纂	清光緒三十年（1904）刻本	存	同上
	南宮縣（現南宮市）	(光緒)《南宮縣鄉土志》	不分卷	（清）佚名編	清光緒末年編 抄本	存	同上

深州直隸州	地區	名稱	卷數	纂修者	版本	存佚	收藏
	深州（現深州市）	（康熙）《深州志》	八卷	李天培修，段文華纂	清康熙三十六年（1697）刻本	存	同上
		（雍正）《直隸深州志》	八卷	徐綬纂修	清雍正十年（1732）刻本	存	同上
		（乾隆）《直隸深州總志》	二十卷首一卷	伊侃修、鄒雲城纂	清乾隆二十一年（1756）刻本	存	同上
		（道光）《深州直隸州志》	十卷首一卷末一卷	張范東修、李廣滋纂	清道光七年（1827）刻本	存	同上
		（同治）《深州風土記》	二十二卷附表五卷	吳汝綸纂修	清同治十年（1871）修 光緒二十六年（1900）文端書院刻本，臺灣學生書局影印本，清宣統間石印本	存	同上
	安平縣	（康熙）《安平縣志》	十卷	陳宗石纂修	清康熙二十六年（1687）惠立堂刻本，清康熙三十一年（1692）增刻本，臺灣成文出版社影印本	存	同上
	饒陽縣	（順治）《饒陽縣後志》	六卷	劉世祚修、田敬宗等纂	清順治三年（1646）刻本	存	同上
		（乾隆）《饒陽縣志》	二卷首一卷末一卷	單作哲纂修	清乾隆十四年（1749）刻本，清道光閏重曰補刻本，臺灣成文出版社影印本	存	同上

府州	縣	志書名	卷數	纂修者	版本	存佚	備註
深州直隸州	武強縣	(康熙)《重修武強縣志》	四卷	李道光修，賈振裘纂	清康熙六年(1667)刻本	存	同上
		(康熙)《武強縣新志》	八卷	洗國幹修，張星法纂	清康熙三十三年(1694)刻本，抄本	存	同上
		(道光)《武強縣志重修》	十二卷	翟慎行修，翟慎典纂	清道光十一年(1831)刻本，抄本，臺灣成文出版社影印本	存	同上
易州直隸州	易州（現易縣）	(順治)《易水志》	三卷	蘭民孚、朱懋文等纂修	清順治二年(1645)刻本	存	同上
		(康熙)《易水續志》	一卷	韓文煋纂修	清康熙十九年(1680)刻本，抄本	存	同上
		(乾隆)《直隸易州志》	十八卷卷首一卷	楊芊纂修，張登高續纂修	清乾隆十二年(1747)刻本，臺灣學生書局影印本	存	同上
	淶水縣	(康熙)《淶水縣志》	十卷卷首一卷	陸民箴纂修	清康熙十六年(1677)刻本	存	同上
		(乾隆八年)《淶水縣志》	十二卷首一卷末	王治纂修	清乾隆八年(1743)刻本	存	同上
		(乾隆二十七年)《淶水縣志》	八卷首一卷末一卷	方立經纂修	清乾隆二十七年(1762)刻本	存	同上
		(光緒)《淶水縣志》	八卷首一卷末一卷	陳儁等纂修	清光緒五年(1879)修二十一年(1895)刻本，民國重印本，臺灣成文出版社影印本	存	同上
	廣昌縣	(康熙)《廣昌縣志》	八卷首一卷	杜登春修，李我郊纂	清康熙三十年(1691)刻本，抄本	存	同上

府州	縣	書名	卷數	纂修	版本	存佚	備考
	（現淶源縣）	（乾隆）《廣昌縣志》	八卷首一卷	趙由仁纂修	清乾隆二十五年（1760）刻本	存	同上
		（光緒）《廣昌縣志》	十四卷首一卷末一卷	劉榮纂修	清光緒元年（1875）刻本，臺灣成文出版社影印本	存	同上
趙州直隸州	趙州（現趙縣）	（康熙）《趙州志》	十卷	祝萬祉修·閻永齡纂、王鎣纂	清康熙十二年（1673）修稿本，清隸熙十二年（1673）修刻本·抄本	存	同上
		（同治）《直隸趙州志》	二十一卷首一卷	孟傳鑄纂修	清同治間稿本	存	同上
		（光緒）《直隸趙州志》	十六卷首一卷末一卷	孫傳杖修·王景美纂	清光緒二十三年（1897）刻本，民國二十八年（1939）鉛印本	存	同上
		（光緒）《趙州屬邑志》	八卷	孫傳杖纂修	清光緒二十三年（1897）刻本，臺灣艾文出版社影印本	存	同上
		（光緒）《趙州鄉土志》	不分卷	佚名編	清光緒末年修抄本	存	同上
	高邑縣	（康熙）《高邑縣志》	三卷	劉瑞修·趙端纂	清康熙二十四年（1685）刻本，抄本	存	同上
		（乾隆）《高邑縣志》	八卷	江啓澄修·林鴻璣纂	清乾隆四十三年（1778）修本	存	同上
		（嘉慶）《高邑縣志》	十卷首一卷	陳元芳修·沈雲尊纂	清嘉慶五年（1800）刻本，嘉慶十六年（1811）增刻本	存	同上
	柏鄉縣	（康熙）《柏鄉縣志》	十卷	謝廷瑞修·魏裔介纂	清康熙十九年（1680）刻本	存	同上
		（乾隆）《柏鄉縣志》	十卷首一卷	鍾賡華纂修	清乾隆三十二年（1767）刻本	存	同上

州	縣	志書名稱	卷數	纂修者	版本	存佚	出處
趙州直隸州	寧晉縣	(康熙)《寧晉縣志》	十卷	萬任修、張坦纂	清康熙十八年（1679）刻本	存	同上
		(光緒)《寧晉縣鄉土志》	不分卷	佚名編	清光緒年間編 抄本	存	同上
	隆平縣（併入隆堯縣，現）	(光緒)《瓔陶續志採訪事實原編》	不分卷	夏子鑒編	清光緒六年（1880）編 清抄本	存	聯合目錄、總目提要
		(乾隆)《隆平縣志》	十卷	袁文煥纂修	清乾隆二十九年（1764）刻本，清抄本，民國間抄本，民國二十五年（1936）石印本，臺灣成文出版社影印本	存	聯合目錄、總目提要、河北總目
	臨城縣	(康熙)《臨城縣志》	八卷	楊寬修、喬己百纂	清康熙三十年（1691）刻本，嘉慶、道光、同治間遞增刻本	存	同上
		(康熙)《臨城縣志》	十卷	宋廣業等纂修	清康熙五十五年（1716）刻本	存	聯合目錄、河北總目
定州直隸州	定州（現定州市）	(康熙)《定州志》	十卷	黃開運纂修	清康熙十一年（1672）刻本	存	聯合目錄、總目提要、河北總目
		(康熙)《定州志輯要》	七卷	佚名輯	抄本	存	同上
		(雍正)《直隸定州志》	十卷	王大年修、魏權纂	清雍正十一年（1733）刻本	存	同上
		(道光)《直隸定州志》	二十二卷首一卷	寶琳、勞沅恩纂修	清道光三十年（1850）刻本，臺灣成文出版社影印本	存	同上
		(咸豐)《直隸定州續志》	四卷	王榕吉修、張槳纂	清咸豐十年（1860）刻本	存	同上

		志名	卷數	修纂	版本	存佚	收藏
定州直隸州	曲陽縣	（康熙）《曲陽縣新志》	十一卷	劉師峻纂修	清康熙十一年（1672）刻本，康熙、道光間增刻刻本	存	同上
		（光緒）《重修曲陽縣志》	二十卷	周斯億、溫亮珠修，董濤纂	清光緒三十年（1904）刻本	存	同上
		（光緒）《曲陽縣鄉土志》	不分卷	陳嘉陰編	抄本	存	同上
	深澤縣	（康熙）《深澤縣志》	十卷首一卷	許來音纂修	清康熙十四年（1675）修 康熙刻本、抄本	存	同上
		（雍正）《深澤縣志》	十二卷首一卷	趙憲修，王植纂	清雍正十三年（1735）刻本，乾隆二十七年（1762）再增刻刻本	存	同上
		（咸豐）《深澤縣志》	十卷	張衍壽修，王肇晉纂	清咸豐十年（1860）修 同治元年（1862）刻本，臺灣成文出版社影印本、抄本，民國二十五年（1936）鉛印本	存	同上
遵化直隸州	遵化州（現遵化市）	（康熙）《遵化縣志》	十卷	（明）張傑修，周祚纂；（清）周體觀增輯	清康熙刻本	存	同上
		（康熙）《遵化志略》	一卷	周體觀纂修	清康熙七年（1668）刻本、抄本	存	同上
		（康熙）《遵化州志》	十二卷	鄭鬲生修，葉向升等纂	清康熙間修 康熙抄本	存	同上
		（乾隆二十一年）《直隸遵化州志》	十二卷	劉靖修，邊中寶纂	清乾隆二十一年（1756）刻本	存	同上

			卷數	傅修等纂修		存	同上
遵化直隸州	遵化州（現遵化市）	（乾隆五十九年）《遵化直隸州志》	二十卷	傅修等纂修	清乾隆五十九年（1794）刻本	存	同上
		（光緒）《遵化通志》	六十卷首一卷	何崧泰等修，史樸等纂	清光緒十二年（1886）刻本	存	同上
	豐潤縣（現唐山市豐潤區）	（康熙）《豐潤縣志》	八卷	羅景泐修，曹鼎旺等纂	清康熙三十一年（1692）刻本	存	同上
		（乾隆）《豐潤縣志》	八卷	吳慎纂修	清乾隆二十年（1755）刻本	存	同上
		（光緒）《豐潤縣志》	十二卷	郁增祜等纂修，周壐坓續纂修	清光緒十七年（1891）刻本，民國十年（1921）鉛印本，臺灣成文出版社影印本，抄本	存	同上
	玉田縣	（康熙）《玉田縣志》	八卷	王光謨修，胡維翰纂	清康熙二十年（1681）刻本	存	同上
		（乾隆）《玉田縣志》	十卷	謝客纂修	清乾隆二十一年（1756）刻本	存	同上
		（光緒）《玉田縣志》	三十卷首一卷	夏子鐙修，李維時纂，丁維續纂	清光緒十年（1884）刻本	存	同上

總表二　現存清代直隸專業志表

書名	卷數	纂修者	版本	存佚情況	資料來源
（雍正）《長蘆鹽法志》	十六卷	莽鵠立修・魯之裕纂	清雍正四年（1726）刻本	存	南開大學圖書館等
（嘉慶）《長蘆鹽法志》	三十卷	黃掌綸等纂修	清嘉慶十年（1805）刻本	存	天津圖書館等
（光緒）《直隸工藝志初編》	八卷	周爾潤等編	清光緒三十三年（1907）工藝總局鉛印本	存	同上
《京畿金石考》	二卷	孫星衍撰	清光緒十二年（1886）吳縣朱氏刻本	存	同上
《畿輔金石》		黃彭年編	抄本	存	河北總目
《直隸金石文抄》	一卷	繆荃孫編輯	稿本	存	同上
《畿輔碑目》	二卷	樊彬輯	民國二十四年（1935）河北博物院鉛印本	存	天津圖書館等
《常山貞石志》	二十四卷	沈濤編	民國二十一年（1932）抄本	存	河北總目
《大清一統志直隸人物志》	不分卷	穆彰阿等纂修	清抄本	存	天津圖書館等
（順治）《畿輔人物志》	二十卷	孫承澤編	清順治十五年（1653）刊本	存	《續修四庫全書》第540冊「史部・傳記類」
《畿輔人物考》	八卷	孫奇逢輯	清同治八年（1869）兼山堂刻本	存	北京出版社：《北京古籍叢書，2011年12月第1版
《畿輔通志職官草冊》	不分卷	勞乃宣撰	稿本	存	河北總目

書名	卷數	撰者	版本	存佚	出處
《畿輔同官錄》	不分卷	陳夔龍撰	清宣統三年（1911）鉛印本	存	同上
《國朝畿輔詩傳》	六十卷	陶樑輯，崔成棟等校	清道光十九年（1839）紅豆樹館刻本	存	同上
《直隸名宦錄》	不分卷		清抄本	存	同上
（康熙）《天府廣記》	四十四卷	孫承澤撰	清抄本	存	《續修四庫全書》第 729 冊「史部·地理類」
（康熙）《日下舊聞》	四十二卷	朱彝尊撰	清康熙二十七年（1688）刻本	存	總目提要
（乾隆）《日下舊聞考》	一百六十卷	于敏中、英廉等修，竇光鼐、朱筠等纂	清乾隆五十三年（1788）武英殿刻本	存	同上
《京師坊巷志稿》	二卷	朱一新、繆荃孫纂修	清光緒二十三年（1897）義烏葆眞堂刻本	存	國家圖書館
《京師坊巷志》	二卷	朱一新、繆荃孫纂修	民國七年（1918）南林劉氏求恕齋刻本，臺灣成文出版社影印本	存	同上
《北京風俗記》	二卷	宋起鳳撰	不詳	存	（光緒）《畿輔通志》卷 137「藝文五」
《燕京歲時記》	不分卷	敦禮臣撰	清光緒二十五年（1899）刻本	存	天津日本圖書館民國二十八年（1939）編《河北省方志展覽會目錄》
《天咫偶聞》	十卷	震鈞撰	清光緒間刻本	存	同上
《都門紀略》	四集	楊靜亭撰，張琴等增補	清同治三年（1864）刻本	存	張智主編：《風土志叢刊》第 14 冊，揚州：廣陵書社，2003 年月 4 月第 1 版
《都市叢載》	八卷	楊靜亭撰	清光緒十三年（1887）刻本	存	天津日本圖書館 1939 年編《河北省方志展覽會目錄》

書名	卷數	撰者	版本	存佚	備註
《京塵雜錄》	不分卷	楊掌生撰	清光緒間刻本	存	同上
《帝京歲時紀勝》	一卷	潘榮陛撰	民國二十六年（1937）松筠堂書莊鉛印本	存	天津圖書館等
《天津指南》	六卷	石小川編	清宣統三年（1911）鉛印本	存	同上
《上方山志》	五卷	釋達聞撰	清光緒十八年（1892）三善堂鉛印本	存	同上
《津門雜記》	三卷	張燾撰	清光緒十年（1884）刻本	存	同上
《津門紀略》	十二卷	題羊城舊客撰	清光緒二十四年（1898）石印本	存	同上
（康熙）《盤山志》	十四卷	釋智樸撰	清康熙三十年（1691）刻本	存	（光緒）《畿輔通志》卷137「藝文五」
（乾隆）《欽定盤山志》	二十一卷	蔣溥等奉敕纂	清乾隆十九年（1754）刻本	存	（光緒）《畿輔通志》卷137「藝文五」、《四庫全書》第586冊史部344「地理類」
（康熙）《山海關關志》	十卷	陳天植修，佘一元纂	清康熙九年（1670）刻本、抄本	存	河北總目·總目提要·聯合目錄
《昌平山水記》	二卷	顧炎武撰	清吳江潘氏遂初堂刻本	存	《續修四庫全書》第721冊「史部·地理類」
《潭柘山岫雲寺志》	一卷	神穆德撰	清光緒間刻本	存	天津圖書館等
《續刊潭柘寺志略》	一卷	羲電撰	清光緒間刻本	存	同上
《營平二州地名記》	一卷	顧炎武撰	兩淮鹽政採進本	存	（光緒）《畿輔通志》卷137「藝文五」「史部」、《四庫全書》588冊「史部·地理類」

書名	卷數	撰者	版本	存佚	著錄
《金鼇退食筆記》	二卷	高士奇撰	刑部尚書英廉採進本	存	同上
《磁州地震大災紀略》	一卷	沈睟生撰	清道光十年（1830）刻本	存	天津圖書館等
《畿輔見聞錄》	一卷	黃可潤撰	清乾隆間撲閒撲園刻本、民國四年（1915）鉛印本	存	河北總目
《畿東河渠通論》	一卷	佚名撰	《小方壺齋輿地叢鈔》，清光緒十七年（1891）至二十三年（1897）上海著易堂鉛印本	存	同上
《畿南河渠通論》	一卷	佚名撰	《小方壺齋輿地叢鈔》，清光緒十七年（1891）至二十三年（1897）上海著易堂鉛印本	存	同上
《京畿諸水編》	一卷	齊召南撰	《小方壺齋輿地叢鈔第四帙》，清光緒十七年（1891）至二十三年（1897）上海著易堂鉛印本	存	同上
《畿輔水利議》	一卷	林則徐撰	清光緒二年（1876）三山林氏刻本	存	同上
《畿輔水利輯覽》	一卷	吳邦慶撰	清道光四年（1824）刻、畿輔河道水利叢書本	存	同上
《畿輔水利四案》	六卷	潘錫恩編	清道光三年（1823）刻本	存	同上
《畿輔水利河道叢書》八種	十四卷	吳邦慶撰	清道光四年（1824）刻本	存	（光緒）《畿輔通志》卷134「藝文二」、河北總目
《直隸河道事宜》	不分卷	不著撰人	清抄本	存	河北總目
《畿輔河道輿地全圖》	七卷	不著撰人	清同治十一年（1872）刻本	存	同上

書名	卷數	撰修者	版本	存佚	收藏
《畿輔水利營田冊記》	一卷	陳儀撰	清道光四年（1824）刻本	存	同上
《畿輔水道管見》	一卷	吳邦慶撰	清道光三年（1823）刻本	存	同上
（嘉慶）《畿輔安瀾志》	五十六卷	王履泰纂修	清武英殿聚珍版印本	存	《續修四庫全書》第848冊「史部·政書類」
《永定河志摘要》	不分卷	鄂爾泰奉敕撰	民國油印本	存	天津圖書館等
（乾隆）《永定河志》	二十卷	陳琮纂修	清乾隆五十四年（1739）內府抄本	存	河北總目、《續修四庫全書》第850冊「史部·政書類」
《永定河志》	十二卷	陳琮纂修	清抄本〔有費定綱跋〕	存	河北總目
（嘉慶）《永定河志》	三十三卷	李逢亨纂修	清嘉慶二十年（1815）刻本	存	同上
（光緒）《永定河續志》	十七卷	朱其詔修、蔣廷皐重校	清光緒八年（1882）刊本（游智開跋）	存	同上
《永定河源考》	一卷	蔡鍚齡撰	《小方壺齋輿地叢鈔》第四帙》，清光緒十七年（1891）至二十三年（1897）上海著易堂鉛印本	存	同上
《直隸河渠志》	一卷	陳儀纂修	清道光四年（1824）益津吳氏刻、畿輔通志水利叢書本	存	同上
《天津南北段四鄉海河工程捐務探訪各局現行規則初二三編》	不分卷	吳筬係撰	清宣統元年（1909）石印本	存	天津圖書館等
《直隸省各府地圖》	不分卷	直隸警務處繪圖局製	清光緒三十三年（1907）測圖，光緒三十四年（1908）繪印	存	同上

《直隸省各縣地圖》	不分卷	直隸警務處繪圖局繪圖局製	清光緒三十四年（1908）繪印	存	同上
《完縣小輿圖》	不分卷	（清）趙希德繪	清光緒間印本	存	同上
《清內務府藏京城全圖》	不分卷	清乾隆十五年（1750）海望、郎士寧、沈源等繪製	1940年故宮博物院影印本	存	同上
《畿輔全圖》	不分卷	不著撰人	清石印本	存	同上
《直隸五道成規》	三卷	不著撰人	清刻本	存	同上

總表三 現存清代直隸總志略表

書名	卷數	纂修者	版本	存佚	資料來源
(光緒)《直隸考略》	一卷	龔柴編	《小方壺齋輿地叢鈔第一帙》，清光緒十七年（1891）至二十三年（1897）上海著易堂鉛印本	存	河北總目
(光緒)《直隸地略》	一卷	馬冠群編	《小方壺齋輿地叢鈔再補編一帙》，清光緒十七年（1891）至二十三年（1897）上海著易堂鉛印本	存	同上
《直隸沿道地志》	不分卷	（日本）陸軍課第二部將官著，（安徽）段芝蘭譯	清光緒三十三年（1907）譯，東京日本印刷株式會社刊印本	存	同上
《宸垣識略》	十六卷	吳長元撰	乾隆五十三年（1788）池北草堂巾箱本，清光緒二年（1876）刻巾箱本	存	天津圖書館等
(道光)《郿陰志略》	一卷	管庭芬纂修	清道光十一年（1831）修 稿本，抄本	存	聯合目錄、總目提要、河北總目

總表四　清代直隸方志佚書表

區域	書　名	卷（冊）數	纂修者	版本	存佚情況	資料來源
正定府	（康熙）《井陘縣志稿》	六	周文煊纂修	清康熙二十七年（1688）修　未梓	佚	鍾文英纂修：（雍正）《井陘縣志》「凡例」；《河北通志稿‧文獻志》「舊志源流」
	（康熙）《欒城縣志》	不詳	趙柄修‧陳食採纂	清康熙十一年（1672）成書	佚	王珣修‧賀應旌纂：（康熙）《欒城縣志》；《河北通志稿‧舊志源流》
	（康熙）《行唐新縣志》	不詳	何琛修	清康熙十一年（1672）修	佚	吳高增纂修：（乾隆）《行唐縣新志》卷首「凡例」；《河北通志稿‧文獻志》「舊志源流」
	（康熙）《靈壽縣志》	不詳	衛榮龍修‧康國盛等纂	清康熙十一年（1672）修　未梓	佚	陸隴其修‧傅維栻纂：（康熙）《靈壽縣志》「歷修縣志姓氏」；《河北通志稿‧文獻志》「舊志源流」
	（雍正）《贊皇縣志》	不詳	陳廷光修‧安忠纂	清雍正三年（1725）修	佚	黃崗竹纂修：（乾隆）《贊皇縣志》「序」；《河北通志稿‧文獻志》「舊志源流」
	（順治）《平山縣志》	五		清順治間刻本	佚	繆荃孫探撰：《清學部圖書館方志目》
	（康熙）《晉州志》	不詳	陳祖法修	清康熙二十九年（1690）成書	佚	郭建章原本、康如璉續修‧劉士麟續纂：（康熙）《晉州志》；《河北通志稿‧文獻志》「舊志源流」
	（康熙）《新樂縣志》	二十	林華皖修‧郝雁翔等纂	清康熙元年（1662）成書	佚	《河北通志稿‧文獻志》「舊志源流」

府	志書名稱	卷數	纂修者	修纂年代	存佚	著錄依據
宣化府	(康熙)《懷安縣志》	不詳	三韓殷氏、晉陽武氏	清康熙四十五年(1706)修 未梓	佚	李鴻章等修，黃彭年等纂：(同治)《畿輔通志》卷137「藝文五」「直隸方志」
	(順治)《西寧縣志》	七	蘇銳纂修	清順治三年(1646)修	佚	李鴻章等修，黃彭年等纂：(同治)《畿輔通志》卷137「藝文五」「直隸方志」
承德府	(康熙)《承德縣志》	二十六	撰人無考	清康熙二十四年(1685)修	佚	陳夢雷《松鶴山房文集》九卷，見《河北歷代地方志目》
	(光緒)《承德縣志》	二	郜林布修，李巨源、李週棠、徐守常纂	清光緒三十四年(1903)修	佚	《承德縣志書》
順天府	(康熙)《三河縣志》	不詳	鄭富民纂修	清康熙四十四年(1705)刻本	佚	陳祖修、王大言等纂：(乾隆)《三河縣志》卷首「舊志後序」鄭富民自序；《河北通志稿·文獻志》「舊志源流」
	(同治)《大城縣志稿》	不詳	劉鍾英纂修	清同治十一年(1872)成書 未梓	佚	趙炳文、徐國楨續修，劉鍾英、鄧燕怡纂：(光緒)《大城縣志》張福堂序
	(康熙)《文安縣志》	二	劉禾謨纂修	年代無考	佚	《河北通志稿·文獻志》「舊志源流」
	(光緒)《文安縣志》	不詳	賀家駿纂修	清光緒元年(1875)修 未梓	佚	陳禎續修，李蘭增、徐德沛纂：(民國)《文安縣志》卷首「凡例」；《河北通志稿·文獻志》「舊志源流」
	(嘉慶)《薊州志》	不詳	趙錫蒲修，蔣本澐纂	清嘉慶十七年(1812)成書	佚	《河北通志稿·文獻志》「舊志源流」
	《增修房山志略》	不詳	王爾炤修，李恩惠等纂	清同治十一年(1872)增修	佚	萬青藜、周家楣修，張之洞、繆荃孫纂：(光緒)《順天府志》卷122「藝文志一」
	(康熙)《密雲縣志抄》	不詳	郜應需纂修	清康熙五十年(1711)修	佚	萬青藜、周家楣修，張之洞、繆荃孫纂：(光緒)《順天府志》卷122「藝文志一」

書名	卷數	修纂者	年代版本	存佚	資料來源
(康熙)《昌平州志》	十八	耿繼元纂修	清康熙十二年(1673)修，光緒十二年(1886)重刊	佚	天津日本圖書館1939年編《河北省方志展覽會目錄》
(道光)《昌平志稿》	不詳	王營齡纂修	清道光間修	佚	萬青黎、周家楣修、張之洞、繆荃孫纂：(光緒)《順天府志》卷122「藝文志」，《河北通志稿·文獻志》「舊志源流」
(光緒)《昌平州志稿》	八	宋文修、劉治平纂	抄本	佚	萬青黎、周家楣修、張之洞、繆荃孫纂：(光緒)《順天府志》卷122「藝文志」
(康熙)《通州志稿》	十三	閻興邦修、周士義纂	清康熙十三年(1674)修 未梓	佚	萬青黎、周家楣修、張之洞、繆荃孫纂：(光緒)《順天府志》卷122「藝文志」；《河北通志稿·文獻志》「舊志源流」
(嘉慶)《薊州志》	不詳	趙錫蒲修、蔣本德纂	清嘉慶十六年(1811)修 未梓	佚	沈銳修、章過纂：(道光)《薊州志》卷首「沈銳序」
(雍正)《寶坻縣志》	不詳	伍澤榮纂修	清雍正十年(1732)重修	佚	洪肇楙修、蔡寅斗纂：(乾隆)《寶坻縣志》卷首舊志原序六「伍澤榮序」；《河北通志稿·文獻志》「舊志源流」
(康熙)《武清縣志》	十一	劉世輔修	清康熙十四年(1675)刊本	佚	繆荃孫撰：《清學部圖書館方志目》
(康熙)《武清縣志》	不詳	章會印修、趙珣纂	清康熙四十年(1701)刻本	佚	吳翀修、曹涵、趙見纂：(乾隆)《武清縣志》卷末「舊志跋」之趙珣、王元璘跋；《河北通志稿·文獻志》「舊志源流」

順天府

府	志名	卷數	修纂者	成書年	存佚	資料來源
	（順治）《新安縣志》	八	王家楨、孫奇逢等撰	清順治五年（1648）刻本	佚	《河北通志稿・文獻志》「舊志源流」
	（康熙）《安州志》	十	王朝佐修	清康熙十九年（1680）成書	佚	《河北通志稿・文獻志》「舊志源流」
	（順治）《安肅縣志》	不詳	秦植、張鵬翼等纂修	清順治三年（1646）刊行	佚	（乾隆）《安肅縣志》卷首「原修姓氏」
	（康熙）《高陽縣志》	十四	廖玉修、李蔚等纂	清康熙八年（1669）成書	佚	嚴宗嘉修、李其旋纂：（雍正）《高陽縣志》卷首嚴宗嘉序、李其旋跋及「例義」；《河北通志稿・文獻志》「舊志源流」
保定府	（康熙）《唐縣志》	八	年部鼎修	清康熙三十五年（1695）成書	佚	繆荃孫撰：《清學部圖書館方志目》
	（康熙）《雄縣志稿》	不詳	馬之驌撰	清康熙年間成書，未刊	佚	（光緒）《雄縣鄉土志》劉崇本序、河北總目
	（光緒）《雄縣新志》	不詳	不著撰人	未詳	佚	李培祜、朱靖旬修、張豫墢等纂：（光緒）《保定府志》卷四十五「藝文・方志」
	（康熙）《慶都縣志》	不詳	錢振龍等修、任之龍等纂	清康熙十一年（1672）成書，未刊	佚	陳洪書原本、李兆珍重訂：（光緒）《望都縣新志》卷一
	（乾隆）《蠡縣志略》	不詳	吳龍見修、鮑梓纂	清乾隆十二年（1747）成書	佚	萬廷蘭修、弋嵩纂：（乾隆）《蠡縣志》
河間府	（康熙）《東光縣志》	不詳	王九鼎修、宋可繼纂	清康熙十二年（1673）成書	佚	白為璣修、馮樾纂：（康熙）《東光縣志》；《河北通志稿・文獻志》「舊志源流」
	（康熙）《故城縣志》	不詳	宋爾祁纂修	清康熙十九年（1680）成書	佚	《河北通志稿・文獻志》「舊志源流」

府	書名	卷數	纂修者	成書年代	存佚	資料來源
	（康熙）《故城縣志》	不詳	沈家珍、王錫綬纂修	清康熙三十三年（1694）成書	佚	蔡維義修、秦永清纂：（雍正）《故城縣志》；《河北通志稿·文獻志》「舊志源流」；繆荃孫撰：《清學部圖書館方志目》
	（順治）《順德府志》	四	李盛枝纂修	清順治八年（1651）刻本	佚	繆荃孫撰：《清學部圖書館方志目》
順德府	（道光）《任縣志》	不詳	不著纂人	成書年代無考	佚	（清）謝長麟修、陳智纂；（民國）王億年續修、劉長庚續纂：（宣統）《任縣志》卷首「謝長麟序」、「延齡序」；《河北通志稿·文獻志》「舊志源流」
	（康熙）《平鄉縣志》	不詳	卞三民纂修	清康熙十九年（1680）成書	佚	楊喬纂修：（乾隆）《平鄉縣志》卷首楊喬序、凡例
	（康熙）《廣宗縣續志》	不詳	劉巘修、梁士坤纂	清康熙十九年（1680）修	佚	吳存禮修、高承寵纂：（康熙）《廣宗縣志》；《河北通志稿·文獻志》「舊志源流」
	（康熙）《南和縣志》	八	葉青黎修、周鏑纂	清康熙十九年（1680）成書	佚	周章煥纂修：（乾隆）《南和縣志》；《河北通志稿·文獻志》「舊志源流」
	（順治）《沙河縣志》	不詳	馮源修	清順治十四年（1657）成書	佚	談九乾纂修：（康熙）《沙河縣志》；《河北通志稿·文獻志》「舊志源流」
	（康熙）《沙河縣志》	不詳	徐人龍纂修	清康熙十六年（1677）成書	佚	談九乾纂修：（康熙）《沙河縣志》；《河北通志稿·文獻志》「舊志源流」
廣平府	（康熙）《邯鄲縣志》	不詳	不著撰人	清康熙八年（1669）成書	佚	王炯纂修：（乾隆）《邯鄲縣志》卷首舊序之一《溫瑜泰序》
	（康熙）《肥鄉縣志》	不詳	焦服祖修、賀應旌纂	清康熙二年（1663）修	佚	王建中修、朱錫纂纂：（雍正）《肥鄉縣志》卷一「舊志纂修姓氏」；《河北通志稿·文獻志》「舊志源流」

府	志名	卷數	修纂者	年代	存佚	備註
廣平府	(康熙)《肥鄉縣志》	不詳	許國試修，李載纂	清康熙四十九年(1710)成書	佚	王建中修，宋錧纂：(雍正)《肥鄉縣志》卷一「舊志纂修姓氏」；《河北通志稿‧文獻志》「舊志源流」
	(乾隆)《永年縣志》	十八	王玠纂修	清乾隆十年(1745)刻本	佚	繆荃孫撰：《清學部圖書館方志目》
	(順治)《成安志》	五	賈三口修	刊本，年代無考	佚	繆荃孫撰：《清學部圖書館方志目》
	(康熙)《魏縣志》	不詳	蔣苕纂修	清康熙四十六年(1707)成書	佚	馬襄修，劉翔義纂：(雍正)《魏縣志》首蔣苕自序；《河北通志稿‧文獻志》「舊志源流」
	(順治)《清河縣續志》	不詳	王世勳修，崔淩青纂	清順治三年(1646)成書	佚	《河北通志稿‧文獻志》「舊志源流」
	(康熙)《清河志》	不詳	夏琮纂修	台代無考	佚	盧世傑纂修，錢啟文續纂修：(康熙)《清河縣志》；《河北通志稿‧文獻志》「舊志源流」
	(康熙)《清河縣志》	四	鄒興桐修	清康熙十一年(1672)刻本	佚	繆荃孫撰：《清學部圖書館方志目》
	(光緒)《雞澤縣新志》	二十	錢錫宗修，賀家駿編	清光緒十八年(1892)修稿本	佚	吳中彥修，胡景桂纂：(光緒)《廣平府志》卷34「藝文」
大名府	(乾隆)《大名府志》	不詳	朱琰修，顧光纂	清乾隆二十五年(1760)修	佚	朱炳等纂修，武蔚文續修、郭程先續纂，高繼珩增補：(咸豐)《大名府志》卷首補「舊志源流」；《河北通志稿‧文獻志》「凡例」；《河北通志稿‧文獻志》「舊志源流」

府	志名	卷數	修纂者	成書/刊刻	存佚	備註
天津府	(嘉慶)《天津志稿》	不詳	蔣玉虹纂修	清嘉慶二十二年(1817)修 同治間續修	佚	吳惠元修、蔣玉虹、俞樾纂：(同治)《續天津縣志》卷首李鴻章、崇厚序及「凡例」
	(康熙)《滄州志》	不詳	閔三元修，蕭載纂	清康熙十九年(1680)修	佚	徐時作修、胡淦等纂：(乾隆)《滄州志》卷十四「藝文」
	(同治)《滄州志》	不詳	於光袞纂	清同治十三年(1874)續修 未梓	佚	李鴻章等纂：(同治)《畿輔通志》卷137「藝文五」「直隸方志」；《河北通志稿‧文獻志》「舊志源流」
	(乾隆)《鹽山縣志》	不詳	劉文彥纂修	清乾隆三年(1738)成書 未梓	佚	李鴻章等纂：(同治)《畿輔通志》；《河北通志稿‧文獻志》「舊志源流」
	《海光寺志》	八	釋成衡撰	不詳	佚	高凌雯纂修：(民國)《天津縣新志》卷二十三之一「藝文一」
永平府	(康熙)《玉田縣志》	不詳	王時泰修	清康熙十三年(1674)成書	佚	王光謨修、胡維翰纂：(康熙)《玉田縣志》；《河北通志稿‧文獻志》「舊志源流」
	(康熙)《豐潤縣志》	十	張如黨修，谷元調纂	清康熙十二年(1673)成書	佚	羅景泐修、曹鼎旺纂：(康熙)《豐潤縣志》卷首張如黨、谷元調自序；《河北通志稿‧文獻志》「舊志源流」
	(康熙)《灤州志》	六	周宇修	清康熙十八年(1679)刻本	佚	繆荃孫撰：《清學部圖書館方志目》
	(康熙)《山海關志》	十	陳廷謨修	清康熙八年(1669)刻本	佚	繆荃孫撰：《清學部圖書館方志目》

	志書	卷數	纂修者	時間	存佚	資料來源
	(康熙)《寧晉縣志》	十	萬□修	清康熙十八年（1679）刻本	佚	繆荃孫撰：《清學部圖書館方志目》
趙州直隸州	(順治)《柏鄉縣志》	四	李盛枝纂修	清順治八年（1651）刻本	佚	鍾庚華纂修：(乾隆)《柏鄉縣志》卷首舊序之「彭述古自序」；《河北通志稿·文獻志》「舊志志源流」
	(康熙)《柏鄉縣志》	十	李春英修，魏裔介纂	清康熙三年（1564）成書	佚	謝廷端修，魏裔介纂：(康熙)《柏鄉縣志》《河北通志稿·文獻志》「舊志源源流」
	(嘉慶)《高邑縣志》	不詳	蔡任修	清嘉慶十六年（1811）成書	佚	李鴻章等修，黃彭年等纂：(同治)《畿輔通志》卷137「藝文五」「直隸方志」；《河北通志稿·文獻志》「舊志志源流」
冀州直隸州	(順治)《衡水縣志》	不詳	張恒纂修	清順治二年（1645）成書	佚	蕭鳴鳳纂修：(康熙)《衡水縣志》；《河北通志稿·文獻志》「舊志源流」
	(順治)《衡水縣志》	不詳	任弘孝纂修	清順治十三年（1656）成書	佚	蕭鳴鳳修，孫可憲纂：(康熙)《衡水縣志》任弘孝自序：《河北通志稿·文獻志》「舊志志源流」
	(康熙)《衡水縣志》	不詳	王萬方纂修	清康熙七年（1668）成書	佚	蕭鳴鳳修，孫可憲纂：(康熙)《衡水縣志》王元方自序、張宿跋：《河北通志稿·文獻志》「舊志志源流」
	(康熙)《棗強縣志》	四	董廷榮修，江澂纂	清康熙十九年（1680）成書	佚	《河北通志稿·文獻志》「舊志源流卷二」

參考文獻

一、古籍文獻

（一）地方志

1. 祖建明纂修：（順治）《蠡縣續志》四卷，清順治八年（1651）刻本。
2. 李時茂修，趙永吉纂：（順治）《曲周縣志》四卷，清順治十二年（1656）刻本。
3. 賈漢復修，沈荃纂：（順治）《河南通志》五十卷，清順治十七年（1660）刻本。
4. 陳天植修，余一元纂：（康熙）《山海關志》十卷，清康熙九年（1670）刻本。
5. 劉昆修，陳僖纂：《保定府祁州束鹿縣志》十卷，清康熙十年（1671）修民國二十六年（1937）《束鹿縣五志合刊》本。
6. 劉師峻纂修：（康熙）《曲陽縣新志》十一卷，清康熙十一年（1672）刻本。
7. 張一魁纂修：（康熙）《景州志》四卷，清康熙十一年（1672）刻本。
8. 黃開運纂修：（康熙）《定州志》十卷，清康熙十一年（1672）刻本。
9. 寧完福修，朱光纂：（康熙）《保安州志》二卷，清康熙十一年（1672）刻本。
10. 王政修，張珽、陳瑞纂：（康熙）《唐縣新志》十八卷，清康熙十一年（1672）刻本。
11. 胡胤銓纂修：（康熙）《南宮縣志》十二卷，清康熙十二年（1673）刻本。
12. 劉徵廉修 鄭大綱纂：（康熙）《獻縣志》八卷，清康熙十二年（1673）刻本。
13. 閻甲胤修，馬方伸纂：（康熙）《靜海縣志》四卷，清康熙十二年（1673）刻本。

14. 李之棟纂修：（康熙）《威縣志》十六卷，清康熙十二年（1673）刻本。

15. 朱廷梅修，孫振宗纂：（康熙）《霸州志》十卷，清康熙十三年（1674）刻本。

16. 薛柱斗修，高必大纂：（康熙）《天津衛志》四卷首一卷，清康熙十四年（1675）刻本。

17. 王曰翼修，高培纂：（康熙）《昌黎縣志》八卷，清康熙十四年（1675）刻本。

18. 陳偉等纂修：（康熙）《元城縣志》六卷首一卷，清康熙十五年（1676）刻本。

19. 王士美、李大章等修，張墀纂：（康熙）《東安縣志》十卷，清康熙十二年（1873）修 十六年（1677）刻本。

20. 萬邦維、衛元爵，張重潤纂：（康熙）《萊陽縣志》十卷，清康熙十二年（1673）修，十七年（1678）刻本。

21. 劉馨修，何運恒纂：（康熙）《撫寧縣志》十二卷，清康熙十八年（1679）刻本。

22. 趙弼修，趙培基纂，卞三畏續修：（康熙）《平鄉縣志》六卷，清康熙十九年（1680）刻本。

23. 紀弘謨等修，郭棻纂：（康熙）《保定府志》二十九卷，清康熙十九年（1680）刻本，乾隆年間增刻本。

24. 張鳴珂纂修：（康熙）《續補景州志》四卷，清康熙十九年（1680）刻本。

25. 王朝佐修，房循蒦等纂：（康熙）《安州志》十卷，清康熙十九年（1680）刻本。

26. 任先覺修，楊萃纂：（康熙）《吳橋縣志》十卷，清康熙十九年（1680）增刻本。

27. 穆爾賽等修，劉梅、溫敞纂：（康熙）《山西通志》三十二卷，清康熙二十一年（1682）刻本。

28. 于成龍等纂修：（康熙）《江西通志》五十四卷，清康熙二十二年（1683）刻本。

29. 劉瑜修，趙瑞纂：（康熙）《高邑縣志》三卷，清康熙二十四年（1685）刻本。

30. 王養濂修，李開泰、米漢雯等纂：（康熙）《宛平縣志》六卷，清康熙二十四年（1685）刻本。

31. 陸隴其修，傅維枟纂：《靈壽縣志》十卷末一卷，清康熙二十五年（1686）刻本。

32. 朱彝尊纂修：（康熙）《日下舊聞》四十二卷，清康熙二十七年（1688）刻本。

33. 釋智樸撰：（康熙）《盤山志》十四卷，清康熙三十年（1691）刻本

34. 白爲璣修，馮樾纂：（康熙）《東光縣志》八卷，清康熙三十二年（1693）刻本。

35. 冼國幹修，張星法纂：（康熙）《武強縣新志》八卷，清康熙三十三年（1694）刻本。

36. 許維梃修，束圖南纂：（康熙）《武邑縣志》六卷，清康熙三十三年（1694）刻本。

37. 吳存禮修，陸茂騰纂：（康熙）《通州志》十二卷，清康熙三十六年（1697）刻本。

38. 郭建章修，康如璉續修，劉士麟續纂，朱寶林補纂：（康熙）《晉州志》十卷，清康熙三十九年（1700）刻，清咸豐十年（1860）補刻本。

39. 楊朝麟修，胡涝等纂：（康熙）《文安縣志》八卷，清康熙四十二年（1703）刻本。

40. 張朝琮修，鄔棠等纂：（康熙）《薊州志》八卷，清康熙四十三年（1704）刻本。

41. 宋琬纂，張朝琮增修，徐香、胡仁濟增纂：（康熙）《重修永平府志》二十四卷首一卷，清康熙五十年（1711）刻本。

42. 王禰纂修，陳可宗續修，郎鑒再續修：（順治）《鉅鹿縣志》八卷，清康熙五十一年（1712）刻本。

43. 黃成章、張大酋修纂：（康熙）《順義縣志》五卷，清康熙五十八年（1719）刻本。

44. 薛天培修，陳洪謨纂：（雍正）《密雲縣志》六卷，清雍正元年（1723）刻本。

45. 任在陛原修，李柱明原纂，項景倩續修：（雍正）《平谷縣志》三卷，清雍正六年（1728）增刻本。

46. 陶穎發纂修，陳大玠增修：（雍正）《臨漳縣志》六卷首一卷，清康熙三十年（1691）刻，清雍正九年（1731）增刻本。

47. 朱懋德修，田瑗纂：（雍正）《完縣志》（又名《重修完縣志》）十卷，清雍正十年（1732）刻本。

48. 王建中修，宋錦纂：（雍正）《肥鄉縣志》六卷，清雍正十年（1732）刻本。

49. 王大年修，魏權纂：（雍正）《直隸定州志》十卷，清雍正十一年（1733）刻本。

50. 陸福宜修，多時珍纂：（雍正）《重修阜城縣志》二十二卷首一卷，清雍正十二年（1734）刻本。

51. 李衛等修，陳儀等纂：（雍正）《畿輔通志》一百二十卷，清雍正十三年（1735）刻本。

52. 莽鵠立等纂修，沈延年繪圖：（雍正）《長蘆鹽法志》十六卷，抄本。

53. 朱奎揚、張志奇修，吳廷華等纂：（乾隆）《天津府志》四十卷，清乾隆四年（1739）刻本。

54. 李鍾偉修，穆元肇、方世熙纂：（乾隆）《延慶縣志》十卷首一卷，清乾隆七年（1742）刻本。

55. 吳翀修，曹涵、趙晃纂：（乾隆）《武清縣志》十二卷首一卷末一卷，清乾隆七年（1742）刻本。

56. 徐時作修，胡淦等纂：（乾隆）《滄州志》十六卷，清乾隆八年（1743）刻本。

57. 洪肇懋修，蔡寅斗纂：（乾隆）《寶坻縣志》十八卷，清乾隆十年（1745）刻本。

58. 左承業纂修：（乾隆）《萬全縣志》十卷首一卷，清乾隆十年（1745）刻本。

59. 李士宣修，周碩勳纂：（乾隆）《延慶衛志略》一卷，清乾隆十年（1745）修抄本。

60. 楊喬纂修：（乾隆）《平鄉縣志》十二卷，清乾隆十六年（1751）刻本。

61. 羅以桂等修，張萬銓、刁錦纂：（乾隆）《祁州志》八卷，清乾隆二十一年（1756）刻本。

62. 鍾和梅纂修：（乾隆）《臨榆縣志》十四卷首一卷，清乾隆二十一年（1756）刻本。

63. 王者輔原本，張志奇續修，黃可潤續纂：（乾隆）《宣化府志》四十二卷首一卷，清乾隆二十二年（1757）刻本。

64. 黃可潤纂修：（乾隆）《口北三廳志》十六卷首一卷，清乾隆二十三年（1758）刻本。

65. 陳昶修，王大信等纂：（乾隆）《三河縣志》十六卷首一卷，清乾隆二十五年（1760）刻本。

66. 劉統修，劉炳、王應鯨纂：（乾隆）《任丘縣志》十二卷首一卷，清乾隆二十七年（1762）刻本。

67. 李文耀修，張鍾秀纂：（乾隆）《束鹿縣志》十二卷，清乾隆二十七年（1762）刻本。

68. 李奉翰、顧學潮修，王金英纂：（乾隆）《永平府志》二十四卷首一卷末一卷，清乾隆三十九年（1774）刻本。

69. 吳高增纂修，文有試補纂：（乾隆）《行唐縣新志》十六卷，清乾隆三十七年（1772）刻本。

70. 關廷牧修 徐以觀纂：(乾隆)《寧河縣志》十六卷，清乾隆四十四年（1779）刻本。

71. 周震榮修、章學誠纂：(乾隆)《永清縣志》二十五篇，清乾隆四十四年（1779）刻本。

72. 和珅、梁國治纂修：(乾隆)《熱河志》一百二十卷，清乾隆四十八年（1783）刻本。

73. 張松孫、謝泰宸纂修：(乾隆)《蓬溪縣志》八卷首一卷，清乾隆五十一年（1786）刻本。

74. 于敏中、英廉等修，竇光鼐、朱筠等纂：(乾隆)《日下舊聞考》一百六十卷，清乾隆五十三年（1788）武英殿刻本。

75. 仇汝瑚修，馮敏昌纂：(乾隆)《孟縣志》十卷，清乾隆五十五年（1790）刻本。

76. 傅修等纂：(乾隆)《遵化直隸州志》二十卷，清乾隆五十九年（1794）刻本。

77. 戚學標纂修：(嘉慶)《涉縣志》八卷，清嘉慶四年（1799）刻本。

78. 任衡蕙修，楊元錫纂：(嘉慶)《棗強縣志》二十卷，清嘉慶九年（1804）刻本。

79. 黃掌綸等纂：《長蘆鹽法志》二十卷附編十卷，清嘉慶十年（1805）刻本。

80. 吳士鴻修，孫學恒纂：(嘉慶)《灤州志》八卷首一卷末一卷，清嘉慶十五年（1810）刻本。

81. 李逢亨纂修：《永定河志》三十二卷首一卷，清嘉慶二十年（1815）刻本。

82. 周栻修，陳柱纂：(道光)《南宮縣志》十六卷，清道光十一年（1831）刻本。

83. 沈銳纂修：(道光)《薊州志》十卷首一卷，清道光十一年（1831）刻本。

84. 海忠纂修：(道光)《承德府志》六十卷首二十六卷，清道光十一年（1831）刻本。

85. 管庭芬纂修：(道光)《澉陰志略》一卷，清道光十一年（1831）修 稿本。

86. 翟慎行修，翟慎典纂：(道光)《重修武強縣志》十二卷，清道光十一年（1831）刻本。

87. 施彥士纂修：(道光)《内邱縣志》四卷，清道光十二年（1832）增刻重印本。

88. 楊桂森纂修：(道光)《保安州志》八卷首一卷，清道光十五年（1835）刻本。

89. 穆彰阿、潘錫恩等纂：(嘉慶)《大清一統志》，民國二十三年（1934）據清道光二十二年（1842）進呈寫本影印。

90. 不著撰人：（道光）《津門保甲圖說》，清道光二十六年（1846）刻本。

91. 吳長元撰：《宸垣識略》十六卷，清咸豐二年（1852年）藻思堂刻本。

92. 王滌心修，郭程先纂：（咸豐）《平山縣志》八卷，清咸豐四年（1854）刻本。

93. 陳崇砥修，陳福嘉等纂：（咸豐）《重修固安縣志》八卷，清咸豐九年（1859）刻本。

94. 何崧泰修，馬恂 何爾泰纂：（同治）《昌黎縣志》十卷，清同治五年（1866）刻本。

95. 孫其逢撰：《畿輔人物考》八卷，清同治八年（1869）兼山堂刻本。

96. 存祿修，劉自立纂：（同治）《曲周縣志》二十卷，清同治八年（1869）刻本。

97. 吳惠元修，蔣玉虹 俞樾纂：（同治）《續天津縣志》二十卷首一卷，清同治九年（1870）刻本。

98. 吳大鏞修，王仲蛀纂：（同治）《續修元城縣志》六卷首一卷，清同治十一年（1872）刻本。

99. 陳泳修，張悼德纂：（同治）《欒城縣志》十四卷首一卷末一卷，清同治十二年（1873）刻本。

100. 韓耀光修，史夢蘭纂：（同治）《遷安縣志》十八卷首一卷末一卷，清同治十二年（1873）刻本。

101. 鄭士蕙纂修：（同治）《靜海縣志》八卷，清同治十二年（1873）刻本。

102. 羅觀駿修，李汝紹纂：（同治）《廣宗縣志》十二卷，清同治十三年（1874）刻本。

103. 陸隴其原本，劉賡年續纂修：（同治）《靈壽縣志》十卷末一卷，清同治十三年（1874）刊本。

104. 趙秉恒等修，劉學海等纂：（光緒）《祁州續志》四卷，清光緒元年（1875）修 八年（1882）刻本。

105. 常善修，趙文濂纂：（光緒）《井陘縣志》三十六卷，清光緒元年（1875）刻本。

106. 倪昌燮修，馮慶楊纂：（光緒）《吳橋縣志》十二卷，清光緒元年（1875）刻本。

107. 李秉鈞 吳欽 修，魏邦翰纂：（光緒）《續永清縣志》十四卷，清光緒元年（1875）刻本。

108. 慶之金、賈孝彰修，趙文濂等纂：（光緒）《正定縣志》四十六卷首一卷末一卷，清光緒元年（1875）刻本。

109. 韓志超、何雲誥修，張瑄、王其衡等纂：（光緒）《蠡縣志》十卷，清光緒二年（1876）刻本。

110. 周晉墊等修，趙萬泰等纂：（光緒）《贊皇縣志》二十九卷首一卷，清光緒二年（1876）刻本。

111. 茂堂纂：（光緒）《盧龍縣志採訪稿》，清光緒二年（1876）稿本。

112. 慶之金修，楊篤纂：（光緒）《蔚州志》二十卷首一卷，清光緒三年（1877）刻本。

113. 蔡志修等修，史夢蘭纂：（光緒）《樂亭縣志》十五卷首一卷末一卷，清光緒三年（1877）刻本。

114. 游智開修，史夢蘭纂：（光緒）《永平府志》七十二卷首一卷末一卷，清光緒五年（1879）敬勝書院刻本。

115. 屠秉懿、何道增等修，張惇德纂：（光緒）《延慶州志》十二卷首一卷末一卷，清光緒六年（1880）刻本。

116. 丁祥九修，談松林纂：（光緒）《寧河縣志》十六卷，清光緒六年（1880）刻本。

117. 蘇玉修，杜霨、李飛鳴纂：（光緒）《唐山縣志》十二卷首一卷末一卷，清光緒七年（1881）刻本。

118. 蔡壽臻修，錢錫寀等纂：（光緒）《武清縣志》十卷首一卷末一卷，清光緒七年（1881）修 稿本。

119. 朱乃恭修，席之瓚纂：（光緒）《懷來縣志》十八卷首一卷，清光緒八年（1882）刻本。

120. 朱其詔纂修：《永定河續志》十六卷，清光緒八年（1882）刻本。

121. 李鴻章等修，黃彭年等纂：（同治）《畿輔通志》一百二十卷，清光緒十年（1884）刻本。

122. 夏子鎣修，李昌時纂，丁維續纂：（光緒）《玉田縣志》 三十卷首一卷，清光緒十年（1884）刻本。

123. 雷鶴鳴修，趙文濂纂：（光緒）《新樂縣志》六卷首一卷，清光緒十一年（1885）刻本。

124. 丁燦修，王堉德纂；張焜續修，范翰文等續纂：（光緒）《續修故城縣志》十二卷首一卷，清光緒十一年（1885）續修刻本。

125. 李培祜等修，張豫塏纂：（光緒）《保定府志》七十九卷首一卷，清光緒十二年（1886）刻本。

126. 萬青藜、周家楣修，張之洞、繆荃孫纂：（光緒）《順天府志》一百三十卷附一卷，清光緒十二年（1886）刻本。

127. 淩燮修，赫慎修、夏應麟纂：（光緒）《鉅鹿縣志》十二卷首一卷，清光緒十二年（1886）刻本。

128. 吳履福等修，繆荃孫等纂：（光緒）《昌平州志》十八卷，清光緒十二年（1886）刻本。

129. 蘇性纂修，吳沂增訂：（同治）《平鄉縣志》十二卷首一卷，清光緒十二年（1886）增刊本。

130. 張主敬等修，楊晨纂：（光緒）《重修定興縣志》二十六卷首一卷，清光緒十六年（1890）刻本。

131. 何崧泰、陳以培修，史樸等纂：（光緒）《遵化通志》六十卷首一卷，清光緒十七年（1891）刻本。

132. 郝增祐、牛昶煦纂修，周晉塾續纂修：（光緒）《豐潤縣志》卷六，清光緒十七年（1891）刻本。

133. 麻兆慶纂：（光緒）《昌平外志》六卷，清光緒十八年（1892）京都琉璃廠文光齋刻本。

134. 趙知希纂修，張興宗增修：（雍正）《館陶縣志》十二卷，清光緒十九年（1893）刻本。

135. 黃可潤纂修：（乾隆）《無極縣志》十一卷末一卷，清光緒十九年（1893）補刻本。

136. 吳中彥修，胡景桂纂：（光緒）《廣平府志》六十三卷首一卷，清光緒二十年（1894）刻本。

137. 楊文鼎修，王大本等纂：（光緒）《灤州志》十八卷首一卷，清光緒二十二年（1896）修，稿本。

138. 趙炳文、徐國楨修，劉鍾英、鄧毓怡纂：（光緒）《大城縣志》十二卷首一卷，清光緒二十三年（1897）刻本。

139. 沈家本 榮銓修，徐宗亮、蔡啓盛纂：（光緒）《重修天津府志》五十四卷首一卷末一卷，清光緒二十五年（1899）刻本。

140. 周秉彝修，周壽梓、李燿中纂：（光緒）《臨漳縣志》十八卷首一卷，清光緒三十年（1904）刻本。

141. 周斯億、溫亮珠修，董濤纂：（光緒）《重修曲陽縣志》二十卷，清光緒三十年（1904）刻本。

142. 陳洪書原本，李兆珍重訂：（光緒）《望都縣新志》十一卷，清光緒三十年（1904）刻本。

143. 陸寶善、陸是奎編：（光緒）《望都縣圖說》，清光緒三十一年（1905）刻本。

144. 查美蔭、謝霖博纂修：（光緒）《圍場廳志》十四卷首一卷，稿本。

145. 宋蔭桐纂修：（光緒）《安國縣新志稿》，清光緒三十二年（1906）修 稿本。

146. （佚名）輯：《直隸風土記》，清末抄本。

147. 謝愷纂修：（光緒）《宣化縣鄉土志》，清光緒三十三年（1907）抄本。

148. 佚名纂修：《永年縣鄉土志》，抄本。

149. 佚名纂修：（光緒）《趙州鄉土志》，清光緒末年修，抄本。

150. 童光照纂修：（光緒）《昌黎縣鄉土志》，抄本。

151. 佚名纂修：（光緒）《延慶鄉土志》，清抄本。

152. 佚名纂修：（光緒）《祁州鄉土志》，抄本。

153. 劉峙纂修：（光緒）《固安志》不分卷，民國抄本。

154. 曾學傳纂修：（宣統）《溫江鄉土志》，清宣統元年（1909）刻本。

155. 李翰如纂修：（宣統）《晉縣鄉土志》，民國四年（1915）石印本。

156. 謝昺麟修，陳智纂；王億年續修，劉書旂續纂：（宣統）《任縣志》八卷，清宣統二年（1910）修，民國四年（1915）續修鉛印本。

157. （光緒）嚴書勳纂修：《獲鹿縣鄉土志》二卷，抄本。

158. 張鳳臺修，李中桂纂：（光緒）《束鹿鄉土志》，民國二十六年（1937）《束鹿五志合刊》本。

159. （清）繆荃孫纂：（光緒）《順天府志》八卷，北京：北京大學出版社，1983年4月第1次影印。

160. 河北省地方志編纂委員會辦公室整理點校：（民國）《河北通志稿》，北京：北京燕山出版社，1993年11月第1版。

（二）正史、政書、檔案

1. （清）張廷玉等撰：《明史》，北京：中華書局，1974年4月第1版。

2. （後晉）劉昫等撰：《舊唐書》，北京：中華書局，1975年5月第1版。

3. （宋）歐陽修、宋祁等撰：《新唐書》，北京：中華書局，1975年5月第1版。

4. 趙爾巽等撰：《清史稿》，北京：中華書局，1977年8月出版。

5. （清）巴泰等撰：《清世祖實錄》，北京：中華書局影印，1986年11月第1版。

6. （清）馬齊等撰：《清聖祖實錄》，北京：中華書局影印，1986年11月第1版。

7. （清）鄂爾泰等撰：《清世宗實錄》，北京：中華書局影印，1986年11月第1版。

8. （清）慶桂等撰：《清高宗實錄》，北京：中華書局影印，1986年11月第1版。

9. （清）文慶等撰：《清宣宗實錄》，北京：中華書局影印，1986年11月第1版。

10. （清）寶鋆等撰：《清穆宗實錄》，北京：中華書局影印，1986 年 11 月第 1 版。

11. 不著撰人：《清史列傳》，北京：中華書局 1987 年 11 月出版。

12. 清國史館撰：《滿漢名臣傳》，乾隆末嘉慶初刊，清北京正陽門琉璃廠榮錦書坊刻本。

13. （清）伊桑阿、王熙等纂輯：（康熙）《大清會典》，北京：線裝書局《大清五朝會典》本，2006 年 4 月第 1 版

14. （清）傅恒、張廷玉等纂輯：（乾隆）《大清會典》，北京：線裝書局《大清五朝會典》本，2006 年 4 月第 1 版。

15. （乾隆）《欽定大清會典則例》，（清）紀昀等纂：《四庫全書》第 620～625 冊「史部 378～383・政書類，」上海：上海古籍出版社，1987 年 6 月第 1 版。

16. （清）昆崗、徐桐等纂輯：（光緒）《大清會典》，北京：線裝書局《大清五朝會典》本，2006 年 4 月第 1 版。

17. （清）嵇璜、劉墉等纂輯：《清朝通志》，杭州：浙江古籍出版社 2000 年 1 月第 2 版。

18. 劉錦藻撰：《清朝續文獻通考》，民國二十五年（1936）商務印書館出版。

19. 清世宗胤禛批，允祿、鄂爾泰等編：（雍正）《硃批諭旨》，清雍正十年（1732）至乾隆三年（1738）武英殿刻，朱墨套印本。

20. （清）文慶、賈楨、寶鋆等纂輯：（同治）《籌辦夷務始末》，民國十八年（1929）北平故宮博物院影印抄本。

21. 中國第一歷史檔案館編：《庚子事變清宮檔案彙編》，北京：中國人民大學出版社，2003 年 7 月第 1 版。

22. （清）載齡等纂修：（光緒）《欽定戶部漕運全書》，清光緒間刻本，北京圖書館出版社 2004 年 12 月影印出版。

（三）筆記、文集等

1. （清）章學誠撰：《文史通義》八卷，清光緒二十五年（1899）三味堂刻本。

2. （清）章學誠撰：《章氏遺書》十七種五十一卷，民國十一年（1922）吳興劉氏嘉業堂刻本。

3. （清）吳汝綸纂：《桐城吳先生日記》，北京中國書店刷印，民國十八年（1929 年）5 月蓮池書社印行。

4. （清）方苞撰：《方望溪先生全集》，民國二十四年（1935）上海商務印書館出版萬有文庫本。

5. 《申報》（1872 年 4 月 30 日～1949 年 5 月 27 日），上海：上海書店 1983 年影印。

二、著述與書目提要

1. 瞿宣穎撰：《方志考稿（甲集)》，北平：京津印刷局，1930 年排印本。

2. 梁啓超著：《中國歷史研究法補編》，上海：商務印書館，民國二十二年（1933）六月出版。

3. 朱士嘉編著：《中國地方志綜錄》，上海：商務印書館，民國二十三年（1934）刊行。

4. 傅振倫著：《中國方志學通論》，民國二十四年（1935）十二月上海商務印書館出版。

5. 李泰棻著：《方志學》，民國二十四年（1935）上海商務印書館出版。

6. 甘鵬雲著：《方志商》，民國二十七年（1938）崇雅堂聚珍版刊行。

7. 黎錦熙撰：《方志今議》，民國二十九年（1940）上海：商務印書館出版，1982 年北京：中國展望出版社出版。

8. 鄔慶時著：《方志序例》，民國二十九年（1940）九月上海：商務印書館刊行。

9. 壽鵬飛著：《方志通義》，民國三十年（1941）據得天廬槁本鉛印。

10. 吳宗慈著：《修志叢論》，民國三十六年（1947）鉛印本。

11. 陳紹馨、蔣廷黻、胡適等撰：《修志方法論集》，臺灣：臺北「方志研究會」1954 年出版。

12. 唐祖培著：《新方志學》，臺灣：臺北華國出版社，1955 年 7 月印行。

13. 臺灣「國立中央圖書館」編：《臺灣公藏地方志聯合目錄》，臺北：正中書局，1956 年出版，1981 年 10 月增訂並印行。

14. 朱士嘉編著：《中國地方志綜錄》（增訂本），北京：商務印書館，1958 年出版。

15. 張國淦輯錄：《中國古方志考》，北京：中華書局，1962 年出版。

16. 毛一波著：《方志新論》，臺北：正中書局，1973 年出版。

17. 杜學知撰：《方志學管窺》，臺北：臺灣商務印書館，1973 年出版。

18. 錢實甫撰：《清代職官年表》，北京：中華書局，1980 年 7 月第 1 版。

19. 吉林省圖書館學會編輯《中國地方志分論》，1981 年刊行。

20. 駱兆平編著：《天一閣藏明代地方志考錄》，北京：書目文獻出版社，1982 年 12 月出版。

21. 劉光祿著：《中國方志學概要》，北京：中國展望出版社，1983 年 1 月第 1 版。

22. 劉光祿、李明等著:《縣志編修探微》,合肥:安徽人民出版社,1983年5月出版。

23. 來新夏著:《方志學概論》,福州:福建人民出版社,1983年8月第1版。

24. 黃葦著:《方志論集》,杭州:浙江人民出版社,1983年出版。

25. 朱士嘉選編校注:《方志學論叢》,北京:中國展望出版社,1983年出版。

26. 遼寧省檔案館選編:《編修地方志檔案選編》,瀋陽:遼瀋書社,1983年出版。

27. 王葆心原著:《方志學發微》,湖北省地方志編修委員會辦公室編輯,1984年2月內部刊行。

28. 薛虹著:《中國方志學概論》,哈爾濱:黑龍江人民出版社,1984年4月第1版。

29. 《中國地方史志論叢》,北京:中華書局編輯,1984年8月出版。

30. 倉修良著:《章學誠和〈文史通義〉》,北京:中華書局,1984年出版。

31. 中國科學院天文臺主編:《中國地方志聯合目錄》,北京:中華書局,1985年1月出版。

32. 梁啓超著:《清代學術概論》,臺北:臺灣商務印書館,1985年2月出版。

33. 史繼忠著:《史志叢談》,貴州省地方志編纂委員會編輯,貴陽:貴州人民出版社,1985年2月出版。

34. 吉林省地方志編纂委員會、吉林省圖書館學會編輯:《中國地方志詳論叢書》,1985年刊行。

35. 史念海、曹爾琴著:《方志芻議》,杭州:浙江人民出版社,1986年3月第1版。

36. 王曉岩著:《歷代名人論方志》,瀋陽:遼寧大學出版社,1986年12月第1版。

37. 傅振倫著:《中國史志論叢》,杭州:浙江人民出版社,1986年出版。

38. 黃秀芳等編:《北京天津地方志人物傳記索引》,北京:北京大學出版社,1987年7月第1版。

39. 朱士嘉著:《中國舊志名家論選》,北京:燕山出版社,1988年6月第1版。

40. 董一博主編:《中國地方志大辭典》,杭州:浙江人民出版社,1988年7月第1版。

41. 胡惠秋、劉光祿編著:《方志學引論》,北京:燕山出版社,1989年2月第1版。

42. 河北大學地方史研究室編,河北省地方志編纂委員會審定:《河北歷代地方志總目》,石家莊:河北人民出版社,1989年5月第1版。

43. 邸富生著：《中國方志學史》，大連：大連海運學院出版社，1990 年 4 月第 1 版。

44. 彭靜中編著：《中國方志簡史》，成都：四川大學出版社，1990 年 8 月第 1 版

45. 倉修良著：《方志學通論》，濟南：齊魯書社，1990 年 11 月第 1 版。

46. 劉緯毅著：《中國地方志》，北京：新華出版社，1991 年 12 月第 1 版。

47. 張革非著：《中國方志學綱要》，重慶：西南師範大學出版社，1992 年 10 月第 1 版。

48. 來新夏主編：《河北地方志提要》，天津：天津大學出版社，1992 年 12 月第 1 版。

49. 黃葦等著：《方志學》，上海：復旦大學出版社，1993 年 6 月第 1 版。

50. 呂志毅著：《方志學史》，保定：河北大學出版社，1993 年 10 月第 1 版。

51. 鄭天挺著：《清史》（上編），香港：中國圖書刊行社，1994 年 7 月第 1 版。

52. 梁耀武著：《方志學舉要》，昆明：雲南人民出版社，1995 年 11 月第 1 版。

53. 金恩輝、胡述兆等主編：《中國地方志總目提要》，臺灣漢美圖書有限公司，1996 年出版。

54. 張松斌著：《方志探微》，北京：海潮出版社，1997 年 2 月第 1 版。

55. 劉師培撰：《劉師培全集》，北京：中共中央黨校出版社，1997 年 6 月出版。

56. 劉柏修、劉斌著：《當代方志學概論》，北京：方志出版社，1997 年 8 月出版。

57. 梅森著：《方志學簡論》，合肥：黃山書社，1997 年 11 月第 1 版。

58. 陳光貽著：《中國方志學史》，福州：福建人民出版社，1998 年 9 月第 1 版。

59. 周迅著：《中國的地方志》，北京：商務印書館，1998 年 11 月第 1 版。

60. 胡道源著：《史志雜議》，內蒙古自治區國史學會資料室，1998 年刊行。

61. 韓章訓著：《普通方志學》，北京：方志出版社，1999 年 9 月第 1 版。

62. 楊軍昌著：《中國方志學概論》，貴陽：貴州人民出版社，1999 年 11 月第 1 版。

63. 梁啓超撰：《梁啓超全集》，北京：北京出版社，1999 年出版。

64. 於希賢著：《簡明中國方志學大綱》，臺北：文史哲出版社，2000 年出版。

65. 柯愈春著：《清人詩文集總目提要》，北京：北京古籍出版社，2002 年 2 月第 1 版。

66. 許衛平著：《中國近代方志學》，南京：江蘇古籍出版社，2002 年 4 月第 1 版。

67. 梁啟超：《中國近三百年學術史》，天津：天津古籍出版社，2003 年 5 月第 1 版。

68. 倉修良著：《方志學通論》（修訂本），北京：方志出版社，2003 年出版。

69. 馮爾康著：《清史史料學》，瀋陽：瀋陽出版社，2004 年 3 月第 1 版。

70. 巴兆祥著：《方志學新論》，上海：學林出版社，2004 年 6 月第 1 版。

71. 馮爾康著：《清代人物傳記史料研究》，天津：天津教育出版社，2005 年 1 月出版。

72. 林延清著：《明清史探究》，北京：中國文史出版社，2005 年 7 月第 1 版。

73. 曹子西、朱明德主編：《中國現代方志學》，北京：方志出版社，2005 年 7 月第 1 版。

74. 黃道立著：《中國方志學》，成都：巴蜀書社，2005 年 10 月第 1 版。

75. 張英聘著：《明代南直隸方志研究》，北京：社會科學文獻出版社，2005 年 11 月第 1 版。

76. 林衍經著：《方志學綜論》，上海：華東師範大學出版社，2008 年 10 月第 2 版。

77. 楊洪升著：《繆荃孫研究》，上海：上海古籍出版社，2008 年 12 月第 1 版。

78. 王德恒著：《中國方志學》，鄭州：大象出版社，2009 年 9 月第 2 版。

三、學術論文

1. 邸富生：《試論清代方志的編修》，《遼寧師範大學學報（社科版）》1986 年第 4 期。

2. 吳仁安：《清代江南社會生活與風俗民情淺說——從清代方志筆記中反映的江南社會風貌一斑》，《淮北煤炭師範學院學報（社科版）》1988 年第 1 期。

3. 鄭祖鯤：《中國古代方志及其文化價值》，《吉林大學學報》（社科版）1993 年第 5 期。

4. 李輔斌：《清代直隸地區的水患和治理》，《中國農史》1994 年第 4 期。

5. 史梅：《繆荃孫與地方志》，《南京大學學報》（哲學・人文・社會科學）1998 年第 3 期。

6. 劉瑞芳、郭文明：《從地方志看清代直隸的慈善事業》，《社會學研究》1998 年第 5 期。

7. 黃桂樞：《思普區明清以來地方志修纂史考說》，《思茅示範高等專科學校學報》第 16 卷第 2 期，2000 年 6 月。

8. 胡芳、孔繁華：《清末民初徐州地方志中〈列女〉的理學觀念及其嬗變》，《徐州師範大學學報》（哲學社會科學版）第 26 卷第 2 期，2000 年 6 月刊發。

9. 楊輝：《江西地方志編纂研究》，《江西社會科學》2000 年第 12 期。

10. 徐桂蘭：《清代方志大家——楊篤》，《滄桑》2001 年第 2 期。

11. 許衛平：《近代方志學分期探論》，《中國地方志》2002 年第 2 期。

12. 鈔曉鴻：《明清人的「奢靡」觀念及其演變》，《歷史研究》2002 年第 4 期。

13. 宋雲龍、王振雲、陳少川：《繆荃孫與中國近代方志學》，《圖書館雜誌》2002 第 12 期。

14. 王社教：《清代西北地區地方官員的環境意識——對清代陝甘兩省地方志的考察》，《中國歷史地理論叢》第 19 卷第 1 輯，2004 年 3 月刊發。

15. 巴兆祥：《論〈大清一統志〉的編修對清代地方志的影響》，《寧夏社會科學》2004 年 5 月第 3 期。

16. 陳蘊茜、曲兵：《論清末民初士紳與江浙地方志的變化》，《江海學刊》2004 年第 4 期。

17. 劉文鵬、樂嘉輝：《明末清初的驛傳差役制度變革》，《中國地方志》2004 年第 6 期。

18. 王迎喜：《明清時期安陽地方志的編修》，《安陽師範學院學報》2004 年第 6 期。

19. 馬泓波：《淺談地方志中人物的籍貫問題》，《中國地方志》2004 年第 10 期。

20. 劉正剛、劉文霞：《從清代方志看河南人與臺灣開發的關係》，《中國地方志》2004 年第 11 期。

21. 張慧芝：《從地方志看明清時期瀟河河道遷徙的原因》，《中國地方志》2005 年第 6 期。

22. 朱琳：《明清徽州女子婚齡淺探——以地方志資料爲中心的考察》，《安徽史學》2005 年第 6 期。

23. 史五一：《明清時期方志中的圖學思想簡述》，《中國地方志》2006 年第 1 期。

24. 張勇：《論西學對清代地方志的影響》，《黑龍江史志》2006 年 8 月刊行。

25. 常建華：《試論中國地方志的社會史資料價值》，《中國社會歷史評論》第 7 卷，2006 年 10 月 15 日刊出。

26. 傅輝：《明清方志的編纂特徵及其在區域土地利用研究中的價值》，《中國地方志》2007 年第 4 期。

27. 莫曉霞:《清初文化政策對地方志纂修的影響》,《圖書館工作與研究》2007 年第 6 期。

28. 師冰潔:《從地方志看明清時期晉商的宗親慈善活動》,《重慶教育學院學報》第 20 卷第 5 期 ,2007 年 9 月。

29. 沈承寧:《從地方志的考察中看明清人的奢靡觀》,《中國地方志》2007 年第 9 期。

30. 師冰潔:《從地方志看明清時期中小晉商的民間慈善活動》,《晉中學院學報》第 24 卷第 5 期,2007 年 10 月。

31. 鄭清坡、鄭京輝:《清代直隸義倉述論》,《歷史教學》2007 年第 11 期。

32. 薛剛:《從人口、耕地、糧食生產看清代直隸民生狀況——以直隸中部地區爲例》,《中國農史》2008 年第 1 期。

33. 鄭世連、張翠蘭:《清代方志所見洋琴史料叢考》,《中央音樂學院學報》2008 年第 2 期。

34. 莫超:《〈秦音〉及清代方志中的甘肅方言》,《河西學院學報》24 卷 2008 年第 3 期。

35. 鄭京輝:《從地方志中透析近代河北民俗》,《齊齊哈爾師範高等專科學校學報》2008 年第 4 期。

36. 王兆輝、閆峰:《地方志與中國近現代史研究》,《前沿》2008 年第 6 期。

37. 馮玉榮:《明末清初社會變動與地方志的編纂——以〈松江府志〉爲例》,《中國地方志》2008 年第 7 期。

38. 喬素玲:《從地方志看明清廣東的水權紛爭及其解決》,《中國地方志》2008 年第 9 期。

39. 謝宏維:《文本與權力:清至民國時期江西萬載地方志分析》,《史學月刊》2008 年第 9 期。

40. 谷志科、趙彩芬、鞠淑範:《邢臺古方志乾隆版〈順德府志〉文學史料初探》,《邢臺學院學報》第 23 卷第 3 期,2008 年 9 月發表。

41. 溫春香:《明清之際畲族民風的改變——以地方志爲中心的考察》,《中國地方志》2008 年第 11 期。

42. 史五一:《簡析清代方志中的輿圖》,《廣西地方志》2009 年第 1 期。

43. 張建:《從方志看清代直隸地區旗人社會之演進——以順天、保定二府爲中心》,《河北學刊》2009 年第 4 期。

44. 郝紅暖:《清代直隸養濟院孤貧救助標準的調整——以地方志爲中心的考察》,《中國地方志》2009 年第 4 期。

45. 賈三強:《略論文史研究中地方志的利用》,《古籍整理研究學刊》2009 年第 4 期。

46. 祁志浩：《歷史學研究的新視域與傳統地方志的利用——以清代雲南地方志爲例》，《中國地方志》2009 年第 8 期。

47. 張慧芝：《傳統集鎮的近代轉型——基於清代直隸省束鹿縣的考察》，《太原師範學院學報》（社會科學版）第 8 卷第 6 期，2009 年 11 月刊發。

48. 吳宏岐、郝紅暖：《清代直隸的留養局及其運作機制》，《暨南史學》第 6 輯，2009 年 12 月 31 日刊發。

49. 譚烈飛：《地方志在北京文化傳承中的特點和作用》，《北京聯合大學學報》（人文社會科學版）第 8 卷第 1 期，總第 27 期，2010 年 2 月刊發。

50. 郝紅暖、吳宏岐：《乾隆前期直隸留養局的空間分佈特點及原因分析》，《中國歷史地理論叢》第 25 卷第二輯，2010 年 4 月刊發。

51. 張玉、童廣俊：《清代直隸農村地價變動因素探析》，《滄州師範專科學校學報》2010 年第 3 期。

52. 王泉偉：《明代男女比例的統計分析——根據地方志數據的分析》，《南方人口》第 25 卷（101 期），2010 年第 5 期。

53. 桑蕾：《明清時期江蘇士紳與地方志編修》，《中國地方志》2010 年第 9 期。

54. 姚力：《國史研究與地方志的編纂》，《中國地方志》2011 年第 1 期。

55. 郝紅暖：《明末至民國前期天津天津慈善組織的演變與特點》，《安徽史學》2011 年第 6 期。

56. 李曉方：《社會史視野下的地方志利用與研究述論》，《中國地方志》2011 年第 7 期。

57. 韋麗：《明清山東地方志中東嶽廟的時空分佈考》，《泰山學院學報》第 33 卷第 5 期，2011 年 9 月刊發。

58. 趙永翔：《試論影響清代陝西地方志修訂的因素》，《延安大學學報》（社會科學版）第 33 卷第 5 期，2011 年 10 月刊發。

59. 高福美：《清代直隸地區的營田水利與水稻種植》，《石家莊學院學報》2012 年第 1 期。

60. 盧川：《論地方志旅遊價值的開發與利用——以明清荊州地方志爲考察對象》，《孝感學院學報》第 32 卷第 3 期，2012 年 5 月刊發。

61. 朱新屋：《地方志中的善書史料及其利用——以（光緒）〈湖南通志〉爲例》，《湖南城市學院學報》第 33 卷第 3 期，2012 年 5 月刊發。

62. 張勃：《地方志與北京歷史民俗研究》，《民俗研究》2012 年第 4 期。

63. 柳成棟：《地方志與民俗文化》，《滄桑》2012 年第 4 期。

64. 沈愛霞：《〈河北地方志提要〉訛誤偶拾》，《中國地方志》2012 年第 4 期。

65. 侯亞偉、侯傑：《鴉片戰爭前後天津廟宇的空間分佈——以〈津門保甲圖說〉爲中心》，《世界宗教研究》2012 年第 5 期。

66. 鄧幫云：《以古籍諸版本爲考論地方志的整理與編輯——以地方志〈成都通覽〉三個版本爲考據》，《學術論壇》2012 年第 10 期（總第 261 期）。

後　記

　　本書的寫作是在我的博士學位論文《清代直隸方志研究》基礎上，經過不斷的精心擴充、修訂而成的。我對清代直隸方志從的興趣，是從 2006 年入南開大學歷史學院林延清教授門下攻讀博士學位開始產生的，距今已經近八個年頭了。伴隨着書稿的一頁頁增厚，一次次的刪改，我對清代直隸方志的認識和瞭解也在逐步加深，儘管這部洋洋三十餘萬字的書稿，至今着來個別之處仍然存在薄弱之處，但畢竟是濃縮了我本人多年來的學術經歷和成果，令人頗多欣慰和感慨。

　　林先生爲師，誠實厚道，學風踏實，功力精深，待學生以友，誘後進以道，師恩也厚，載道也宏。在本篇論文的選題、撰寫、修訂，乃至出版的整個過程中，林先生如今雖然已經年屆古稀，但一直花費大量的精力，給與我莫大的關懷、教誨和支持。尤其對於治學方法上的指點，使我在工作實踐中獲得充分的鍛鍊，大大開闊了本人的學術眼界，這些都使我終生難忘。如今他又在百忙中賜序，更使我受益良多。

　　在這裡，我要感謝南開大學歷史學院的何孝榮、高豔林和龐乃明，文學院的楊洪昇等多位老師和朋友，他們在論文撰寫過程中，都曾經直接給與各種形式的無私幫助。還要感謝王海妍、李俊麗、張毅等多位師妹、師弟，大家一起探討，共同切磋，往往能夠有很大的收穫和驚喜，這種樂趣讓我陶醉，使我充滿活力。另外還要感謝天津圖書館的領導和胡永暉老師等身邊的同事，在論文撰寫過程中所提供的種種便利與協助。

　　在本書即將付梓之際，這裡需要感謝的還有我的妻兒。由於我本人近年來身體健康狀況不是特別理想，我的夫人陳薇女士爲支持我的事業，除做好

自己日常繁忙的工作外，還主動承擔起很多的家務勞動，因此本書的最終得以出版，實際上凝結了我們兩人多年來共同的心血和汗水。

最後需要感謝的還有臺灣花木蘭文化出版社，以及楊嘉樂、高小娟等各位編輯和老師，他們在本書的出版過程中給與了種種大力的資助和支持。正是依靠他們的資助和支持，才使得本書最終得以順利出版發行。應該說這裡需要感謝的人還有很多，在此只是由於篇幅所限，不能夠一一提及，謹此一併表示深切的謝忱。衷心祝願所有關心、支持和幫助我的人一生平安、幸福。